KLÖSTER UND KIRCHEN
IN BRANDENBURG

GERHARD DREXEL

KLÖSTER UND KIRCHEN IN BRANDENBURG

Himmlische Touren durch die Mark

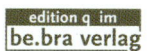
edition q im
be.bra verlag

 Mehr Informationen im Internet

Bibliografische Information der Deutschen Nationalbibliothek
Die Deutsche Nationalbibliothek verzeichnet diese Publikation in der Deutschen Nationalbibliografie; detaillierte bibliografische Daten sind im Internet über http://dnb.d-nb.de abrufbar.

© be.bra verlag GmbH
Berlin-Brandenburg, 2012
KulturBrauerei Haus 2
Schönhauser Allee 37, 10435 Berlin
post@bebraverlag.de
Lektorat: Matthias Zimmermann, Berlin
Umschlaggestaltung: hawemannundmosch, Berlin
Innengestaltung: Friedrich, Berlin
Schrift: Minion 9,5/11 pt
Druck und Bindung: TPC
ISBN 978-3-86124-656-5

www.bebraverlag.de

Vorwort   10

Kloster Himmelpfort & Umgebung

1 Himmelpfort – Zisterzienserkloster   13
2 Gransee – Franziskanerkloster   18
3 Zehdenick – Zisterzienserinnenkloster   20
4 Altlüdersdorf – Evangelische Dorfkirche   22
5 Dannenwalde – Ehemalige Gutskirche/Rad-Wander-Kirche   24
6 Fürstenberg/Havel – Evangelische Stadtpfarrkirche   26
7 Gransee – Evangelische St. Marienkirche   28

Kloster Prenzlau & Umgebung

8 Prenzlau – Dominikanerkloster   31
9 Boitzenburg – Zisterzienserinnenkloster   36
10 Gramzow – Prämonstratenserstift   38
11 Prenzlau – Franziskanerkloster   40
12 Prenzlau – Sabinenkloster (Magdalenerinnen/Benediktinerinnen)   42
13 Boitzenburg – Evangelische Kirche „St. Marien auf dem Berge"   44
14 Prenzlau – Alte St. Nikolaikirche (Ruine)   46
15 Prenzlau – Evangelische St. Marienkirche   48

Kloster Chorin & Umgebung

16 Chorin – Zisterzienserkloster   51
17 Angermünde – Franziskanerkloster   56
18 Angermünde – Heilig-Geist-Kapelle   58
19 Angermünde – Evangelische St. Marienkirche   60
20 Joachimsthal (Barnim) – Evangelische Stadtkirche („Schinkelkirche")   62
21 Oderberg – Evangelische St. Nikolaikirche   64

Komturei Lietzen & Umgebung

22 Lietzen – Komturei der Tempelritter   67
23 Altfriedland – Zisterzienserinnenkloster   72
24 Frankfurt (Oder) – Franziskanerkloster   74
25 Fürstenwalde/Spree – Domkapitel des Bistums Lebus   76
26 Frankfurt (Oder) – St. Marienkirche   78
27 Neuhardenberg – Evangelische Kirche („Schinkelkirche")   80
28 Kunersdorf – Evangelische Dorfkirche und Erbbegräbnis   82

Kloster Neuzelle & Umgebung

29 Neuzelle – Zisterzienserkloster 85
30 Cottbus – Franziskanerkloster 90
31 Cottbus – Evangelische Oberkirche St. Nikolai 92
32 Neuzelle – Evangelische Kirche zum Heiligen Kreuz 94
33 Reuden – Gutskapelle Reuden 96
34 Straupitz (Spreewald) – Evangelische Kirche („Schinkelkirche") 98
35 Vetschau (Spreewald) – Wendisch-Deutsche Doppelkirche 100
36 Zaue – Evangelische Dorfkirche 102

Kloster Doberlug & Umgebung

37 Doberlug – Zisterzienserkloster 105
38 Dahme/Mark – Karmeliterkloster 110
39 Luckau – Dominikanerkloster 112
40 Mühlberg (Elbe) – Zisterzienserinnenkloster 114
41 Dahme/Mark – Evangelische St. Marienkirche 116
42 Luckau – Evangelische St. Nikolaikirche 118
43 Luckau – Georgenkapelle 120
44 Mühlberg (Elbe) – Evangelische Frauenkirche St. Marien 122
45 Walddrehna – Evangelische Dorfkirche 124

Kloster Zinna & Umgebung

46 Zinna – Zisterzienserkloster 127
47 Dahnsdorf – Kommende des Deutschen Ordens 132
48 Jüterbog – Franziskanerkloster 134
49 Bardenitz – Evangelische Dorfkirche 136
50 Pechüle – Evangelische Dorfkirche St. Marien 138

Kloster Lehnin & Umgebung

51 Lehnin – Zisterzienserkloster 141
52 Ziesar – Zisterzienserinnenkloster 146
53 Großbeeren – Evangelische Kirche („Schinkelkirche") 148
54 Petzow – Evangelische Dorfkirche („Schinkelkirche") 150
55 Potsdam – Französische Kirche 152
56 Potsdam – Evangelische St. Nikolaikirche 154
57 Potsdam – Katholische Kirche St. Peter und Paul 156
58 Potsdam/Nattwerder – Dorfkirche 158
59 Potsdam/Sacrow – Heilandskirche 160
60 Ziesar – Burgkapelle St. Peter und Paul 162

Kloster Brandenburg an der Havel & Umgebung

61 Brandenburg an der Havel – Prämonstratenserkloster
(Domkapitel St. Peter und Paul) 165
62 Brandenburg an der Havel – Dominikanerkloster (St. Pauli) 170
63 Brandenburg an der Havel – Franziskanerkloster 172
64 Brandenburg an der Havel – Prämonstratenserstift
(St. Gotthardt) 174
65 Brandenburg an der Havel – Evangelische St. Katharinenkirche 176
66 Ketzür – Evangelische Dorfkirche 178
67 Päwesin – Evangelische Dorfkirche 180
68 Ribbeck – Evangelische Dorfkirche 182
69 Paretz – Evangelische Dorfkirche 184
70 Bagow – Evangelische Dorfkirche 186

Kloster Neuruppin & Umgebung

71 Neuruppin – Dominikanerkloster 189
72 Lindow (Mark) – Zisterzienserinnenkloster 194
73 Lindow (Mark) – Evangelische Stadtkirche 196
74 Herzberg (Mark) – Evangelische Dorfkirche 198
75 Neuruppin – Siechenhauskapelle 200

Kloster Heiligengrabe & Umgebung

76 Heiligengrabe – Zisterzienserinnenkloster 203
77 Stepenitz – Zisterzienserinnenkloster 208
78 Kyritz – Franziskanerkloster 210
79 Alt Krüssow – Wallfahrtskirche St. Annen 212
80 Bad Wilsnack – „Wunderblutkirche" St. Nikolai 214
81 Kyritz – Evangelische St. Marienkirche 216
82 Pritzwalk – Evangelische St. Nikolaikirche 218

Anhang

Alphabetische Liste der Kirchen und Klöster 220
Zum Weiterlesen 222
Der Autor 223
Abbildungsnachweis 223

Land Brandenburg

In Brandenburg leben rund 2,535 Millionen Einwohner bei einer Gesamtfläche von 29.476 Quadratkilometern. Im Durchschnitt leben 86 Einwohner auf einem Quadratkilometer. Brandenburg, mit seiner Hauptstadt Potsdam, ist das größte der neuen Bundesländer und besitzt die längste Außengrenze zu Polen mit einer Gesamtlänge von rund 250 Kilometern. Die maximale Entfernung beträgt von Nord nach Süd 244 und von West nach Ost 291 Kilometer. Berlin liegt etwa in der Mitte des Landes Brandenburg.

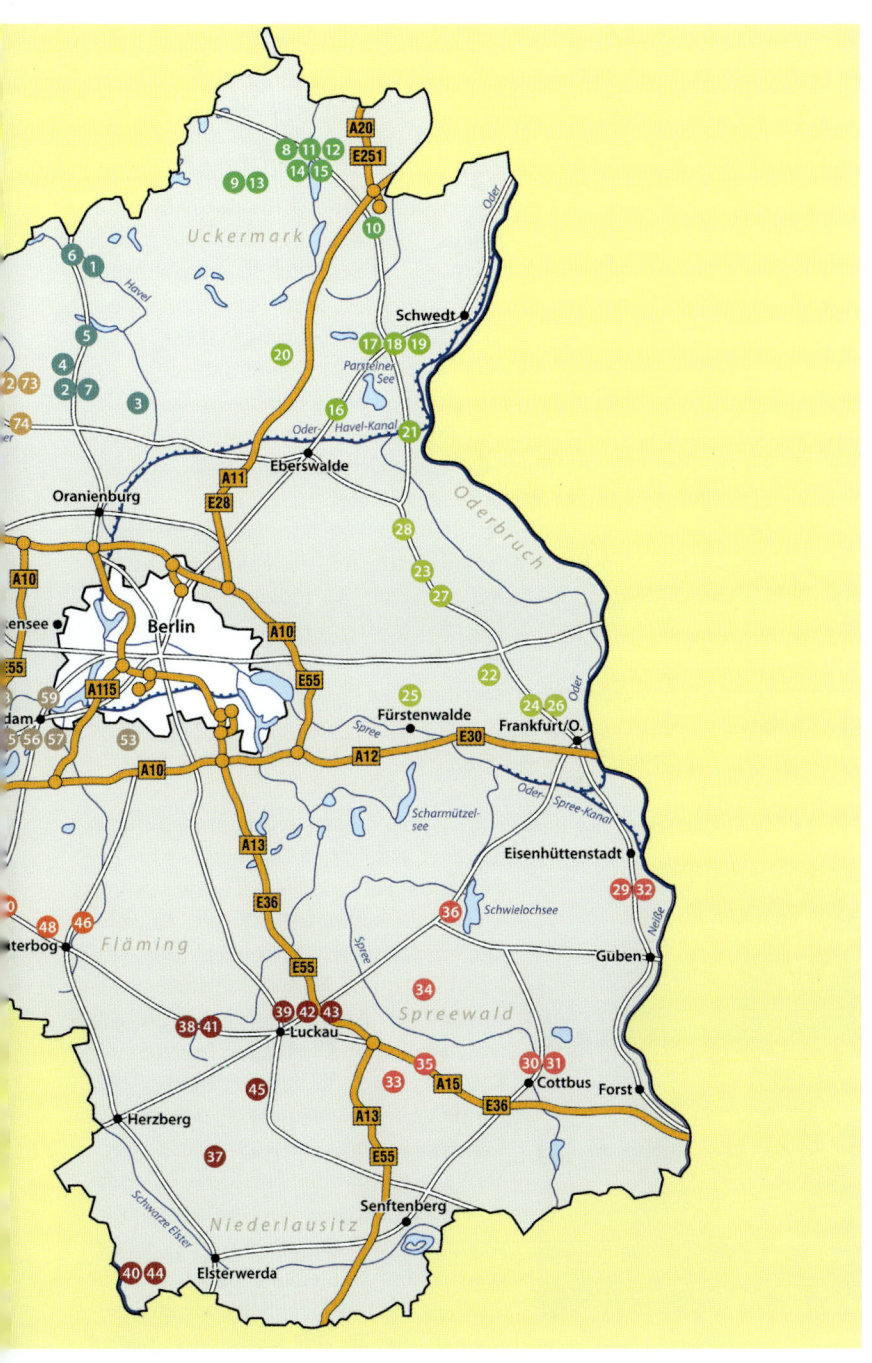

Uckermark

A20
E251

8 11 12
14 15
9 13

10

6 1

Hovel

5

20

Schwedt

17 18 19

Parsteiner
See

2 73
2 7
4
3

74

16
Oder Havel-Kanal

21

Eberswalde

A11
E28

Oranienburg

Oderbruch

A10

28

Berlin

A10

23

27

E55

ensee

A115

59

22

E55

53

A10

Fürstenwalde

25

24 26

Frankfurt/O.

dam
56 57

Spree

E30

A12

365

Scharmützel-
see

Oder Spree-Kanal

A13

Eisenhüttenstadt

E36

36

Schwielochsee

29 32

0
48 46
Fläming

Spree

Guben

Neiße

terbog

E55

34

Spreewald

38 41
39 42 43
Luckau

45

35

A15

30 31
Cottbus

Forst

33

A13

E36

Herzberg

37

E55

Schwarze Elster

Niederlausitz

Senftenberg

40 44
Elsterwerda

ÜBERSICHTSKARTE BRANDENBURG

Vorwort

Brandenburg entwickelt sich seit einigen Jahren immer mehr zu einem Reise- und Urlaubsland mit sanftem Tourismus. Viele Besucher beschränken sich bei ihren Entdeckungsreisen aber nicht nur auf Schusters Rappen, sondern auch Touren mit dem Rad oder über die zahlreichen Seen, Flüsse und Kanäle werden immer beliebter. Besinnliche Stätten, die dabei zur „Einkehr" einladen, sind die ansehnlichen Klöster im Land und die Kirchen, die es in den brandenburgischen Ortschaften zahlreich gibt. Ob als erhaltene oder wieder aufgebaute Anlagen, oder nur als Ruinen erhalten, bieten die meist gotischen Klöster sowohl Momente der Ruhe als auch gleichermaßen Einblicke in andere Lebenswelten und in die Geschichte des Landes.

Oft an die Grenze zu slawisch besiedelten Gebieten oder gar mitten hineingebaut, sollten sie Landausbau, Christianisierung und Seelenheil der christlichen Stifter vorbereiten und in die Tat umsetzen. Als Pioniere, sozusagen in vorderster Linie, waren sie jedoch Überfällen, Kriegswirren und politischen Machtkämpfen ausgesetzt. Waren sie in Ortschaften angesiedelt, zählten zu ihren Feinden auch Feuersbrünste, deren man zu dieser Zeit kaum Herr werden konnte.

Doch im 16. Jahrhundert begann der Stern der Klöster zu sinken. Nachdem der Kurfürst von Brandenburg, Joachim II. (1505–1571), am 1. November 1539 an einer Feier des lutherischen Abendmahls teilgenommen hatte,

Getreideernte in Brandenburg

führte er in der Mark Brandenburg die Reformation ein. In den folgenden Jahren wurden die katholischen Klöster aufgelöst und säkularisiert. Oft gingen ihre wirtschaftlichen und landwirtschaftlichen Besitztümer an Adelige und wurden zu Rittergütern; viele Gemeinden nutzten die Klosteranlagen für soziale Belange wie Hospitäler, Armenhäuser oder Altenheime. Fast immer wurden dabei Gebäude verändert, abgerissen oder dem Verfall preisgegeben. Die Kirchen wurden entweiht, zu profanen Zwecken genutzt oder ganz aufgegeben und die Steine als Baumaterial für Straßen-, Häuser- oder Schlossbauten verwendet. Erst im 19. Jahrhundert begriff

Schloss Boitzenburg   *Sabinchenbrunnen in Treuenbrietzen*

man die übrig gebliebenen Ruinen als kulturelle Vermächtnisse und versuchte, zumindest ihren fortschreitenden Niedergang aufzuhalten. Instandsetzungen und Wiederaufbauten folgten, doch oft nur, soweit es zweckmäßig für mögliche Nutzungen war. Manche Klöster verschwanden indes ganz, in seiner Gesamtanlage vollständig erhalten blieb keines mehr. Einige der heute nur noch als Ruinen erhaltenen Anlagen wurden allerdings erst im Zweiten Weltkrieg zerstört.

Dieses Buch zeigt 34 Klöster, von denen auch heute noch größere Teile zu sehen sind oder die man begehen kann. Vorgestellt werden Klöster, die einer weiter gefassten Auffassung entsprechen. So werden neben Klöstern von Gemeinschaften, die nach der Benediktsregel lebten, auch Konvente von Bettelorden, Dom- und Kollegiatstifte, Kommenden bzw. Komtureien der Templer, der Johanniter und des Deutschen Ordens beschrieben. Klöster und Klostergemeinschaften, die in neuerer Zeit in Brandenburg heimisch wurden, sind nicht berücksichtigt.

Für das Buch wurden elf der schönsten und wichtigsten Klöster ausgewählt, die – von Berlin aus – als Ziele für Reisen in das Kloster- und Kirchenland Brandenburg dienen können. Dazu werden 23 weitere Klöster und 48 Kirchen vorgestellt, die sich in der räumlichen Umgebung oder auf dem Weg zu den Hauptzielen befinden.

Angesichts der über 1.000 Kirchen in Brandenburg folgt die Auswahl der Kirchen letztlich subjektiven Kriterien des Autors. Der Wunsch nach Vollständigkeit würde den Rahmen sprengen und kaum mehr als Reisebegleiter dienen können. Nicht zuletzt deshalb soll dieses Buch auch als Anregung und Aufmunterung verstanden werden, um auf eigene Entdeckungsreise nach Klöstern und Kirchen in Brandenburg zu gehen.

Kloster Himmelpfort & Umgebung

Ucke

Bo

6 Fürstenberg
1 Himmelpfort

Havel

B96

Dannenwalde 5

Altlüdersdorf 4

2 7

72 73
Lindow (Mark)

Gransee

3 Zehdenick

1 75

ruppin

74

Ruppiner
See

Herzberg
(Mark)

B167

B96

4

A

26

E55

Oranienburg

B273

E28

B273

A10

68

obeck

Falkensee

Berlin

Himmelpfort
Zisterzienserkloster

Wie alle Kinder wissen, verschickt der Weihnachtsmann von Himmelpfort aus Briefe mit Sonderstempel. Doch auch außerhalb der Adventszeit lohnt sich ein Besuch der kleinen Ortschaft, die sich zwischen Sidomsee, Moderfitzsee, Stolpsee und Haussee schmiegt. Als Erholungsziel ist Himmelpfort schon seit Langem ein Geheimtipp, sodass es mittlerweile über eine kleine touristische Infrastruktur verfügt.

Hinter dem Postamt des Weihnachtsmanns breitet sich auf dem Gelände des ehemaligen Zisterzienserklosters ein Park aus, in dem die Ruine der Klosterkirche steht. Der Chor und die Vierung werden als evangelische Dorfkirche genutzt, die Reste des Mittelschiffs sind romantisch von Efeu überwuchert. Neben der Kirche wurde ein Glockenstuhl aufgestellt. Man geht davon aus, dass die Zisterzienserkirche wie üblich keinen Glockenturm hatte, sondern die Glocken in einer Holzkonstruktion hingen. Über die Klausur, die sich südlich an die Klosterkirche anschloss, ist nichts bekannt. Außer den wenigen Resten der Klostermauer war bis Kurzem an der Straße das Brauhaus aus der ersten Hälfte des 14. Jahrhunderts erhalten. Sein Nordgiebel war mit einer gestaffelten Gliederung aus gestuften Lanzettblenden versehen. In der östlichen Längswand befand sich ein mit Formsteinen ausgeführtes Portal in Richtung Kirche. Das Brauhaus wurde bis 2010 von einem Künstler als offenes Atelier, Galerie und kleines Museum genutzt. Doch in den Morgenstunden des 21. August 2010 brannte das letzte, einigermaßen vollständig erhaltene Gebäude des Klosters bis auf die Außenmauern nieder.

Das Zisterzienserkloster Himmelpfort wurde am 25. November 1299 durch den askanischen Markgrafen Albrecht III. gegründet und der heiligen Jungfrau Maria geweiht. Die spärlichen Zeugnisse weisen auf eine adlige Herkunft vieler Ordensbrüder hin, die wohl hauptsächlich aus der unmittelbaren Umgebung des Klosters stammten. In dem kleinen Konvent dürften rund 15 Mönche gelebt haben. Der Gründer Markgraf Albrecht III. bestimmte das Kloster zu seiner letzten Ruhestätte. Allerdings wurde er am 4. Dezember 1300 im Mutterkloster Lehnin bestattet, weil von dem erst ein Jahr vorher gestifteten Kloster Himmelpfort zu diesem Zeitpunkt noch

Ruine der Klosterkirche

Dorfkirche im Chor der Klosterkirche

gar nichts erbaut war. Erst um 1309 wurde Albrecht nach Himmelpfort überführt. Sein Grab wurde allerdings bislang nicht gefunden.

Trotz einer reichen Gründungsausstattung litt das Kloster Himmelpfort
von Beginn an unter den sandigen, relativ schlechten Böden rings um den
Ort. Der Verkauf von Getreide war beispielsweise für das Kloster kaum möglich. Möglicherweise als Ausgleich hatte der Markgraf das Kloster mit einer
stattlichen Anzahl an Gewässern sowie Fischerei- und Mühlenrechten ver-
sorgt. Fischzucht und -fang wurden demzufolge der wichtigste Wirtschafts-
zweig des Klosters. Ein weiteres Standbein bildeten die wenigstens 18 Mühlen. Das Kloster besaß darüber hinaus eine Viehwirtschaft und nutzte seine
weitreichenden Waldungen, die ihm bereits 1299 übereignet worden waren,
für Holzwirtschaft und Imkerei. Das Kloster betrieb sicher Handel, lag es
doch sowohl an Land- als auch an Wasserwegen. Die Zisterze erlangte zwar
keine überregionale Bedeutung und ihr Besitz blieb Plünderungen und Raubzügen ausgeliefert, aber sie konnte sich zumindest lange behaupten. Als eines
der ersten in der Mark Brandenburg wurde das Kloster Himmelpfort 1541
von Kurfürst Joachim II. säkularisiert. Bereits einige Jahre zuvor, am 7. Januar
1536, hatte er den Landvogt der Uckermark, Hans von Arnim von Boitzenburg, angewiesen, die kirchlichen Wertgegenstände aus dem bescheidenen

Klosterschatz zu inventarisieren und einen Teil an ihn auszuliefern. Nach der Aufhebung des Klosters wurde Himmelpfort an den Landvogt verpfändet, in den Jahren 1549/50 jedoch wieder eingelöst und 1551 dem kurfürstlichen Rat Adam von Trott zunächst nur amtsweise, 1557 dann als erbliches Lehen verliehen. Die von Trott bewirtschafteten über lange Zeit die Güter, bis 1727 ein Erbe fehlte und diese an das Königreich Preußen zurückfielen.

Die Anlage als Gutshof bestand im 18. Jahrhundert aus dem größeren Haus des Pächters am Ende eines Alleenwegs. Ein Verwaltungsgebäude stand beim Pächterhaus. An das Brauhaus war ein Schweinestall angebaut, der durch einen Pferde- und Ochsenstall verlängert war, ein erhaltenes, südliches Querhaus der Kirche wurde als Remise und das noch mit Dach versehene Langhaus als Scheune genutzt. Die Klausur war schon verschwunden.

Die Klosterkirche wurde nach der Aufhebung des Klosters als evangelische Amtskirche, später als Dorfkirche genutzt. Die kirchliche Nutzung beschränkte sich noch im 16. Jahrhundert auf den Raum des Chores, die Vierung und das erste östliche Joch des Langhauses. Nach dem Dreißigjährigen Krieg, als die Seitenschiffe und das nördliche Querhaus schon abgerissen waren, wurden – vermutlich 1663 – der Chorraum und die Vierung durch eine Wand vom Langhaus getrennt.

Schon damals dürfte das Langhaus als Scheune genutzt worden sein. So entstand aus Chor und Vierung die Kirche mit gotischen Formen, wie sie sich uns noch heute zeigt. Das zum Gutshof hin gelegene Querhaus, das sich wegen seiner Lage als Wagenremise eignete, wurde wohl im 19. Jahrhundert abgerissen.

Ursprünglich besaß die Kirche einen eingezogenen Chor, ein Querhaus und Chorkapellen sowie ein dreischiffiges, basilikales Langhaus. Mitte des 14. Jahrhunderts war die Klosteranlage größtenteils fertig. Das Langhaus wurde in romanisierenden Bauformen ausgeführt und besitzt gedrungene Rundbogenarkaden, die auf rechteckigen Pfeilern mit kräftigen Gurtvorlagen ruhen. Die Reste der Westfassade mit mehrfach gestuften Fenstergewänden aus verschiedenen Formsteinen weisen dagegen auf eine spätgotische Bauzeit hin. In seiner Ausformung gilt das

Ruine des Klosterbrauhauses

Ruine der Klosterkirche

Langhaus von Himmelpfort innerhalb der mittelalterlichen Backsteinarchitektur der Mark als einzigartig.

Das fünfseitig geschlossene Chorpolygon ist ein Hauptbestandteil der heutigen Kirche. An die rechteckige, quer gelegte Vierung schlossen sich zwei unterschiedliche Querhäuser an. Das nördliche war im Grundriss fast quadratisch, das südliche dagegen rechteckig. An das Querhaus bzw. an die Chorflanken schlossen Kapellen an, die die gleiche Höhe wie Chor und Querhaus besaßen. Der verputzte Chorinnenraum war vermutlich, wie heute auch, nicht eingewölbt. Die Traufe wurde in nachmittelalterlicher Zeit tiefer angelegt, was heute den Chor etwas gedrungen erscheinen lässt.

Von der mittelalterlichen Ausstattung des Klosters ist nichts mehr erhalten. An den Innenwänden der Kirche sind Wappen der Familie von Trott zu sehen, die nach der Reformation lange das Klostergut bewirtschaftete. Aus der Zeit derer von Trott stammt auch der Kanzelaltar von 1690, der allerdings ohne Kanzel ist. An ihrer Stelle ist in der Mitte des Retabels seit 1961 ein Abendmahlsbild eingesetzt. Die Kanzel des Altars wurde herausgelöst, umgebaut und seitlich aufgestellt. Sie zeigt Jesus mit der Weltkugel in der Hand, daneben die vier Evangelisten Markus, Lukas, Johannes und Matthäus. Ein Kruzifix an der Chorwand stammt aus dem Barock.

Chor der Klosterkirche   *Überwachsene Ruine des Langhauses*

Die Kirche ist Grablege von Angehörigen der Familie von Trott. Es sind vier Inschriftengrabsteine aus dem 17. und 18. Jahrhundert aufgestellt. Einer erinnert an Wedige von Trott, der 1727 ohne männliche Nachkommen starb, sodass der Besitz an den Landesherrn zurückfiel.

Neben Gottesdiensten und Gebetandachten finden in der Kirche regelmäßig Sommerkonzerte statt. In der Weihnachtszeit wird ein Weihnachtsmarkt veranstaltet, bei dem natürlich der Weihnachtsmann nicht fehlen darf. Er hat es ja nicht weit, schließlich hat er gleich nebenan sein weltberühmtes Postamt.

Klosterruine Himmelpfort
Klosterstraße, 16798 Fürstenberg/Havel/
OT Himmelpfort
Auskunft zur Kirche und Führungen:
Astrid Behrendt (Tel. 033089/412 87)

**Fürstenberger Seenland e.V./
Touristinformation**
Markt 5, 16798 Fürstenberg/Havel
Tel. 033093/322 54
www.fuerstenberger-seenland.de

Post an den Weihnachtsmann
An den Weihnachtsmann
Weihnachtspostfiliale, 16798 Himmelpfort

Anreise
🚌🚆 Vom Hbf Berlin geht es mit dem RE nach Fürstenberg/Havel. Dort umsteigen in den Bus 839 nach Himmelpfort Klosterstraße. Reisezeit rund 1 Stunde und 35 Minuten.
🚗 Vom Berliner Dom bis Himmelpfort sind es rund 93 Kilometer. Über die A114, Dreieck Pankow auf die A10 in Richtung Hamburg, Ausfahrt Kreuz Oranienburg auf die B96 in Richtung Stralsund, in Dannenwalde rechts abbiegen in Richtung Himmelpfort/Blumenow, dort links abbiegen und auf der L214 über Bredereiche nach Himmelpfort. Fahrtzeit rund 1 Stunde und 20 Minuten.

Franziskanerkloster

Für eine geschlossene Stadtmauer fehlt dem historischen Gransee nur ein kurzes Stück des nordwestlichen Mauerrings. Die im 14. Jahrhundert erbaute Stadtbefestigung beeindruckt dennoch mit ihren Toren und Türmen. Nach einem großen Stadtbrand im Jahr 1711 wurde die Stadt mit einem schachbrettartigen Straßensystem wieder aufgebaut. Wahrzeichen der Stadt ist nicht etwa die Klosterruine, sondern die doppeltürmige Marienkirche. Außerdem ist Gransee bekannt für seinen zentral gelegen Schinkelplatz. Auf diesem steht ein nach Entwürfen des Baumeisters Karl Friedrich Schinkel gefertigtes Denkmal für die 1810 im Alter von nur 34 Jahren auf Schloss Hohenzieritz in Mecklenburg verstorbene preußische Königin Luise, deren Trauerzug auf seinem Weg nach Berlin in Gransee rastete.

Über das Franziskanerkloster, das in der mittelalterlichen Stadt nordwestlich an der Stadtmauer lag, ist wenig überliefert. Es wurde vermutlich in der zweiten Hälfte des 13. Jahrhunderts gegründet, da eine erste Erwähnung von Franziskanermönchen vom 3. Mai 1302 datiert. Die Stiftung des Klosters könnte durch Markgraf Johann I. erfolgt sein, der 1262 der Ortschaft Gransee das Stadtrecht verlieh. Klausur und Klosterkirche, mit deren Bau um 1270/80 begonnen wurde, wären damit kurz nach der Pfarrkirche St. Marien errichtet worden. Zur weiteren Geschichte des Klosters im 14. und 15. Jahrhundert fehlen Quellen. Allerdings ist zu vermuten, dass der Konvent sich 1541 auflöste. Die Übertragung des Klostergebäudes an den Rat der Stadt erfolgte 1561 durch Kurfürst Joachim II. mit der Auflage, Wohnungen für Kirchendiener bereitzustellen, Schulräume einzurichten und Fürstengemächer zu unterhalten.

Die Kirche, die leicht schräg zur Klosterstraße stand, sowie die Klosterbauten wurden durch Brände in den Jahren 1604, 1606, 1621 und schließlich 1711 mehrfach stark beschädigt, sodass die zerstörten Gebäude schließlich bis auf den Ostflügel, der rechtwinklig an die Kirche angebaut war, abgerissen werden mussten. Die Steine der Klosteranlage wurden u.a. zum Bau des Rathauses und von Straßen verwendet. Heute wird die Fläche, wo die Kirche und die zweigeschossige Klausur mit Kreuzgang standen, als Parkplatz genutzt.

Von der Klosterkirche hat sich nur ein Rest der nördlichen Chorwand an der Stirnseite des Ostflügels erhalten. Die vorhandenen Mauerreste verweisen auf eine hochwertige Ausführung der Chorwand. Während beim Chor von einer einschiffigen, gewölbten Anlage mit polygonalem Ostschluss ausgegangen werden kann, ist die Ausbildung des Langhauses nicht geklärt. Trotz des Umbaus zur Schule und mehrerer Brände ist die ursprüngliche Außengestalt des ehemaligen Ostflügels nachvollziehbar. Sein Nordgiebel ist flächig gestal-

Ostflügel der Klausur

tet, vom filigranen Maßwerk der Giebelfenster sind noch Reste vorhanden. Das Obergeschoss bestand ursprünglich aus einem ungeteilten Saal, der bis in das Dach hineinreichte und das Dormitorium gewesen sein dürfte. Noch deutlich sind im Mauerwerk der Durchgang zum Kreuzgang und weitere Öffnungen erkennbar. Ausstattung, Archiv und Bibliothek des Klosters dürften größtenteils verbrannt sein. Bis 1963 wurde im Klostergebäude noch unterrichtet. Danach dienten die Räume als Lager und waren nicht mehr öffentlich zugänglich. Inzwischen wird er für unterschiedliche Zwecke genutzt.

Franziskanerkloster
Klosterplatz, 16775 Gransee

Heimatmuseum und Touristinformation Gransee
Rudolf-Breitscheid-Str. 44, 16775 Gransee
Tel. 03306/216 06
www.gransee-info.de

Anreise
🚌🚆 Vom Hbf Berlin fährt ein RE nach Gransee. Reisezeit rund 50 Minuten. Vom Bahnhof Gransee sind es noch 1,7 Kilometer bis zum Klosterplatz.
🚗 Vom Berliner Dom bis Gransee sind es rund 72 Kilometer. Über die A114, A10 in Richtung Hamburg. Bei Ausfahrt Kreuz-Oranienburg weiter auf der B96 über Löwenberger Land nach Gransee. Fahrtzeit rund 1 Stunde und 5 Minuten.

Von der Straße aus gesehen, ist das mittelalterliche Feldsteingebäude der Klosterscheune, die rührige Macher schon vor einiger Zeit in einen kulturellen Anziehungspunkt verwandelt haben, das auffälligste Gebäude des ehemaligen Zisterzienserinnenklosters von Zehdenick. Die restlichen Gebäude und die imposante Ruine des Ostflügels liegen hinter bewachsenen Mauern und dichten Bäumen, sind aber öffentlich zugänglich.

Einer Legende zufolge wurde das Kloster zum Heiligen Kreuz zu Zehdenick um 1250 an dem Ort eines Hostienfrevels gegründet, der sich in ein Hostienwunder verkehrte. So soll 1249 eine Frau eine Hostie vor ihrem Bierfass vergraben haben, um den Bierausschank zu vermehren. Aufgrund von Gewissensbissen gestand die Frau jedoch die Tat. Man grub nach der Hostie und fand an dem Ort blutige Erde. Diese wurde aufbewahrt, ein Kloster errichtet und Zehdenick entwickelte sich zu einem Wallfahrtsort. Noch in der Reformationszeit existierte eine Monstranz mit einer Wunderblut-Hostie. Wahrscheinlich gründeten aber die Markgrafen Johann I. und Otto III. von Brandenburg das Kloster, als der Ort Zehdenick zur Stadt erhoben wurde. Da es außerhalb der Stadtmauern lag, wurde es mehrmals überfallen. Schließlich wurde das Kloster Zehdenick gegen den Willen des Konvents reformiert; es existierte aber als evangelisches Damenstift weiter. Die Klostergüter wurden säkularisiert und in ein kurfürstliches Amt umgewandelt.

Im Dreißigjährigen Krieg wurde das Kloster geplündert. Dabei wurde der Ostflügel zerstört und das Klosterarchiv vernichtet. Während man die Kirche 1649 restaurierte, wurden andere Gebäude zum Abbruch freigegeben. Der Nordflügel wurde zum Wohnhaus für die Stiftsdamen ausgebaut. Der Westflügel diente als Wirtschaftshaus. Die Klosterkirche wurde nochmals 1737 und 1741 restauriert, überstand jedoch den Stadtbrand von 1801 nicht. Beim Bau des Dominats im 19. Jahrhundert wurde ein Teil der Kirchenruine in das neue Gebäude einbezogen. Heute enthält es im Obergeschoss Seniorenwohnungen für Mitarbeiter der evangelischen Kirche, der das Areal gehört. In den gewölbten Räumen des Untergeschosses befinden sich seit 1992 Räume für wechselnde Ausstellungen.

Ältester Teil der Klosteranlage ist der östlich an der Kirche errichtete große Ost-

Klosterscheune mit Klostergalerie

flügel. Bei der Klosterkirche handelte es sich um einen Feldstein-Saalbau mit eingezogenem Rechteckchor und östlicher Dreifenstergruppe. Wie die Fenster des Ostflügels zeigen, war das Erdgeschoss in verschiedene Räume unterteilt. Im Obergeschoss befanden sich die Zellen der Nonnen. Im 19. Jahrhundert wurden kleine Ställe und ein Waschhaus in die Ruine des Ostflügels eingebaut.

Ruine des Ostflügels der Klausur

Nord- und Westflügel wurden in der zweiten Hälfte des 14. oder im frühen 15. Jahrhundert mit integrierten Kreuzgangarmen errichtet. Während der im Erdgeschoss vollständig gewölbte Nordflügel erhalten ist, sind vom Westflügel nur noch die östliche Außenmauer und der dahinterliegende Kreuzgang vorhanden. In ihm könnten sich Kapitelsaal und Äbtissinnenwohnung befunden haben. Der kreuzrippengewölbte Nordarm des Kreuzgangs ist gut erhalten. Der große, gewölbte Raum wird als das Refektorium angesehen.

Die sogenannte Klosterscheune, ein zweigeschossiger Rechteckbau aus unregelmäßigem Feldsteinmauerwerk, wurde im 14. oder 15. Jahrhundert errichtet. Ihre aufwendige Fassadengestaltung und ihre direkte Nähe zur Kirche lassen an keine Scheune denken. Vielmehr dürfte sie als Herberge, vielleicht Pilgerherberge, Hospital oder Klosterschule gedient haben.

**Zisterzienserinnenkloster Zehdenick/
Evangelisches Stift Kloster Zehdenick**
Am Kloster, 16792 Zehdenick
www.evangelische-zisterzienser-erben.de

**Klostergalerie Zehdenick
in der Klosterscheune**
Am Kloster, 16792 Zehdenick
Tel. 03307/31 07 77
www.klosterscheune-zehdenick.de

Touristinformation
Schleusenstraße 22, 16792 Zehdenick
Tel. 03307/28 77
www.fremdenverkehrsbuero-zehdenick.de

Anreise
🚌🚆 Vom Hbf Berlin fährt ein RE mit Umsteigen in Oranienburg nach Zehdenick. Reisezeit rund 1 Stunde. Der Fußweg vom Bahnhof bis zum Kloster Zehdenick beträgt circa 1,6 Kilometer.
🚗 Vom Berliner Dom sind es rund 60 Kilometer bis nach Zehdenick. Nach Norden über die A114, A10 in Richtung Hamburg, bei Ausfahrt Mühlenbeck die L21 in Richtung Wensickendorf und weiter über Liebenwalde nach Zehdenick. Fahrtzeit rund 1 Stunde und 5 Minuten.

Altlüdersdorf
Evangelische Dorfkirche

Wie es sich für eine Dorfkirche gehört, liegt die kleine Fachwerkkirche in Altlüdersdorf etwas erhöht an der Dorfstraße. Zum Eingang an der Seite des Kirchenschiffs führt von der Straße eine kleine Steintreppe hinauf. Hinter der Kirche breitet sich der Friedhof aus, vor und hinter ihr geben große Bäume eine würdige Einrahmung.

Im 13. Jahrhundert als Lüdersdorf gegründet, war die kleine Siedlung im 15. Jahrhundert oft Überfällen und Plünderungen von Raubrittern ausgesetzt, sodass sie schließlich verlassen wurde und im 16. Jahrhundert zu den wüsten Gemeinden der Gegend zählte. Im Jahr 1691 wurden unter Kurfürst Friedrich III. zwölf reformierte Familien aus dem Schweizer Kanton Bern hier angesiedelt. Die Kolonisten errichteten 1701/02 die Fachwerkkirche und weihten sie 1702 ein.

Die Kirche besteht aus einem weißen Fachwerkbau und einem quadratischen Turm aus Brettern, der in einem achteckigen Spitzhelm endet. Das Besondere ist, dass der Turm an ein zehneckiges Kirchenschiff angebaut wurde, das in seiner Grundform lang gestreckt ist. Zur Ausstattung gehört eine Kanzel aus der Spätrenaissance um 1700, vor der ein einfacher Altar ohne Retabel steht. Das Gestühl und die offene Empore der Saalkirche sind noch aus der Entstehungszeit der Kirche erhalten. Die blaue Farbfassung der Stützen gibt der Empore einen besonderen Charakter. Allerdings musste die Empore bei der Renovierung teilweise neu abgestützt werden. Der alte Fußboden war nicht mehr zu retten und wich einem gefliesten Steinfußboden mit Fußbodenheizung. Die Beleuchtung ist neuzeitlich.

Dorfkirche Altlüdersdorf

Eine wertvolle Thurley-Orgel aus dem Jahr 1824 wurde bei Renovierungsarbeiten ausgebaut und vorübergehend ausgelagert. Nach der Wiederherstellung der Kirche soll sie wieder – sofern das Geld aufgebracht werden kann, ebenfalls restauriert – aufgestellt werden.

Die Kirche war 1960 schon einmal renoviert worden, verfiel aber im Laufe der Zeit bis zur Baufälligkeit und musste lange Jahre für Besucher gesperrt werden. Erst die gemeinsamen Anstrengungen der Dorfbewohner und des Pfarrers brachten

Dorfkirche mit barockem Kanzelaltar, erbaut von Schweizer Kolonisten

2000 einen Wiederaufbau in Gang. Dasselbe wiederholte sich 2006. Inzwischen wird mit dem Denkmalamt zusammen weitergearbeitet, um die außergewöhnliche, knapp über 300 Jahre alte Dorfkirche der Schweizer Siedler zu erhalten. Die Einfachheit des damaligen Lebens, aber auch die einfache Schönheit einer schlichten Barockkirche auf dem Land ist im Altlüdersdorfer Gotteshaus heute noch zu spüren.

Evangelische Kirche

Dorfstraße, 16775 Gransee/OT Altlüdersdorf
Kontakt: Gabriele Formann (Tel. 03306/279 25)

Heimatmuseum und Touristinformation
Gransee

Rudolf-Breitscheid-Str. 44, 16775 Gransee
Tel. 03306/216 06
www.gransee-info.de

Anreise

🚌🚆 Vom Hbf Berlin fährt ein RE nach Gransee. Ab Bahnhof Gransee fährt der Bus 841 bis Altlüdersdorf B96, von dort sind es wenige Gehminuten bis zur Kirche. Reisezeit rund 1 Stunde und 10 Minuten. Am Wochenende nur mit Rufbus-Service (Tel. 03306/23 07, Anmeldung 90 Minuten vor Fahrtantritt).

🚗 Vom Berliner Dom bis Altlüdersdorf sind es rund 72 Kilometer. Über die A114, A10 in Richtung Hamburg. Bei Ausfahrt Kreuz-Oranienburg weiter auf der B96 über Löwenberger Land nach Gransee, weiter und nach circa 4 Kilometer in Altlüdersdorf links abbiegen in Richtung Neuglobsow bis zur Kirche. Fahrtzeit rund 1 Stunde und 5 Minuten.

Ehemalige Gutskirche/Rad-Wander-Kirche

Von Berlin kommend, fährt man, nachdem die schmale Verbindung zwischen dem Kleinen und dem Großen Wentowsee überquert ist, direkt auf die Rad-Wander-Kirche von Dannenwalde zu, die am Radweg Berlin – Kopenhagen zu einer besinnlichen Rast einlädt. Heute steht sie in der Achse der Bundesstraße, doch einstmals war ihr Standort nach der Mittelachse des Ritterguts ausgerichtet, das auf der rechten Seite der Straße liegt. Das wechselhafte Schicksal des Gutes zu beschreiben, das seit einiger Zeit leer steht, wäre eine eigene Geschichte. Früher gehörte auch die Kirche zur Gesamtanlage des Ritterguts, an welches sich ein Barockgarten anschloss, während davor, ungefähr im Schnittpunkt der Achsen von Straße und Rittergut, das Gotteshaus stand.

Die Dannenwalder Kirche, die einen achteckigen Grundriss aufweist, wurde von dem damaligen Rittergutsbesitzer und Patron der Kirche Ferdinand von Waldow (1765–1830) im Jahr 1821 an jener Stelle errichtet, an der bis dahin ein mittelalterlicher Vorgängerbau gestanden hatte. Der Entwurf im neugotischen Stil ist von Bauinspektor Hermann aus Zehdenick (1784–1842). Das pyramidenförmige Dach endet in einer spitzen, ebenfalls achteckigen Haube, die an den Seiten Imitationen gotischer Giebel zeigt. Die verputzte Kirche hat mehrere Eingänge und Spitzbogenfenster mit Gewänden. Über dem Haupteingang ist das Wappen der Rittergutsbesitzer angebracht.

Die Kirche wurde bis 1975 für Gottesdienste genutzt. Nachdem diese eingestellt wurden, wurde sie geplündert und verfiel bis zur Baufälligkeit. Gemeindemitglieder schlossen sich 1995 zu einem Förderkreis zusammen. Mit Beteiligung von Institutionen und der Familie von Waldow konnte seitdem die Kirche wieder aufgebaut und das Vorhandene erhalten werden. Im Inneren der Kirche sind noch die Emporen mit Kanzelkorb und die Patronatsloge zu sehen, die auf achteckigen Stützen ruhen. Auch wurde die Orgel restauriert und die Uhr im Türmchen wieder in Gang gesetzt.

Rad-Wander-Kirche in der Gutskapelle

Emporen aus der Bauzeit

In den Sommermonaten finden nicht nur Radfahrer den Weg zur Dannenwalder Kirche, sondern auch Kunstliebhaber und Konzertbesucher. Ein viel-
fältiges kulturelles Programm belebt das auffällige Kirchlein, das sich dann in
einen Kulturpavillon verwandelt, in dem man auf seiner Reise gerne einen
Halt einlegt.

Kirche Dannenwalde
Blumenower Str. 1, 16775 Gransee/
OT Dannenwalde

**Heimatmuseum und Touristinformation
Gransee**
Rudolf-Breitscheid-Str. 44, 16775 Gransee
Tel. 03306/216 06
www.gransee-info.de

Anreise
🚌🚆 Vom Hbf Berlin fährt ein RE nach Dannenwalde (Gransee). Reisezeit rund 55 Minuten. Vom
Bahnhof bis zur Kirche sind es rund 500 Meter.
🚗 Vom Berliner Dom bis Dannenwalde sind es
rund 75 Kilometer. Über die A114, A10 in Richtung Hamburg. Bei Ausfahrt Kreuz-Oranienburg
weiter auf der B96 über Löwenberger Land
nach Dannenwalde. Fahrtzeit rund 1 Stunde und
15 Minuten.

Auf dem Marktplatz von Fürstenberg an der Havel, das zwischen drei miteinander verbundenen Havelseen liegt, steht auf dem Marktplatz eine auffallend erhaben wirkende Kirche. Die Wasserstadt, wie sich Fürstenberg nennt, wird von mehreren Läufen der Havel durchzogen und ist gut geeignet für alle Freizeitbeschäftigungen, die mit Seen und Flüssen zu tun haben. Nicht umsonst wird der Ort auch als Tor zur Mecklenburgischen Seenplatte bezeichnet. Zugleich ist bei der 6.500 Einwohner-Gemeinde die historische Stadtanlage mit Stadtmauer, engen Gassen und dem zentralen Markt gut erhalten. Eine zentrale Straßenachse, die heutige Bundesstraße, durchzieht die Ortschaft in Nord-Süd-Richtung. Früher führte sie durch die zwei Stadttore der Stadtmauer, die aber nicht mehr vorhanden sind. Nördlich des Altstadtkerns steht das barocke Schloss Fürstenberg. Ein Stadtteil am Schwedtsee ist Ravensbrück, wo sich die Mahn- und Gedenkstätte des Frauenkonzentrationslagers Ravensbrück befindet. Lange gehörte Fürstenberg zu Mecklenburg, erst nach dem Zweiten Weltkrieg wurde es nach Brandenburg eingegliedert. Dabei blieb jedoch die evangelische Kirchengemeinde organisatorisch bei der Propstei Neustrelitz in Mecklenburg. So ist die Kirchgemeinde Fürstenberg die südlichste der Evangelisch-Lutherischen Landeskirche Mecklenburg.

Fürstenberg erlitt in seiner Geschichte mehrere schwere Stadtbrände, bei denen immer auch die Kirche in Mitleidenschaft gezogen wurde oder sie brannte gleich ganz mit ab. Die heutige Stadtkirche wurde 1845–48 von Friedrich Wilhelm Buttel, einem Schinkel-Schüler, erbaut. Buttel war zu seiner Zeit ein bedeutender Baumeister im Großherzogtum Mecklenburg-Strelitz. Die in gelblichem Backstein gehaltene Kirche wurde im neubyzantinischen Stil erbaut. Dieser wird auch als Rundbogenstil bezeichnet, weil er zahlreiche neuromanische Elemente enthält. Das ist insofern überraschend, da die Bauzeit im 19. Jahrhundert eine Kirche im neugotischen Stil erwarten lässt.

Stadtkirche im neubyzantinischen Stil

Kirchensaal mit Orgelempore　　　　　*Altarraum mit großem Batikwandteppich*

Die Kirche hat einen kreuzförmigen Grundriss mit halbrundem Chorraum im Westen und einem majestätischen Turmbau im Osten. Der Turm mit spitzer Haube ist 48 Meter hoch. Er steht mittig in der Ostwand, die drei Reihen von Rundbogenfenstern unterschiedlicher Größe zeigt. Die flach gedeckte Kirche zeigt im Inneren eine schöne, blaue Deckenmalerei. Die Stützen der Empore haben kunstvoll verzierte, weiße Kapitelle. Die Sauer-Orgel auf der Empore wurde 1954–58 erbaut. Unter der Orgelempore befindet sich seit den 1960er Jahren die Winterkirche. Die dort befindliche Orgel stammt aus dem Schloss des Grafen Ziethen-Wüstrau und wurde vermutlich 1850 gefertigt.

Hinter dem Altar hängt vor einem Chorfenster ein großer, schmaler Auferstehungsteppich. Es ist eine Batikarbeit von Christof Grüger. Das raumhohe Werk ist sieben mal zweieinhalb Meter groß und soll der größte Batikteppich Europas sein.

Evangelische Stadtpfarrkirche
Markt, 16798 Fürstenberg/Havel

Touristinformation des Tourismusverein/
»Fürstenberger Seenland« e.V.
Markt 5, 16798 Fürstenberg/Havel
Tel. 033093/322 54
www.fuerstenberger-seenland.de

Anreise
🚌🚆 Vom Hbf Berlin fährt ein RE nach Fürstenberg/Havel. Reisezeit rund 1 Stunde.
🚗 Vom Berliner Dom bis Fürstenberg/Havel sind es rund 93 Kilometer. Über die A114, A10 bis Kreuz Oranienburg. Dort auf die B96 in Richtung Stralsund/Oranienburg. Auf der B96 bis Fürstenberg/Havel. Fahrtzeit rund 1 Stunde und 20 Minuten.

Die Ackerbürger- und Handwerkerstadt Gransee erlitt in ihrer Geschichte mehrere Stadtbrände, die stets schwere Schäden hinterließen. Das Feuer vom 19. Juni 1711 zerstörte Gransee so stark, dass es mit einem neu angelegten, barocken Stadtgrundriss wieder aufgebaut wurde. Innerhalb der Stadtmauer, die größtenteils noch erhalten ist, wurde ein quadratisches Straßennetz angelegt. Zwischen zwei Stadttoren spannt sich eine Straßenachse, die heutige Rudolf-Breitscheid-Straße, die als Durchfahrt der Stadt und Erschließung der Wohnquartiere dient. Ein zentral gelegenes Quartier wurde nur entlang dieser Hauptachse bebaut, der Rest der Fläche wird bis heute als Kirchplatz genutzt, auf dem die St. Marienkirche, die Pfarr- und Hauptkirche, steht. Die St. Marienkirche ist die letzte genutzte von ehemals drei Kirchen, seit Einführung der Reformation in Gransee um 1555 ist sie die Kirche der evangelischen Kirchengemeinde. Die Kirche mit den zwei ungleichen Türmen steht ausgerichtet zu den Straßen, als ob man sich bei der Neuanlage der Stadt an der Kirche orientiert hätte. Deren Baubeginn wird um 1220 angenommen. Im Westen wurde ein rechteckiger Querriegel mit zwei damals noch gleichen Turmspitzen errichtet. Erst Schäden der Stadtbrände um 1604, 1606 und besonders der Brand 1711 brachten letztendlich die Asymmetrie mit sich.

Der gotische Kirchenraum aus Backstein wurde in drei Bauphasen zwischen 1285 und 1450 als Hallenkirche mit Haupt- und zwei Seitenschiffen errichtet. Er zeigt zwei angesetzte Treppentürme und einen Schaugiebel im Osten. Den östlichen Abschluss der Schiffe bilden drei Apsiden. Um 1525 wurde ein südlicher Choranbau angesetzt. Damit hatte die Kirche jene Form erhalten, die sie – abgesehen von den Umbauten nach den Bränden – bis heute zeigt.

Im Inneren beeindruckt nach Eintritt durch das Westportal mit gestuften Gewänden ein hoher Turmsaal, dessen Gewölbe Ende des 19. Jahrhunderts im Zuge einer Restaurierung neu erstellt wurde.

Doppelturmanlage mit ungleichen Türmen

Ruppiner Tor aus dem 15. Jahrhundert   *Ostfassade mit Schaugiebel und drei Apsiden*

Das Farbkonzept der Kirche und Darstellungen in den Kapitellen sowie in verschiedenen Gewölbedetails stammen ebenfalls aus der Zeit.

Zum Osten des Hauptschiffes hin ist eine gotische Triumphkreuzgruppe von 1500 aufgerichtet. Der Schnitzaltar in der Marienkirche entstand vermutlich um 1470 in einer Lübecker Werkstatt. Er wurde anstelle eines Vorgängeraltars aufgestellt, der Opfer eines Stadtbrands geworden war. Im nördlichen Seitenschiff befindet sich ein Altargemälde von 1520. Es zeigt die Darstellung der Anna selbdritt. Ursprünglich gehörte es zur Ausstattung der Granseer Franziskaner-Klosterkirche, die 1604 durch einen Brand zerstört wurde.

Die Orgel von Joachim Wagner stammt aus dem Jahr 1745. Nach Veränderungen im 19. und 20. Jahrhundert wurde sie 1968 von der Orgelbaufirma Schuke aus Potsdam umfassend rekonstruiert. Sie erklingt nicht nur zu Gottesdiensten, sondern auch zu den Sommerkonzerten in der Kirche.

Evangelische Kirchengemeinde Gransee
Klosterstraße 2 a, 16775 Gransee
Tel. 03306/26 76
gemeindebuero@kirchengemeinde-gransee.de

Heimatmuseum und Touristinformation Gransee
Rudolf-Breitscheid-Straße 44, 16775 Gransee
Tel. 03306/216 06
www.gransee-info.de

Anreise
🚌🚆 Vom Hbf Berlin fährt ein RE nach Gransee. Reisezeit rund 50 Minuten. Vom Bahnhof Gransee sind es noch 1,5 Kilometer bis zur St. Marienkirche.

🚗 Vom Berliner Dom bis Gransee sind es rund 73 Kilometer. Über die A114, A10 in Richtung Hamburg. Bei Ausfahrt Kreuz-Oranienburg weiter auf der B96 über Löwenberger Land nach Gransee. Fahrtzeit rund 1 Stunde und 5 Minuten.

Kloster Prenzlau & Umgebung

B198

Prenzlau

A20

E251

8 11 12

14 15

9 13

Boitzenburg

Uckermark

10

Gramzow

B198

Schwedt

17 18 19

Angermünde

20

Joachimsthal
(Barnim)

Parsteiner
See

B158

Chorin 16

Oder-Havel-Kanal

21

Oderberg

Eberswalde

An der südlichen, erhaltenen Stadtmauer von Prenzlau liegt das ehemalige Dominikanerkloster. Wo heute die Straße verläuft, standen während der Zeit seines Bestehens Wirtschaftsgebäude und der Weg zur Toilette führte hinauf zur Stadtmauer, wo der gemauerte Latrinenturm erhalten ist. Nach aufwendiger Sanierung beherbergt die erhaltene Klausur das Museum und Kulturzentrum der Stadt Prenzlau.

Als Gründer des Klosters gilt Markgraf Johann II., der zur Erbauung das Gelände eines markgräflichen Hofes abgab. Im Jahr 1275 ließen sich in Prenzlau Dominikanermönche nieder. Die Weihe der Kirche und des Hochaltars zu Ehren des Heiligen Kreuzes, der Heiligen Drei Könige, des heiligen Martin und der heiligen 10.000 Ritter soll am 12. März 1343 stattgefunden haben. Die Prenzlauer Dominikaner galten als wohlhabend. Nach einem Brand im Jahr 1519 mussten die Mönche für die Reparaturkosten jedoch Teile ihres Besitzes verpfänden. Am 7. Oktober 1544 übereignete Kurfürst Joachim II. der Stadt Prenzlau das Dominikanerkloster zur Anlage eines Armenhospitals. Die Klosteranlage wurde säkularisiert und die Gebäude für andere Zwecke verwendet. 1577 wurde die Klosterkirche zur Pfarrkirche St. Nikolai, weil die nur wenige Hundert Meter entfernte Nikolaikirche eingestürzt war. 1828 wurde das Kloster zu einem städtischen Armenhaus, aber auch zu einem Gefängnis umgebaut. Im Laufe der Zeit waren in den Klostergebäuden das Stadtkrankenhaus, das Uckermärkische Museum, Notunterkünfte und wieder Museumsräume untergebracht. Nachdem 1989 die letzten Gesundheitseinrichtungen ausgezogen waren, war der Weg für eine gesamte Museumsnutzung frei. In der ununterbrochenen Nutzung der Klostergebäude – wenngleich nicht mehr als Kloster – liegen wohl die Gründe dafür, dass Kirche und Klausur weitgehend erhalten blieben.

Die Klosteranlage besteht aus der sechsjochigen Klosterkirche mit eingerücktem, polygonalem Chor und der sich nach Süden anschließenden dreiflügeligen, zweigeschossigen Klausuranlage. Hinzu kommen ein an die Klausur angebautes mittelalterliches Gebäude, das heutige Pfarrhaus bzw. der Bibliotheksflügel, und ein an der Straße gelegenes

Klosterkirche mit seitlichem Eingangsportal

Klosterhof mit Blick auf Kirche und Ostflügel

Wirtschaftsgebäude, das sogenannte Waschhaus. Kirche und Kloster weichen von der Ost-West-Ausrichtung ab. Ab 1275 entstanden der Chor und die östlichen drei Langhausjoche sowie der Ostflügel. In einer zweiten Bauphase führte man parallel zur Vollendung der Kirche den Südflügel aus. Später folgte der Westflügel, um 1500 waren auch das heutige Pfarrhaus und die Sakristei vollendet. Die Klausur besaß einen vierflügeligen Kreuzgang, der Nordflügel an der Kirche wurde jedoch nach der Reformation abgebrochen.

Bei der ehemaligen Klosterkirche handelt es sich um eine dreischiffige Backsteinhallenkirche mit Chorjoch und -polygon. Zwischen Strebepfeilern mit fialartigen Aufsätzen belichten hohe Lanzettfenster den Innenraum. An der Nordwand besitzt die Kirche ein schmuckreiches Doppelportal, das den eigentlichen Zugang zur Kirche darstellte. Im Inneren tragen Achteckpfeiler das Kreuzrippengewölbe. Früher zog sich über das südliche Seitenschiff eine hölzerne Empore, die über Durchgänge aus dem Obergeschoss von Nord-, Ost- und Westflügel begangen werden konnte.

Im Ostflügel befanden sich Sakristei, Kapitelsaal, Küche, Refektorium und Schreibstube. Später wurden die Sakristei und der auf vier Joche verkürzte Kapitelsaal eingewölbt. Ein Portal erschloss den Kapitelsaal vom Kreuzgang. Heute sind im Kapitelsaal das Foyer, der Museumsladen und die Museums-

Gotische Klosterkirche mit Barockaltar

Prächtiger Altaraufsatz aus dem Jahr 1609

kasse untergebracht. Im Obergeschoss des Ostflügels lag das Dormitorium. Vom Klosterhof ist die Fensterreihe gut zu erkennen. Der weitgehend erhaltene Westflügel besitzt ein zweischiffiges Refektorium für Gäste mit den Resten einer Wandbemalung von 1516. Es wird als Standesamt genutzt. Im Westflügel der Klosteranlage befindet sich die Laienkapelle oder auch Frauenkapelle, die ursprünglich zum Kreuzgang geschlossen war. Der Andachtsraum für Besucher oder für private Gottesdienste besitzt ein Sterngewölbe. Das Dach der Klostergebäude mit einem zusätzlichen Dachgeschoss aus Fachwerk stammt vom Umbau in den 1820er Jahren.

In der eher schmucklos gehaltenen Klosterkirche sind noch zwei barocke Kronleuchter erhalten. Auffallend ist ein Taufbecken aus dem 15. Jahrhundert, das bis 1945 in der St. Marienkirche stand. Das Taufbecken in Kelchform wird gestützt von drei Menschenfiguren, die auf drei verschiedenen Tieren stehen. Das Taufbecken selbst zeigt die zwölf Apostel und eine Christusdarstellung. Wirklich beeindruckend ist ein großer, reich verzierter, holzgeschnitzter Altaraufsatz aus dem Jahr 1609. Sein Urheber ist unbekannt. Der Unterbau des Altars zeigt die Abendmahlszene, im Hauptfeld ist die Kreuzigung dargestellt, links von der Kreuzigung wird das königliche Kind angebetet und rechts von ihr wird die Taufe Jesu gezeigt. Über der Kreuzigungsszene ist die Auferstehung zu sehen, den Abschluss bildet die Himmelfahrt.

In der Kirche St. Nikolai finden regelmäßig Konzerte statt. Dabei ist die Orgel von 1890 zu hören, geschaffen von Wilhelm Sauer aus Frankfurt (Oder). Bei dieser Gelegenheit, aber auch wenn die Kantorei mit ihren 40 Stimmen die Kirche erfüllt, fühlt man sich in eine andere Zeit versetzt.

Mittelalterliche Malereien im Refektorium

Kulturzentrum und Museum
Uckerwiek 813, 17291 Prenzlau
Tel. 03984/75-22 41
info@dominikanerkloster-prenzlau.de

Stadtinformation Prenzlau
Marktberg 11, 17291 Prenzlau
Tel. 03984/83 39 52
stadtinfo@prenzlau.de

Tourismus Marketing Uckermark GmbH
Grabowstr. 6, 17291 Prenzlau
Tel. 03984/83 58 83
www.tourismus-uckermark.de

Anreise
Vom Hbf Berlin fährt ein RE direkt nach Prenzlau. Reisezeit rund 1 Stunde und 25 Minuten. Der Fußweg vom Bahnhof bis zum »Kulturzentrum und Museum Dominikanerkloster« beträgt etwa 1,6 Kilometer.
Vom Berliner Dom sind es nach Prenzlau rund 117 Kilometer. In Richtung Norden über die A114, A10 und die A11 bis Ausfahrt Gramzow, dann auf der B198 nach Prenzlau. Fahrtzeit rund 1 Stunde und 20 Minuten.

Boitzenburg liegt, von Wald umgeben, in einem Tal. Auf einem Vorsprung steht die Kirche »St. Marien auf dem Berg« und in einem von Peter Joseph Lenné (1789–1866) gestalteten Schlosspark erhebt sich das zinnenbestückte Schloss Boitzenburg, einst Sitz der Adelsfamilie von Arnim. In einem Seitental liegt die Klostermühle beim ehemaligen Zisterzienserinnenkloster, dessen rötliche Ruinen am Waldrand emporragen. Wie auch Boitzenburg wurde die Klostermühle während des Dreißigjährigen Krieges zerstört. Nach einem Brand wurde sie 1671 wieder aufgebaut und wartet heute als Museum mit einer Einrichtung aus dem 19. und frühen 20. Jahrhundert auf. Im Sommer wird vor der romantischen Klosterruine Theater gespielt. Jedoch geben sich dort nicht nur Burgfräuleins ein Stelldichein, sondern auch kernige Mannsbilder, etwa beim Oldtimertreffen für Trecker und Traktoren.

Gegründet um 1271 durch die Markgrafen von Brandenburg, wurde die Klosteranlage im späten 13. und frühen 14. Jahrhundert in damals slawischem Gebiet errichtet. Das Kloster bestand aus einer Saalkirche mit polygonalem Chorabschluss und einer südlich anschließenden, nahezu rechtwinklig geschlossenen Klausur. Zwischen den noch stehenden Mauern ist die Ruine heute meterhoch mit Bauschutt aus seiner Zeit verfüllt und wild überwuchert. Die Nordwand der Klosterkirche, mit dem Ansatz zum Chorabschluss und einem kleinen Teil der Westwand, ist erhalten. Der Innenraum der Klosterkirche war in einen kurzen Chor und ein gestrecktes, zweigeschossiges Langhaus mit Nonnenempore unterteilt. Die über sechs Joche reichende Empore ruhte auf einer eingewölbten Unterkirche. Der Chor besaß ein Kreuzrippengewölbe. Als 1289 ein Altar gestiftet wurde, war die Kirche vermutlich schon zu einem großen Teil errichtet. Von der mittelalterlichen Ausstattung nichts mehr erhalten.

Wie bei vielen Klöstern ging das Baugeschehen vom Ostflügel aus, der rechtwinklig an die Kirche anschloss und Zugang zum Chor und somit zum Altar ermöglichte. Die Reste des 54 Meter langen Westflügels, dem Konventshaus, die-

Ruine des Westflügels

nen heute als wildromantische Theaterkulisse. Teile des Südgiebels überragen das Gestrüpp des Waldes. Der dreiachsigen Innengliederung entspricht die ebenfalls dreiachsige Fassadengestaltung des Südgiebels, dessen obere Dreifenstergruppe noch Reste des Fenstermaßwerks aufweist. Das Konventshaus wurde als letzter Teil der Klausurgebäude im frühen 14. Jahrhundert erbaut. Zu dieser Zeit war in Boitzenburg wohl schon eine Burg vorhanden, sodass der Ort aus den Wirtschaftshöfen für Burg und Kloster ent-

Auffahrt zum Schloss Boitzenburg

stand. Zur Auflösung des Klosters mussten die Nonnen am 27. Februar 1538 Hans von Arnim in die Klostergüter einweisen und ihm die Urkunden übergeben. Schließlich kaufte dieser 1539 vom Kurfürsten den gesamten Klosterbesitz. Die Klostergebäude wurden fortan für Wohn- und Wirtschaftszwecke genutzt. Seit dem 18. Jahrhundert verfiel die Anlage. Eine Sicherung der Mauern erfolgte vor wenigen Jahren, sodass galoppierende Pferde bei Theateraufführungen oder röhrende Traktoren bei Oldtimertreffen sie nicht zum Einsturz bringen können.

Klosterruine

Mühlenweg, 17268 Boitzenburger Land/
OT Boitzenburg
Theater in der Klosterruine:
www.theaterklosterruine.de
Wanderkarten, Broschüren, Flyer, Veranstaltungskalender usw. gibt es in der Klostermühle, in der Kirche oder an der Rezeption von Schloss Boitzenburg.

Klostermühle Boitzenburg

Mühlenweg 5a, 17268 Boitzenburger Land/
OT Boitzenburg
www.klostermuehle-boitzenburg.de

Anreise

🚌🚆 Die Anreise per Bahn vom Hbf Berlin geht mit dem RE nach Prenzlau und weiter mit dem Bus 503 noch circa 28 Kilometer bis Boitzenburg. Reisedauer etwa 2 Stunden und 10 Minuten.

🚗 Vom Berliner Dom sind es bis Boitzenburg rund 117 Kilometer. Über die B109, A114, A10, A11, Ausfahrt Pfingstberg, weiter über die L24 bis Boitzenburg. Fahrtzeit rund 1 Stunde und 30 Minuten.

Schon von Weitem fällt in der hügeligen Endmoränenlandschaft der Uckermark die rötliche Ruine der Kirche des Prämonstratenserstifts von Gramzow
ins Auge. Steil ragen die Mauerreste des Westwerks in den Himmel. Wo die
Kirche stand, wurde ein Platz mit Sitzbänken angelegt. Von den Klostergebäuden ist nichts mehr zu sehen, an ihrer Stelle stehen niedrige Wohnhäuser
mit Gärten.

Aufgrund der Erwähnung in einer Urkunde von 1168 des Bischofs Kon-
rad I. von Pommern gilt Gramzow als die älteste urkundlich erwähnte Ortschaft der Uckermark. Durch die Ansiedlung des Klosters konnte es sich zu
einem »Marktflecken« mit städtischem Charakter entwickeln. Die Auflösung
des Stiftes erfolgte durch die Kommission des brandenburgischen Kurfürsten
im Jahr 1543. Nach der Säkularisation bildeten das Prämonstratenserstift und
seine Güter ein staatliches Domänenamt, bis die Liegenschaft 1874 in den Besitz von Gramzow überging.

Die 24 Meter hohe Kirchenruine lässt auf ein beeindruckendes Gesamtbild
schließen. Neben der Stiftskirche gehörten zum Stift eine nördlich an die Kirche anschließende Klausur mit einem vermutlich eingewölbten Kreuzgang
um einen quadratischen Klosterhof von 28 Meter Seitenlänge. Im erhaltenen
Westteil ist als architektonische Besonder-
heit ein circa 15 Meter hoher ehemali-
ger, sechseckiger Raum auszumachen, der
zur Hälfte über die Westwand hinaus- und
zur Hälfte in den Kirchenraum hinein-
ragte. Der Unterbau sollte wahrscheinlich einen Turm tragen. Als ältester Teil
der Hallenkirche wird der Ostteil mit
schmalem Chor und Querhaus aus dem
13. Jahrhundert angenommen. Das Langhaus, etwa 26 Meter lang und 24 Meter
breit, wird auf das frühe 14. Jahrhundert
datiert. Der Abschluss der Halle mit Dach
und Westgiebel erfolgte wohl um die Mitte des 14. Jahrhunderts. Eingewölbt wurde
das Langhaus erst Anfang des 16. Jahrhunderts. Der Chor wurde möglicherweise in einer späten Bauphase zu einem
polygonalen Raum erweitert, sodass ein

Westteil der Kirche als Ruine

einziges Dach mit gleicher Traufhöhe Langhaus und Chor bedecken konnte.

Um 1710 waren von der Ausstattung noch Bilder der zwölf Apostel, eine Madonna im Strahlenkranz und am Eingang zur Kirche ein Bild St. Georgs vorhanden. Zwischen Chor und Schiff war ein Triumphkreuz mit Maria und Johannes sowie zwei Schächern zu sehen. Die Eingangspforte soll hoch und mit allerhand »gebrochenen« Steinen geziert gewesen sein. Die sechs Pfeiler im Schiff waren rot, gelb, blau und weiß gestrichen. Nach der Aufhebung des Stiftes wurde der Westbau zu einem Kornspeicher umgebaut. Der östliche Teil der Kirche mit Chor wurde für den evangelischen Gottesdienst genutzt. 1687 wurde er französisch-refor-

Nordseite der Kirchenruine

mierten Flüchtlingen zum Gottesdienst überlassen. Im Jahr 1714 zerstörte ein Feuer die Stiftsanlage und umliegende Gebäude. Die stehengebliebenen Mauern wurden zum Abbruch freigegeben und das Areal mit Wohnhäusern überbaut. Wie ein Denkmal steht heute die Ruine auf dem kleinen Platz. Es scheint, als ob ihr die neuen Häuser respektlos auf den Leib gerückt sind. Aber nach dem zerstörerischen Brand waren Baugrund und verwendbare Bausteine wichtiger als die Ehrfurcht vor einer Ruine.

Klosterruine Gramzow/Am Schützenhaus
Klosterberg 9, 17291 Gramzow

Tourismusverein Uckerseen e.V.
Lindenallee 27, 17291 Oberuckersee/OT Warnitz
Tel. 039863/781 22
www.ferienregionuckerseen.de

Sommermusik Gramzow/
Evangelische St. Marienkirche Gramzow
Kirchplatz, 17291 Gramzow
Kartenbestellung: Pfarrer Dietrich Wolff
Tel. 039861/239
de-wolff-gramzow@t-online.de

Anreise

🚆🚌 Von Hbf Berlin mit dem RE nach Prenzlau, vom ZOB mit dem Bus 403 in Richtung Schwedt/Oder bis nach Gramzow-Markt. Reisezeit rund 1 Stunde und 45 Minuten. Von Gramzow-Markt sind es 550 Meter zur Klosterruine.

🚗 Vom Berliner Dom sind es bis Gramzow rund 106 Kilometer, über die A114, A10 und A11 in Richtung Prenzlau, Ausfahrt Gramzow und weiter auf die B198 nach Gramzow. Fahrtzeit rund 1 Stunde und 10 Minuten.

Franziskanerkloster

Am nordwestlichen Rand der Prenzlauer Altstadt steht zwischen Reihen-wohnhäusern die Kirche des ehemaligen Franziskanerklosters. Ihre Ostfas-sade mit Eingangspforte und gestaffelt wirkendem Glockenturm zeigt zur Straße. Wo sich zwischen der Westfassade der Kirche und dem Verlauf der ehemaligen Stadtmauer das Klosterareal erstreckte, liegt heute ein Sportplatz. Klausur und Klosterhof schlossen sich nördlich an die Kirche an. Zwischen der Zweckarchitektur der Nachkriegszeit bildet die Franziskanerkirche ein auffallendes Stadtzeichen historischer Baukunst.

Die Niederlassung der Franziskaner in Prenzlau wird zwischen 1240 und 1250 angenommen, wobei der Konvent wahrscheinlich aus zwölf Mönchen bestand. Die Prenzlauer Franziskanerklosterkirche zählt zu den ältesten Deutschlands. Die Auflösung des Klosters erfolgte zwischen 1536 und 1543, vermutlich gaben schlechte wirtschaftliche Verhältnisse den Ausschlag und nicht landesherrliche Anweisung. Vom Kirchenschatz war bei der Aufheb-ung nur noch wenig vorhanden, so waren wohl sogar die liturgischen Gefäße schon aus der Not heraus verkauft wor-den.

Als einfacher, rechteckiger Saalbau, größtenteils aus Feldsteinen errichtet, hat sich die Klosterkirche bis heute erhalten. Ihre Schlichtheit entspricht der Bauauffas-sung des Ordens. Dennoch wurde die Kir-che in der Mitte des 13. Jahrhunderts mit fünf quadratischen Jochen überwölbt. Die erhaltenen Gewölbe entstammen jedoch der zweiten Hälfte des 14. Jahrhunderts. Bei Renovierungen von Mitte des 19. Jahr-hunderts wurde eine östliche Vorhalle mit einem neuen Portal geschaffen. Der Ost-giebel wurde als Schaufassade hergerich-tet und mit einem Glockenturm versehen. Durch den Einbau eines neugotischen Lettners, der heute nicht mehr existiert, wurde im westlichsten Joch eine Sakristei abgetrennt. Wohl aufgrund dieser Beson-derheit befindet sich seitdem der Altar im

Ostgiebel der Klosterkirche   Westen der Kirche.

Die Klausurgebäude schlossen nördlich der Kirche an. Sie orientierten sich an der Klosterstraße statt an der Ausrichtung der Kirche. Von daher standen sie nicht rechtwinklig zur Kirche und bildeten als Innenhof ein leicht unregelmäßiges Viereck.

Das ehemalige Kloster wurde 1544 als Ritterlehen an Zacharias von Grüneberg, Statthalter von Küstrin, vergeben, dem mehrere Eigentümer folgten. 1581 kauften die von Arnim den Besitz. Berndt von Arnim ließ 1598 die verfallene Kloster-

Schaugiebel aus dem 19. Jahrhundert

kirche für den lutherischen Gottesdienst wiederherstellen. Nach seinem Tod wechselten die Besitzer abermals mehrfach. 1735 wurden die Klostergebäude bis auf die Kirche abgerissen, die immer mehr vernachlässigt wurde. 1877 kaufte die Stadt Prenzlau das Klostergut. Die Klosterkirche selbst wurde seit 1694 von der vereinigten reformierten Gemeinde genutzt, bis sie 1774 wegen Baufälligkeit aufgegeben werden musste. Erst nach den Arbeiten Mitte des 19. Jahrhunderts konnte die reformierte Gemeinde sie erneut nutzen. Seit etwa 1975 war die Kirche jedoch nicht mehr in Gebrauch und wurde durch Vandalismus beschädigt. 1991 stürzte der Dachstuhl der Kirche ein. Im Jahr 2001 gründete sich ein Förderkreis, der sich um die Erhaltung der Kirche und die Nutzung auch für kulturelle Zwecke bemüht.

Dreifaltigkeitskirche der reformierten Kirchengemeinde/Ehemals Franziskaner-Klosterkirche St. Johannes Baptista
Klosterstraße, 17291 Prenzlau

Förderkreis Franziskanerkirche e. V.
Detlef Fronicke
Dr.-Wilhelm-Külz-Str. 29, 17291 Prenzlau

Anreise
🚌🚆 Vom Hbf Berlin fährt ein RE direkt nach Prenzlau. Reisezeit rund 1 Stunde und 25 Minuten. Der Fußweg vom Bahnhof bis zur Franziskanerkirche beträgt rund 1,3 Kilometer.
🚗 Vom Berliner Dom sind es nach Prenzlau circa 117 Kilometer. In Richtung Norden über die A114, A10 und die A11 bis Ausfahrt Gramzow, dann auf der B198 nach Prenzlau. Fahrtzeit rund 1 Stunde und 20 Minuten.

Sabinenkloster (Magdalenerinnen/Benediktinerinnen)

Im Südwesten Prenzlaus liegt vor der ehemaligen Stadtbefestigung die Neustädter Vorstadt. Zwischen ihren Gewerbeansiedlungen steht verträumt die evangelische Pfarrkirche St. Sabinen. Hinter der ältesten Pfarrkirche Prenzlaus führt die Uckerpromenade vorbei, die einen ausgedehnten Uferspaziergang am Unteruckersee ermöglicht. Weit draußen vor der Stadtmauer gelegen, hatten die Magdalenerinnen – auch Reuerinnen oder Weißfrauen – ihre Klostergebäude am Seeabfluss der Ucker errichtet. Die büßenden Schwestern des Ordens der Maria Magdalena ließen sich um 1250 an der damals schon bestehenden Kirche mit dem Patronat St. Sabinus nieder. Auch wenn die Bezeichnungen Sabinenkloster und Sabinenkirche dies vermuten lassen, stammt der Name nicht von der heiligen Sabina. Doch der Prenzlauer Konvent der Magdalenerinnen existierte nicht lange. Er übernahm später eine zisterziensisch-benediktinische Verfassung. Für 1280/82 erscheint der Konvent in den Quellen sogar als Zisterzienserinnenkloster, ab 1291 dann durchgehend als Benediktinerinnengemeinschaft unter Leitung einer Äbtissin. Zur Ausstattung dieser ersten geistlichen Frauengemeinschaft Prenzlaus zählten neben Besitz in Prenzlau und in umliegenden Ortschaften auch die Kirchen in Prenzlau. Zusätzlich zu den Einnahmen bedeutete dies auch Einfluss auf das religiöse Leben Prenzlaus und der Dörfer.

Infolge der Visitation im Juli 1543 übertrug das Sabinenkloster seine Rechte an den Prenzlauer Pfarrkirchen dem brandenburgischen Kurfürsten, anschließend setzte die Säkularisation ein. Am 8. Januar 1557 traten die Äbtissin und zwölf Schwestern Klostergrundstücke gegen lebenslanges Wohnrecht und Unterhalt an Kurfürst Joachim II. ab. In der Folge gab es wechselnde adlige und bürgerliche Gutsbesitzer. 1841 erwarb die Stadt Prenzlau das Kloster. Mit der Zeit verschwanden alle Klostergebäude bis auf die Kirche.

Der flach gedeckte, rechteckige Feldsteinbau der Kirche aus der zweiten Hälfte des 13. Jahrhunderts wurde durch Umbauten und Veränderungen der Ausstattung um 1816/17 stark überformt. Erhalten sind die mittelalterlichen Umfassungsmauern, darunter der frühgotische Ostgiebel. Der ursprüngliche getrennt stehende Glockenturm wurde 1816 abgebrochen. Die

St. Sabinen mit nachträglichem Fachwerkturm

Mittelalterliches Mauerwerk

Kleiner Park mit Kirche an der Ucker

von der Kirche separat erbauten Klostergebäude erstreckten sich U-förmig bis an den See mit unterschiedlich langen Schenkeln. Zur Ucker hin war der Klosterhof offen. Im 18. Jahrhundert existierten noch zwei teilweise baufällige Flügel, die von Armen bewohnt wurden. Heute stehen dort Kastanienbäume am Seeufer.

In der Kirche St. Sabinen steht ein prächtiger Renaissance-Altar von 1597 aus Prenzlauer Herkunft, der 1817 zum Kanzelaltar umgebaut und 1873 mit dunklen Farben übermalt wurde, was eine langwierige Restaurierung erforderlich machte. Die Bronzetaufe mit eisernem Dreifuß von 1519 könnte zum ursprünglichen Bestand der Sabinenkirche gehören. Der Taufständer von 1727 wurde 1945 aus der Margarethen-Kapelle der Kirche St. Marien hierher gebracht. Die Kirche mit dem Gemeindehaus steht in einem gepflegten, parkähnlichen Garten mit hohen Bäumen. Neben der stark befahrenen Ausfallstraße wirkt St. Sabinen wie eine kleine Oase der Ruhe.

St. Sabinen
Neustadt 41, 17291 Prenzlau

Evangelischer Stadtkirchenverband Prenzlau
St. Nikolai Kirchplatz 2, 17291 Prenzlau
Tel. 03984/35 90 10
www.kirchenmusik-prenzlau.de

Anreise

🚍🚆 Vom Hbf Berlin fährt ein RE direkt nach Prenzlau. Reisezeit rund 1 Stunde und 25 Minuten. Der Fußweg vom Bahnhof bis zum „Sabinenkloster" bzw. zur evangelischen Pfarrkirche St. Sabinen beträgt circa 1,8 Kilometer.

🚗 Vom Berliner Dom sind es nach Prenzlau rund 117 Kilometer. In Richtung Norden über die A114, A10 und die A11 bis Ausfahrt Gramzow, dann auf der B198 nach Prenzlau. Fahrtzeit rund 1 Stunde und 20 Minuten.

Boitzenburg 13
Evangelische Kirche „St. Marien auf dem Berge"

Die hügelige Endmoränenlandschaft der Uckermark straft das Vorurteil Lügen, ganz Norddeutschland sei eine einzige flache Ebene. Wälder, Seen, Bäche und Moore machen die Uckermark zu einer abwechslungsreichen Landschaft. So liegt in einem bewaldeten Tal das kleine Städtchen Boitzenburg. Eine romantische Klosterruine, eine Mühle mit ruhelos sich drehendem Wasserrad und ein Schloss wie aus dem Märchen überraschen den Besucher. Auf einem Hügel thront mit einem 47 Meter hohen Turm die evangelische Kirche „St. Marien auf dem Berge". Der Grundriss der Kirche zeigt eine Kreuzform mit zwei seitlichen Flügeln. Allerdings ist im Inneren der Kirche nur der Südflügel zugänglich, in dem die Patronatsloge eingebaut ist. In der zweiten Hälfte des 13. Jahrhunderts wurde dem Zisterzienserinnenkloster in Boitzenburg das Patronatsrecht der damaligen Feldsteinkirche verliehen. Bei der Säkularisierung des Klosters ging dieses 1536/38 an die Familie von Armin über, die im Boitzenburger Schloss ihren Sitz hatte. Das Patronat der Adelsfamilie brachte einen besonderen Reichtum an bildhauerischer Qualität in die Kirche und zahlreiche Epitaphe ihrer Familienmitglieder. Um 1600 erfolgte der Anbau eines Westturms. Mitte des 18. Jahrhunderts wurde der Turm erhöht, ein barocker Helm aufgesetzt und eine Wetterfahne mit der Inschrift „A.W.v.A. 1767" angebracht, die auf das Jahr und Abraham Wilhelm von Arnim (1713–1761) verweist. Das Kirchenschiff wurde um 1700 durch den Chorschluss mit seinen Wappenfenstern, die erhalten sind und eine Rarität darstellen, erweitert. Im 18. Jahrhundert wurde der südliche Flügel mit Patronatsloge angebaut. Unter ihm befinden sich die Grabkammern der Familie von Arnim. Gestühl und Emporen stammen ebenfalls aus dieser Zeit. Der Nordflügel wurde 1840 angegliedert. Er enthält die Sakristei und die Winterkirche, die auch für Ausstellungen genutzt wird.

Der Altar, vermutlich aus dem Jahr 1718, wird von acht schlanken Säulen mit einem Baldachin akzentuiert. Darauf ist das Gottesauge zu sehen und zwei Engel scheinen ihm zu huldigen. Der Altar wird von schön gearbeiteten Skulpturen umgeben, die die vier Evangelisten, Matthäus, Markus, Lukas, Johannes, sowie Moses

Auf einem Hügel über den Häusern

Kirchensaal mit Emporen　　　　　*Grablege derer von Arnim*

und Johannes den Täufer zeigen. Am Altartisch, der von Adlerklauen getragen wird, werden die Beschneidung, die Taufe von Jesus, das Abendmahl und eine feierliche Tafelrunde dargestellt. Die Kanzel mit Schalldeckel stammt aus gleicher Zeit. Zwei Figuren, die Hoffnung und Liebe symbolisieren, tragen den Korb. Das Relief an der Kanzel zeigt Jesus in einem Boot, predigend auf dem See. Die achteckige Taufe aus Eisenguss von 1841 ist mit Engelreliefs und Lilienranken verziert. Eine vorhandene Barockorgel wurde 1770 von Ernst Marx, einem Schüler Joachim Wagners, ersetzt. Diese Orgel wich wiederum 1849 einer Orgel des Berliner Orgelbauers Karl August Buchholz.

Von der Kirche schweift der Blick über grüne Wälder – bis das weiße Märchenschloss der Familie von Arnim über den Baumwipfeln auftaucht. Genauso hatten auch die Herren des Schlosses ihre Kirche mit Grablege im Blick. Sie gemahnte wohl daran, dass nichts ewig bleibt. Im Schloss ist seit einigen Jahren ein Hotel untergebracht.

Kirche St. Marien auf dem Berge
Goethe-/Templiner Straße, 17268 Boitzenburger Land/OT Boitzenburg

Förderverein „St. Marien auf dem Berge" zu Boitzenburg e.V.
Silvia Grimmecke
Goethestr. 22, 17268 Boitzenburger Land/OT Boitzenburg
Tel. 039 889/70 59 43
www.kirche-boitzenburg.de

Anreise
🚌🚆 Die Anreise per Bahn vom Hbf Berlin geht mit dem RE nach Prenzlau und weiter mit dem Bus 503 noch circa 28 Kilometer bis Boitzenburg. Reisedauer etwa 2 Stunden und 10 Minuten.
🚗 Vom Berliner Dom sind es bis Boitzenburg rund 117 Kilometer. Über die B109, A114, A10, A11, Ausfahrt Pfingstberg, weiter über die L24 bis Boitzenburg. Fahrtzeit circa 1 Stunde und 25 Minuten.

Alte St. Nikolaikirche (Ruine)

Nur einen Steinwurf vom ehemaligen Prenzlauer Dominikanerkloster entfernt steht auf einem Platz der untere Teil des querrechteckigen Westwerks der alten Nikolaikirche. Von der einstmals doppeltürmigen Westseite der Kirche ist noch ein auf den Feldsteinunterbau aufgesetzter Turm aus Ziegelmauerwerk aus dem 14. Jahrhundert übrig geblieben. Zum freien Platz hin steht dort, wo sich das Langhaus anschließen müsste, auf der Erde ein Glockengestühl mit Kirchenglocken. Durch das Turmportal kann das verbliebene Gemäuer wie ein Torturm durchgangen werden.

Die alte Nikolaikirche wurde um 1200 erbaut und war die älteste Pfarrkirche von Prenzlau. Es war eine dreischiffige, frühgotische Basilika aus Feldsteinen. Bis die neue Nikolaikirche am Dominikanerkloster errichtet war, wurde die Pfarrkirche auch von den Mönchen genutzt. In der zweiten Hälfte des 16. Jahrhunderts wurde sie jedoch so baufällig, dass die Gemeinde in die Kirche des inzwischen säkularisierten Klosters wechselte.

Nachdem einer der zwei im 14. Jahrhundert aufgesetzten Türme aus Backstein 1648 eingestürzt war, blieb die Kirche eine Ruine. Das Langhaus wurde 1769 abgetragen, die westliche Turmanlage blieb stehen. Die Beseitigung des Kirchenschiffs hing auch mit der Errichtung von Kasernenbauten zusammen,

Westwerk mit übrig gebliebenem Turm einer Doppelturmanlage

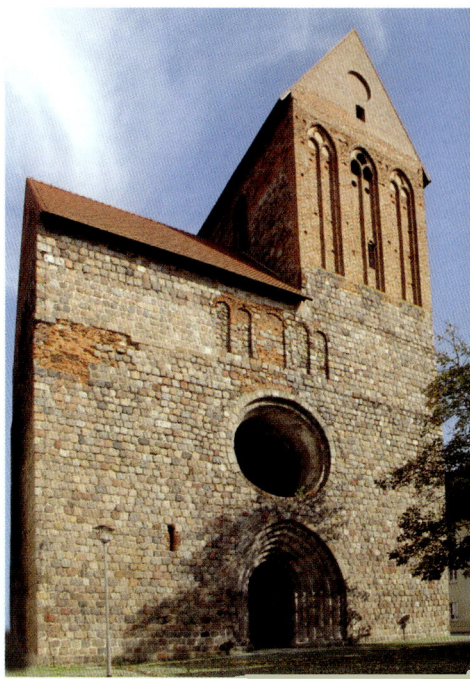

Glockengestühl vor Einbau in den Turm   *Westfassade mit Glockenturm*

die um die Kirche erbaut und später zu Wohnzwecken umgenutzt wurden. Auf der Westseite der Ruine sind die Reste eines großen, abgestuften Portals und eines großen, runden Fensters darüber zu sehen. Im Jahr 1996/97 nahm man Sicherungs- und Restaurierungsarbeiten am Turmbereich vor, um die Ruine begehbar zu machen.

Ruine Alte St. Nikolaikirche
Diesterweg-/Hospitalstraße, 17291 Prenzlau

Stadtinformation Prenzlau
Marktberg 11, 17291 Prenzlau
Tel. 03984/83 39 52
www.prenzlau-tourismus.de

Anreise
🚌🚆 Vom Hbf Berlin fährt ein RE direkt nach Prenzlau. Reisezeit rund 1 Stunde und 25 Minuten. Der Fußweg vom Bahnhof bis zur Ruine der Alten Nikolaikirche beträgt etwa 1,2 Kilometer.
🚗 Vom Berliner Dom sind es nach Prenzlau rund 117 Kilometer. In Richtung Norden über die A114, A10 und die A11 bis Ausfahrt Gramzow, dann auf der B198 nach Prenzlau. Fahrtzeit rund 1 Stunde und 20 Minuten.

Evangelische St. Marienkirche

Frei auf einem Platz im Zentrum Prenzlaus steht die doppeltürmige, dreischiffige Kirche St. Marien. Sie gilt als eines der bedeutendsten Bauwerke norddeutscher Backsteingotik des 13. und 14. Jahrhunderts und war die erste Hallenkirche Norddeutschlands. Bis in die letzten Tage des Zweiten Weltkriegs ragten über die Dächer der historischen Altstadt Prenzlaus ihr hoch angesetzter Ostgiebel mit seinem Maßwerk und die beiden Türme. Doch am 27./28. April 1945 zerstörte eine durch Kriegshandlungen verursachte Feuersbrunst die gesamte historische Innenstadt. Die Ruine der Marienkirche stand in einem Trümmerfeld. Der Wiederaufbau brachte ein Stadtbild hervor, das sich an der Nachkriegsauffassung von Architektur und Städtebau der DDR orientierte.

Auf den Resten des Vorgängerbaus aus Feldsteinen aus dem Jahr 1235 im Westteil der Kirche wurde zwischen 1289 und 1340 in zwei Bauphasen die gotische Hallenkirche mit den zwei Türmen errichtet. Diese trugen früher einen gotischen Helm. Jedes der drei Schiffe der siebenjochigen Halle besitzt einen polygonalen Abschluss mit schmalen gotischen Fenstern. Darüber erhebt sich der verzierte repräsentative Ostgiebel.

Aus dem 14. Jahrhundert stammen die gewölbten Anbauten der Margareten- und Christopheruskapelle an der Südseite, die erhalten blieben. Neben Resten von Malereien fallen die variantenreichen Konsolköpfe auf, die Bürger der Stadt zu zeigen scheinen. Im 15. Jahrhundert kamen die Portalvorhallen der Seiteneingänge hinzu. Die beiden, ursprünglich etwa 90 Meter hohen Türme wurden durch Blitzeinschlag beschädigt und verloren durch die Reparaturarbeiten an Höhe. Der 68 Meter hohe Nordturm erhielt sein heutiges Aussehen im 16. Jahrhundert, der 64 Meter hohe Südturm im 18. Jahrhundert. Im Jahr 1844 begann eine Restaurierung und Umgestaltung der Kirchenhalle in neugotischer Fassung. Im Zuge dieser Arbeiten wurde eine Rosette aus farbigem Glas in die runde Öffnung in der Westfassade ein-

Altar mit mittelalterlichen Figuren

gesetzt, die bis dahin vermauert war. Die heutige Fensterrosette von 1995 zeigt eine neuzeitliche künstlerische Gestaltung von Johannes Schreiter.

Nach dem Brand 1945 standen fast nur noch die Außenwände und die beschädigten Türme. Neben den Kapellenanbauten blieben Teile des Altars und das Taufbecken erhalten. Jedoch stürzten alle Gewölbe ein, lediglich die Pfeiler mit spitzen Arkaden blieben stehen. Erst im Jahr 1970 begannen der Wiederaufbau und die Restaurierung mit der Errichtung des Dachstuhls. Die Wiederherstellungsarbeiten zogen sich über Jahre hin. Zum besonderen Inventar der Marienkirche gehören die Altarfiguren des Marienaltars von 1512, die den Brand überstanden. Sie sind in einen schmucklosen, geradezu neutralen dreiflügeligen Altar entsprechend ihrer früheren Anordnung eingestellt. Zur 650-jährigen Wiederkehr der Kirchenweihe fand 1990 die erste öffentliche Veranstaltung in der Marienkirche seit der Zerstörung statt. Mit einem Gottesdienst wurde 1997 die Wiederaufstellung des Altars begangen.

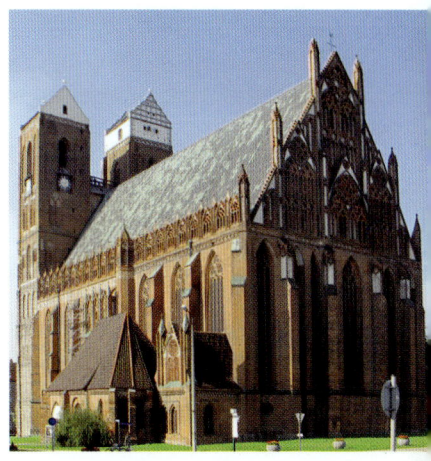

Östlicher Schaugiebel

Sportliche Besucher können die 234 Stufen im Feldsteinturm hinaufsteigen und den schönen Ausblick auf die Stadt genießen. Nach Besichtigung der Türmerstube, die der Turm 1546 erhielt, erfolgt der Abstieg über die Treppe im Nordturm.

Kirche St. Marien
Marienkirchstraße, 17291 Prenzlau

Stadtinformation Prenzlau
Marktberg 11, 17291 Prenzlau
Tel. 03984/83 39 52
www.prenzlau-tourismus.de

Anreise
🚌🚆 Vom Hbf Berlin fährt ein RE direkt nach Prenzlau. Reisezeit rund 1 Stunde und 25 Minuten. Der Fußweg vom Bahnhof bis zur Marienkirche beträgt etwa 1,3 Kilometer.
🚗 Vom Berliner Dom sind es nach Prenzlau rund 117 Kilometer. In Richtung Norden über die A114, A10 und die A11 bis Ausfahrt Gramzow, dann auf der B198 nach Prenzlau. Fahrtzeit rund 1 Stunde und 20 Minuten.

Chorin
Zisterzienserkloster

Wer unmittelbar vor einem der beliebten Klosterkonzerte im Sommer das ehemalige Kloster Chorin besichtigen möchte, wird über die vielen Besucher überrascht sein, die sich mit Klappstühlen ein schattiges Plätzchen im Klosterhof sichern. Nicht wenige decken ihr Campingtischchen für ein Picknick mit langstieligen Weingläsern und einer Flasche Wein ein. Andere nutzen die hügelige Parkanlage, in der das Kloster liegt, und lauschen der Musik in der Nachbarschaft alter Gräber. Englische Lebensart weht an sommerlichen Konzerttagen durch den Choriner Klosterpark. Für „Spätkommer" ist noch reichlich Platz im Kirchenschiff. Wer lediglich einen Rundgang durch das Kloster machen will, sollte sich über die Konzerttermine erkundigen, denn vor Konzertbeginn werden nur noch Konzertkarten verkauft.

Das Kloster Chorin liegt im UNESCO-Biosphärenreservat Schorfheide-Chorin am erhöhten westlichen Ufer des Amtsees in einem Park. Diese Lage hatten sich die Mönche des auf dem Pehlitzwerder am Parsteiner See gegründeten Klosters Mariensee als neuen Standort ausgesucht, denn sie wollten umziehen. Sie gaben ihr altes, noch unfertiges Domizil auf und gingen nach Chorin, um dort ein neues Kloster aufzubauen.

Am 8. Oktober 1273 erfolgte durch die Markgrafen von Brandenburg die Genehmigung der Verlegung des Klosters nach Chorin. Die neue Anlage wurde auf keinem unbebauten Hügel errichtet, vielmehr mussten Bewohner und Häuser eines kleinen Dorfes dafür weichen. Auch eine Mühle war dort schon vorhanden. Erbaut wurde das Kloster vergleichsweise zügig in nur rund 30 Jahren.

Die Klosterkirche, die der Jungfrau Maria geweiht wurde, steht in Ost-West-Richtung auf einer Anhöhe. Sie besitzt ein Langhaus mit polygonalem Chor und ein Querhaus. An ihrer Südseite, zur abfallenden Seite des Hanges, schlossen sich die Klausur- und die Wirtschaftsgebäude an. Erhalten sind das Erdgeschoss des Ostflügels, das östlich davon gelegene, heute als Abtshaus bezeichnete Infirmarium, also das interne „Hospital", sowie der Westflügel mit Küche und dem angefügten Pfortenhaus, an welches das Brauhaus mit Backhaus angebaut wurde.

Offene Südseite der Kirche

Auf dem nördlich der Kirche befindlichen Friedhof fällt der in kubischen Formen gehaltene Grabstein des bekannten Architekten Max Taut (1884–1967) auf. Von der Klostermauer sind noch Reste vorhanden, die teilweise mit dem an der Straße liegenden, 1832 errichteten Wirtschaftsgebäude überbaut wurden, in dem sich heute Verwaltung, Klosterladen, Eingang und Ticketverkauf befinden.

Die Mönche errichteten zuerst den östlichen Teil der Kirche mit Querhaus, an das der früher zweigeschossige Ostflügel mit einem Kreuzgang angebaut wurde. Das Gebäude reichte bis zur Traufhöhe des Kirchendaches, wie an den Spuren am Querhaus erkennbar ist. Im Ostflügel befanden sich die Sakristei und die Bibliothek. Der Kapitelsaal kragte nach Osten aus und besaß ein Portal. Später wurde er als Pferdestall umgebaut. Weiter südlich lagen das Parlatorium – der Gesprächsraum – und der ursprünglich mit einer Unterbodenwarmluftheizung versehene Brüdersaal, die heutige evangelische Kapelle. Eine Treppe führte ins Obergeschoss zum Dormitorium der Mönche, das direkten Zugang zur Kirche hatte.

Der nicht mehr vorhandene Südflügel mit Kreuzgang wurde anschließend um 1280 errichtet. Im Südflügel befand sich neben dem Refektorium wahrscheinlich auch das Kalefaktorium – die Wärmstube. Zur gleichen Zeit wurde ein Brunnenhaus erbaut, das in den Hof hinausführte. Mit dem Bau der Küche am Ende des Südflügels und dem westlichen Kreuzgang, der parallel zum Ostflügel liegt, wurde die Klausur geschlossen. Die Küche besaß ein Gewölbe und einen von zwei Pfeilern gestützten Rauchfang, der in Deckenhöhe teilweise überwölbt war. Heute wird die Küche als Cafeteria genutzt.

Als letztes wurden das westliche Langhaus der Kirche und zwischen 1280 und 1300 der eigentliche Westflügel parallel zum westlichen Kreuzgang errichtet. In ihm befanden sich das Konversenrefektorium, der sogenannte Fürstensaal sowie das Obergeschoss mit dem Konversendormitorium. Das vor den Westflügel gesetzte Pfortenhaus mit großem Portal entstand später.

Der Kreuzgang entlang der Kirche wurde 1769 zusammen mit dem südlichen Seitenschiff vollständig abgebrochen. Seither ist die Südseite der Kirche offen. Kirche und Klausur dürften um oder kurz nach 1300 vollendet gewesen sein. Das im frühen 14. Jahrhundert entstandene Brauhaus mit Backhaus, das sich dem Pfortenhaus anschließt, war in das Kanal- und Abwassersystem des Klosters eingebunden. Im Mittelalter durchzogen Kanäle und Mühlengewässer das Klosterareal. Es gab Trink-, Brauch- und Abwasserkanäle – eine Trennung, die heute wieder angestrebt wird. Vielleicht noch mehr als das Bierbrauen lag den Mönchen der Weinanbau am Herzen. In unmittelbarer Nähe zur Klosteranlage pflegten sie einen Weinberg, weitere besaßen sie in ihren verstreuten Besitztümern. Das als Amts- und seit dem 19. Jahrhundert auch als Abtshaus bezeichnete Infirmarium, ein lang gestrecktes Gebäude südöstlich der Klausur, wurde im 15. Jahrhundert errichtet. Es wird als Wohngebäude des Abts gedeutet, da der repräsentative, gewölbte Zentralraum mit einer Warmluftheizung ausgestattet war. Der östlich anschließende, große Saal dürfte als Krankensaal gedient haben.

Westfassade

Mit der Choriner Klosterkirche entstand der erste gotische Backsteinbau der Mark Brandenburg mit Strebepfeilern, polygonalem Chorschluss und Maßwerkfenstern. An das fünfseitige Chorpolygon wurden zweigeschossige Nebenkapellen angebaut, die zum Querhaus geöffnet waren. Anbauspuren und Zugänge sind auf beiden Seiten des Chors noch nachvollziehbar, ebenso im Inneren der Kirche.

Der westliche Teil des Langhauses wurde als Laienkirche genutzt. Sie war durch eine gemauerte Chorschranke vom Mönchschor abgetrennt. Die markante Westfassade, entstanden um 1300, wurde zum baulichen „Gesicht" der heutigen Klosterruine. Mit hoher Wahrscheinlichkeit führte vom ehemaligen Klostertor ein Weg auf sie zu, ähnlich wie heute. An der Westwand des Langhauses wurde eine Empore eingebaut, die vermutlich der askanischen Stifterfamilie vorbehalten war. Sie ist nicht mehr vorhanden. Immerhin bot sie das Privileg, über die Chorschranke hinwegsehen zu können. Von den sieben mittelalterlichen Altären, von denen der Hochaltar ein Marienaltar war, waren bereits im 19. Jahrhundert keine mehr erhalten.

Kriegerische und räuberische Ereignisse gingen an dem Kloster nicht spurlos vorüber. Dennoch konnten die Choriner Zisterzienser ihren Besitz vergrößern, der ursprünglich noch von ihrem ersten Kloster Mariensee auf Pehlitzwerder herrührte. Das Kloster Chorin nahm rege am Handel teil, der dank der Oder überregional ablief. Über Besitzungen war das Kloster in Oderberg vertreten, zu jener Zeit ein bedeutender Warenumschlagplatz an der Oder mit Handelsverbindungen bis nach Stettin. Seit den 1530er Jahren kam der Gottesdienst in Chorin jedoch fast zum Erliegen, da kaum noch Mönche im Kloster waren.

Die Säkularisierung scheint um 1542/43 erfolgt zu sein. Am 2. April 1543 verpfändete Kurfürst Joachim II. das inzwischen zum Kammergut umfunktionierte Chorin seinem Amtmann zu Potsdam, Caspar von Kökeritz. Einige Klostergebäude wurden nach der Aufhebung nur noch wirtschaftlich genutzt, andere verfielen. Ein Brand während des Dreißigjährigen Krieges beschleunigte den Verfall. Nachdem man 1662 das Dach entfernt hatte, um die Dach-

Querschiff mit angebautem Ostflügel

ziegel in Joachimsthal zu verwenden, fiel die durchgehende Kreuzrippenwölbung der Kirche ein. Bis zum beginnenden 19. Jahrhundert wurde die Kirche als Steinbruch für andere Baumaßnahmen benutzt.

Nach der Aufhebung war im Ostflügel 1624 das Amt Chorin mit kurfürstlichen Gemächern, Anbauten am Kreuzgang, Böttcherei, Brauhaus und Ställen untergebracht. Später wurden die Räume als Invalidenhaus und wieder für Ställe genutzt. Im 19. Jahrhundert waren eine Gerichtsstube bzw. Wohnungen vorhanden. Von 1653 bis 1663 unterstand Chorin dem Joachimsthalschen Gymnasium, dessen Schulräte 1661 die Abtragung des Südflügeldaches veranlassten, der daraufhin verfiel. Die Abtragung des Obergeschosses vom Ostflügel und der Bau des Daches in der heutigen Gestalt erfolgten 1769. Zwischen 1721 und 1839 wurde die Klosteranlage mehrmals anderen Domänenämtern unterstellt. Bis zur Bildung des Gemeindeamts Britz-Chorin im Jahr 1997 unterstand das Amt Chorin der brandenburgischen Forstverwaltung. Heute ist es eine Einrichtung der Gemeinde Britz-Chorin.

Erst zu Beginn des 19. Jahrhunderts besann man sich der hohen Wertigkeit der Klosterruine. Auf Initiative des Baumeisters Karl Friedrich Schinkel wurden an der Klosterruine um 1810 erstmals denkmalpflegerische Maßnahmen ergriffen. Im Herbst 1863 suchte Theodor Fontane das Kloster Chorin auf, um die Ruinen und die Klostergeschichte bekannt zu machen. Einige Jahre später veranlasste der preußische Generalkonservator Ferdinand von Quast die Sicherung des Dachstuhls. Nach dem Zweiten Weltkrieg wurde 1954 die Restaurierung der Kirche begonnen, der östliche Kreuzgang wieder geöffnet und die Arkaden wie auch das Südportal der Kirche freigelegt.

Bereits seit einigen Jahren wird die Klosterkirche als Veranstaltungsort genutzt. Dann füllt sich der Klausurhof mit Musikliebhabern, die von weither anreisen. Dass die Nachfolger der Choriner Mönche ihn, wie überliefert ist, als „große Miststätte" nutzten, ist hier nur mehr Teil der faszinierenden Geschichte des Ortes.

Östlicher Kreuzgang

Kloster Chorin
Amt Chorin 11a, 16230 Chorin
Tel. 033366/703 77
www.kloster-chorin.org

Choriner Musiksommer e.V.
Friedrich-Ebert-Str. 28, 16225 Eberswalde
Tel. 03334/65 73 10
www.choriner-musiksommer.de

Amt Britz-Chorin-Oderberg
Eisenwerkstr. 11, 16230 Britz
Tel. 03334/45 76-0
http://britz-chorin-oderberg.de

Biosphärenreservat Schorfheide-Chorin
Hoher Steinweg 5–6, 16278 Angermünde
Tel. 03331/36 54-0
www.schorfheide-chorin.de

Anreise
🚌🚆 Vom Hbf Berlin fährt ein RE nach Bahnhof Chorin-Kloster. Fahrtzeit rund 40 Minuten. Von dort ist das Kloster über einen circa 1,4 Kilometer langen Fußweg zu erreichen, der wahlweise entlang der Straße oder teilweise durch den Wald am See entlang führt. Zu Veranstaltungen des Musiksommers wird ein kostenloser Busshuttle vom Bahnhof Chorin-Kloster zum Kloster bereitgestellt.

🚌 Vom Berliner Dom sind es bis zum Kloster Chorin circa 82 Kilometer, über die A11, Ausfahrt Chorin, auf der L23 weiter in Richtung Britz bis Kloster Chorin. Fahrtzeit rund 1 Stunde und 5 Minuten.

Als „Tor zur Uckermark" bezeichnet sich die traditionsreiche Handwerker- und Ackerbürgerstadt Angermünde, die am Mündesee liegt, wo noch Mauern einer Burg zu finden sind. Auf dem historischen Marktplatz steht das barocke Rathaus, in dem auch schon mal eine Modenschau stattfindet und der Laufsteg hinaus auf den Marktplatz führt. Bei schönem Wetter ist die Gartenwirtschaft „Wallenstein" am Markt gut besucht, deren Namen an den Aufenthalt des Heerführers in Angermünde erinnert.

Mit der großen Franziskanerklosterkirche – seit ihrer Wiedereröffnung am 3. Juli 1999 als Kulturzentrum genutzt – ging die Stadt indes nicht immer sorgsam um. Sie diente schon als Militärmagazin, Gefangenenlager, Exerzierhalle, Feuerwehrdepot sowie Wagen- und Lagerhalle. Bis auf die Kirche, ein herausragendes Beispiel norddeutscher Bettelordensgotik, ist vom Kloster, zu dem sie einst gehörte, nichts mehr vorhanden. Vermutlich ließen sich die Franziskaner um 1250 in Angermünde nieder und begannen bald danach mit der Bautätigkeit. Das Patrozinum der Kirche ist unbekannt. Oft wird fälschlicherweise von einem Paulskloster und einer Kirche St. Peter und Paul gesprochen. Der Irrtum geht auf eine falsch interpretierte Ablassurkunde von 1354 zurück. An die Südseite der Kirche schlossen sich zwei nebeneinanderliegende Höfe an. Der östliche Hof wurde von einem Klausurgebäude abgeschlossen, der westliche von einem Kreuzgang. Die Besonderheit war ein großer Mittelflügel. Die erste Klosterkirche wurde als Saalkirche aus Feldstein errichtet. Sie besaß einen geraden Ost- und Westabschluss, dem nachträglich eine Sakristei angefügt wurde. Schlanke Lanzettfenster, das gestufte, westliche Eingangsportal und Wandmalereien sind noch erhalten. Um 1300 wurde die Feldsteinkirche um ein breites, nördliches Schiff in Backstein erweitert. Der lange Chor, abgetrennt durch einen gemauerten Lettner, erhielt einen polygonalen Abschluss. Es ist der einzige erhaltene Lettner in dieser Art in Brandenburg. Die

Westfassade der Klosterkirche

gewölbte, zweigeschossige Sakristei am Chor zeigt bemerkenswerte Malereien. Um die Mitte des 15. Jahrhunderts wurden polygonale Langhauspfeiler und eine neue Wölbung eingebaut. Während der Reformationszeit verlieh Kurfürst Joachim II. am 22. Juni 1556 das Kloster – die Kirche ausgenommen – an einen Hauptmann. Die verbliebenen Franziskaner erhielten Wohn- und Bleiberecht. 1567 wurde die Klosteranlage an die Stadt Angermünde verkauft. Im Dreißigjährigen Krieg wurden die Steine der teilweise beschädigten Klausurgebäude zum Wiederaufbau der zerstörten Stadt verwendet. Die verbliebenen, kümmerlichen Reste dienten ab 1687 bis etwa 1700 hugenottischen Zuwanderern als Wohnort. Um 1700 sowie um 1765 wurden die Klausurgebäude vollends abgetragen.

Chorraum mit gemauertem Lettner

Nachdem das Langhaus seit 1725 als Kirche genutzt worden war, diente ab 1788 das ganze Gebäude als Lager. Als 1800 die Kirche zum Abbruch verkauft werden sollte und sich kein Käufer fand, wurden 1802 die schadhaften Kirchengewölbe abgebrochen. Seither ist die Dachkonstruktion aus dem 14. und 15. Jahrhundert sichtbar.

Für die Kirche mit der bedeutenden Backsteinarchitektur ist es ein Glück, nach so vielen Schicksalsschlägen nun als Kulturzentrum genutzt zu werden.

Franziskaner Klosterkirche
Klosterstr. 43, 16278 Angermünde
Tel. 03331/26 00 65

Klosteramt
Klosterstr. 43a, 16278 Angermünde
Tel. 03331/29 85 57
st.tuchscherer@angermuende.de

Anreise
🚌🚃 Vom Hbf Berlin fährt ein RE nach Angermünde. Reisezeit rund 55 Minuten. Vom Bahnhof bis zur Klosterkirche sind es circa 750 Meter.
🚗 Vom Berliner Dom bis Angermünde sind es circa 87 Kilometer. Über die A114, A10 und A11 bis Ausfahrt Joachimsthal, dann weiter auf der B198 bis Angermünde. Fahrtzeit rund 1 Stunde und 5 Minuten.

Heilig-Geist-Kapelle

Nahe der Stadtmauer im Südosten der historischen Altstadt, an der Ecke von Kloster- und Berliner Straße, stand eines der zwei Hospitäler der Stadt Angermünde. Außer der gotischen Backsteinkapelle ist von dem 1363 erstmalig erwähnten Hospital für die Armen- und Krankenpflege nur der Brunnen erhalten geblieben. Im 15. Jahrhundert erhielt die ursprünglich flach gedeckte Kapelle ihre Gestalt als dreijochige Hallenkirche mit Sterngewölbe. Das Hauptportal wurde an die Seite zur Straße gesetzt. Alle anderen Hospitalgebäude wurden im Dreißigjährigen Krieg zerstört. Dem Einbau einer barocken Westempore von 1749 folgte die barocke Turmlaterne, die 1775 auf einen neu errichteten Turmansatz aus Fachwerk aufgesetzt wurde, der ähnlich einem Dachreiter direkt am Westgiebel sitzt. Die Kapelle wurde 1841 im klassizistischen Stil ausgestattet.

1698 ließ Markgraf Friedrich II., der spätere König Friedrich I., die Kirche reparieren und übergab sie den eingewanderten Hugenotten als Gemeindekirche. Die französisch-reformierte Gemeinde nutzt die Heilig-Geist-Kapelle bis heute.

Modenschau vor dem barocken Rathaus

Westfassade mit barockem Turmaufsatz   *Ostfassade aus dem 14. Jahrhundert*

Heilig-Geist-Kapelle
Berliner Straße 1a, 16278 Angermünde

**Französisch-reformierte Kirchen-
gemeinden Groß Ziethen/Schwedt**
c/o Heilig-Geist-Kapelle
Berliner Straße 1a, 16278 Angermünde
Tel. 033361/720 97
pfarrerin.schulze@arcor.de

Tourismusverein Angermünde e.V.
Brüderstraße 20, 16278 Angermünde
Tel. 03331/29 76 60
info@angermuende-tourismus.de

**Stadtverwaltung Angermünde/
Fachbereich Bildung, Kultur und Soziales**
Markt 24, 16278 Angermünde
Tel. 03331/26 00 93
www.angermuende.de

Anreise

Vom Hbf Berlin fährt ein RE nach Angermünde. Reisezeit rund 55 Minuten. Vom Bahnhof
Angermünde bis zur Heilig-Geist-Kapelle sind es
circa 270 Meter.

Vom Berliner Dom bis Angermünde sind es
circa 87 Kilometer. Über die A114, A10 und A11
bis Ausfahrt Joachimsthal, dann weiter auf der
B198 bis Angermünde. Fahrtzeit rund 1 Stunde
und 5 Minuten.

Evangelische St. Marienkirche

Nordöstlich des Marktplatzes, auf dem das barocke Rathaus steht, erhebt sich der mächtige Turm der aus Feldsteinen erbauten Kirche St. Marien. Die Umfassungsmauern des Gotteshauses bestehen aus Granitfeldsteinen, die in Quader gehauen wurden. Beim Westturm reicht das Granitmauerwerk bis in die Höhe des Glockengeschosses, später wurde der Turm in Backsteinbauweise mit zwei Staffelgiebeln erhöht.

Die Bedeutung der St. Marienkirche für Angermünde wird schon durch ihre beeindruckende Größe dokumentiert. Bis zu 2,50 Meter dick sind die Mauern des mächtigen, 53 Meter hohen Turmes. Das Schiff der großen Kirche ist 59 Meter lang und 17 Meter breit, bis zum Dachfirst sind es 18 Meter. Begonnen wurde mit dem Bau der Stadtpfarrkirche St. Marien im Jahr 1230 in romanischem Stil, rund 20 Jahre später war sie fertiggestellt. Sie wurde als dreischiffige Hallenkirche mit einem hohen, querrechteckigen Westbau angelegt. Das Schiff hatte ursprünglich eine flache Balkendecke und kleine, in Umrissen von außen noch sichtbare Fenster. Heute gliedern im Inneren achteckige Pfeiler, auf denen weite Arkaden ruhen, das fünfjochige Langhaus. Ein zweischiffiges, spätgotisches Chorpolygon schließt den Kirchenbau nach Osten.

Etwa Mitte des 14. Jahrhunderts wurde mit der Gotisierung der Kirche begonnen. So erhielt sie ein spätgotisches Sterngewölbe und die Fenster wurden verändert. In der Kirche befanden sich ursprünglich 17 Nebenaltäre, ein großes Triumphkreuz mit neun Heiligenfiguren und ein Renaissance-Altar von 1600. Nach der Reformation und abermals bei der Renovierung 1867 wurden alle Wandmalereien übertüncht. Gestühl, Kanzel und Altar mit der Rubenskopie sind von 1867. Die Kirche wurde 1909 mit gotisierenden Motiven in dunkel wirkenden Farbtönen ausgemalt. Erst bei der Restaurierung 1978 ging man wieder von der Farbgestaltung von 1526 aus und brachte dabei auch alte Malereien wieder zum Vorschein. Die Fenster hinter dem Altar stammen aus der Zeit des Ju-

Staffelgiebel des Wehrturms

gendstils. Eines der Chorfenster ist aus Glasbruchstücken zusammengesetzt, die wahrscheinlich von einem Bombenangriff stammen. In einem Südfenster des Schiffes verweist das Angermünder Stadtwappen mit dem Datum „26. April 1945" auf die kampflose Übergabe der Stadt an sowjetische Truppen Ende des Zweiten Weltkriegs.

Teile des Renaissance-Altars sind in der Nordkapelle zu sehen und ein bronzener Taufkessel aus der Mitte des 14. Jahrhunderts, der von drei männlichen Figuren getragen wird, steht im Chor. Im Westteil steht in der Ecke eine alte, mit Schlössern versehene, eichene Truhe, die als der Schatzkasten bekannt wurde. Sie ist vom Ende des 13. Jahrhunderts. Der Überlieferung nach soll sie das Lösegeld für den Freikauf des gefangenen Markgrafen Otto IV. enthalten haben.

Wagner-Orgel und Deckengewölbe

Eine Besonderheit der Marienkirche ist die Wagner-Orgel, die zu den schönsten Barockorgeln der Region zählt. Neben dem Pfeifenwerk zeigt sie je zwei Zimbelsterne, Trompetenbläser, Tremulanten und Pauken, die von Engeln geschlagen werden. Sie wurde 1742–44 von Joachim Wagner (1690–1749) erbaut. Das berühmte Instrument erklingt in jedem Gottesdienst und zu den bekannten Angermünder Sommerkonzerten.

Evangelische Kirche St. Marien/Kirchenbüro
Kirchplatz 2, 16278 Angermünde
Tel. 03331/210 20
www.sankt-marien-ang.de

Anreise
🚌🚆 Vom Hbf Berlin fährt ein RE nach Angermünde. Reisezeit rund 55 Minuten. Vom Bahnhof Angermünde bis zur Klosterkirche sind es circa 850 Meter.
🚗 Vom Berliner Dom bis Angermünde sind es circa 87 Kilometer. Über die A114, A10 und A11 bis Ausfahrt Joachimsthal, dann weiter auf der B198 bis Angermünde. Fahrtzeit rund 1 Stunde und 5 Minuten.

Kaiser Wilhelm II. schätzte die Wälder und Seen der Schorfheide schon, als sie noch nicht als Biosphärenreservat Schorfheide-Chorin ausgewiesen waren. Noch heute gilt das Waldgebiet Schorfheide, das etwa 60 Kilometer nördlich von Berlin beginnt, als das größte zusammenhängende Waldgebiet Deutschlands. Brandenburgische Fürsten und auch der deutsche Kaiser sahen das Gebiet als ihre Jagdgründe an, später Politiker von der Weimarer Republik bis zur DDR. Um schneller zu den begehrten Hirschen zu gelangen, wurde eine Eisenbahnlinie verlegt und mitten im Wald in der Nähe von Joachimsthal der „Kaiserbahnhof" im ländlichen Stil als Fachwerkhaus erbaut. Bis dort reiste der Kaiser mit Gefolge in der hochmodernen Eisenbahn. Im Kaiserbahnhof standen Kutschen bereit, welche die Jagdgesellschaft zum nahe gelegenen Jagdschloss Hubertusstock brachten.

Die Kleinstadt Joachimsthal, Verwaltungssitz des Amtes Joachimsthal, dem mehrere Gemeinden angehören, liegt auf hügeligem Gebiet zwischen Grimnitzsee und Werbellinsee. Im Dreißigjährigen Krieg erlitt der Ort schwere Schäden, ebenso durch Brände. Vernichtend war der Stadtbrand vom 20. April 1814, dem Häuser, Höfe, Schule, Amtsgebäude und die Barockkirche zum Opfer fielen. Als Baumeister zum Wiederaufbau wurde Karl Friedrich Schinkel berufen. Bekannt wurde die von 1817–20 erbaute Kirche, die Schinkel wie den Vorgängerbau in Kreuzform anlegte. Sie wurde zum Wahrzeichen von Joachimsthal. Von 1970 bis zur Wende wurde das Innere der Kirche umgebaut und mehrfach verändert. So ist der Schinkelsche Kanzelaltar nicht mehr vorhanden. Ein Leuchter von 1820 hängt jedoch wieder in der Kirche.

Beim Wiederaufbau durch Schinkel wurde die Kirche der Zeit entsprechend neugotisch ausgerichtet. Statt eines Glockenturmes wurde ein Glockengiebel errichtet. Beim Umbau der Kirche 1969/70 erfuhr der Kirchenraum eine Ausrichtung nach Osten. Im nördlichen Kreuzarm, in dem vorher der Altar gestanden hatte,

Glockelgiebel mit Türmchen und Kirchenuhr

wurde eine Winterkirche eingerichtet, im südlichen Kreuzarm die Sakristei. Im Osten hängt nun an der Wand ein großes, künstlerisch gestaltetes Kruzifix der Künstlerin Elly-Viola Nahmmacher, die die gesamte künstlerische Ausgestaltung nach dem Umbau übernahm. Auf der hufeisenförmigen, westlichen Empore befindet sich die Orgel mit einem klassizistischen Orgelprospekt. Sie wurde 1820 von dem Orgelbauer Tobias Thurley aus Treuenbrietzen gebaut.

Schinkel versah jeden Kreuzarm der verputzten Backsteinkirche mit einem spitzgiebeligen Portal. Ost- und Westarm zieren Staffelgiebel, Zierbogenblenden und neugotische Fenster mit Maßwerk. In den filigranen Glockengiebel der Südseite ist eine Uhr eingelassen. Zwei schlanke, spitze Ecktürmchen begrenzen auf beiden Seiten den Giebel. Schinkel versah er-

Orgelempore mit Thurley-Orgel von 1820

staunlicherweise die Südseite der Kirche mit einer Art Schaufassade und einer Uhr. Sie weist zudem in Richtung eines heute bebauten Hügels, statt wie die Nordseite zum Tal und zur Stadt. Als Haupteingang wird nicht die bekannte Südseite mit Uhr genutzt, sondern die Westseite gegenüber dem einladend wirkenden Pfarrhaus. Die Kirche steht auf einem Kirchplatz mit großen, alten Linden, nicht weit von der Marktstraße, die den einstigen Charakter von Joachimsthal aufleben lässt.

Evangelische Stadtkirche
Kirchstr. 1, 16247 Joachimsthal
Tel. 033361/268

Touristinformation im Kaiserbahnhof
Bahnhof Werbellinsee 1, 16247 Joachimsthal

Anreise
🚆🚍 Vom Hbf Berlin gibt es eine Verbindung mit dem RE nach Eberswalde. Umsteigen auf einen Zug der ODEG bis Joachimsthal Bahnhof. Der Zug hält auch am Kaiserbahnhof. Reisedauer circa 1 Stunde und 20 Minuten.
🚗 Vom Berliner Dom bis Joachimsthal sind es circa 76 Kilometer. Über die A114, A10 auf die A11 in Richtung Stettin/Prenzlau, weiter bis Ausfahrt Joachimsthal. Fahrtzeit rund 1 Stunde.

Auf einem Bergvorsprung wacht die St. Nikolaikirche mit ihrem schlanken Turm über dem Flusstal der Alten Oder. Um Ackerbauflächen zu erhalten, wurde im 18. Jahrhundert der Lauf der Oder verändert und das Oderbruch trockengelegt, das bis dahin ein verzweigtes Flussbinnendelta mit großem Fischreichtum gewesen war. Der nach Osten verlegte, schiffbare Oderarm bildet heute die Grenze zu Polen und ist nur sieben Kilometer entfernt. So hart die Folgen der Oderverlegung für viele Ortschaften waren, so reizvoll ist heute das Oderbruch für Wanderer – zu Erde und zu Wasser. Während sich in der Marina am Fluss ein Kanuverleih befindet, informiert ein Binnenschifffahrtsmuseum über die Bedeutung von Flussschifffahrt und -fischerei in der Geschichte Oderbergs.

Bis zur Oderbegradigung hatte Oderberg eine bevorzugte Lage an einer Furt, deren Übergang später durch eine Brücke ersetzt wurde. Schutz bot eine von Markgraf Albrecht II. zwischen 1211 und 1214 erbaute Burg. Kurfürst Friedrich gewährte Oderberg 1415 das Recht der Niederlage. Es verpflichtete Schiffe und Händler, ihre Waren in der Stadt anzubieten. Wer dies nicht wollte, musste eine Geldzahlung leisten. 1634 verzichtete Oderberg auf das Niederlagsrecht und bezog seine Einnahmen aus einer Zollstation. Im Dreißigjährigen Krieg konnte die auf einer Flussinsel neu errichtete Festung „Bärenkasten" zwar nicht eingenommen werden, aber dafür wurde die Ortschaft zerstört. Jahre später wurde die Stadt wieder besiedelt, brannte aber bei zwei Stadtbränden völlig ab. Erst Mitte des 19. Jahrhunderts stellte sich wieder eine Verbesserung ein. Mit neuer Infrastruktur entwickelte sich Oderberg dank der Ansiedlung eines Säge- und Hobelwerkes zum größten Holzlagerplatz Norddeutschlands.

In diese Zeit fällt auch der Abriss der baufälligen Feldsteinkirche (1849) und die Errichtung der weithin sichtbaren Nikolaikirche. Seit 1853 durch den Baumeister des Königs Friedrich August Stüler (1800–1865) erbaut, wurde sie unter

Ostansicht mit Chor, Stufengiebel und Turm

Anwesenheit von König Friedrich Wilhelm II. am 14. Oktober 1855 eingeweiht. Die Stülerkirche St. Nikolai ist eine neugotische, dreischiffige Basilika, errichtet aus Findlingen und Ziegelsteinen und mit einer großzügigen Innenraumwirkung ausgestattet. Neben der Orgelempore besitzt sie weitere Emporen in den Seitenschiffen, die sich mit fünf Arkaden zum Hauptschiff öffnen. Das flach gedeckte Mittelschiff beeindruckt durch seine erhabene Höhe. Zu dem abgesetzten Chorpolygon führt vom Saal ein hoher Spitzbogen, der etwa zwei Drittel der Höhe des Mittelschiffs erreicht. Die hellen Wände sind mit feinen, neugotischen Zeichnungen akzentuiert. Die Staffelgiebel vor den Schiffen zeigen Blenden und spitzbogige Fenster, die zweigeschossig angeordnet sind. Am östlichen Ende des nördlichen Seitenschiffs, steht ein schma-

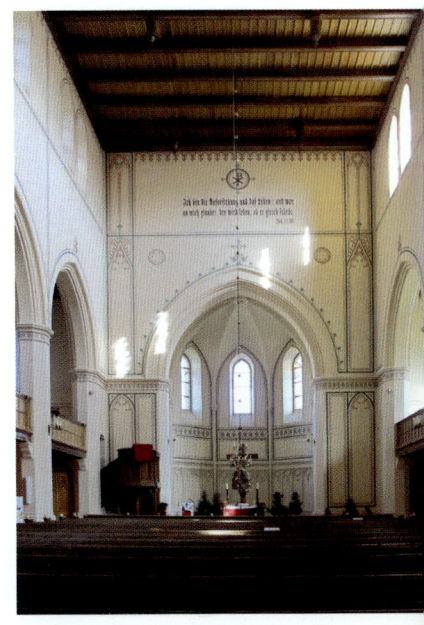

Hoher Kirchensaal mit Obergadenfenster

ler, achteckiger Turm mit spitzer Haube und einer vergoldeten Wetterfahne in Form eines Segelschiffes. Erhalten ist die neugotische Inneneinrichtung mit Kanzel und einem gusseisernen Altarkreuz von 1855. Im gleichen Jahr wurde auch die Orgel von der Orgelbaufirma Schuke aus Potsdam erbaut.

Die St. Nikolaikirche von Oderberg gilt als eine herausragende Stülerkirche, bei der dessen Idee einer dreischiffigen Basilika gut nachvollziehbar ist.

St. Nikolai Kirche
16248 Oderberg

Binnenschifffahrts-Museum Oderberg
Hermann-Seidel-Str. 44, 16248 Oderberg
Tel. 033369/470
museum.oderberg@freenet.de

Anreise
🚍🚆 Vom Hbf Berlin fährt ein RE nach Eberswalde, dort umsteigen in den Bus 916 und weiter bis Oderberg Stadtmitte. Reisezeit rund 1 Stunde und 30 Minuten.
🚗 Vom Berliner Dom sind es bis Oderberg rund 78 Kilometer. Über Berlin-Hohenschönhausen auf der B158 über Bad Freienwalde (Oder) nach Altglietzen, dort links abbiegen auf die L29 und weiter bis Oderberg. Fahrtzeit rund 1 Stunde und 25 Minuten.

Komturei Lietzen & Umgebung

Oderberg 21

Kunersdorf 28

Altfriedland 23

Neuhardenberg 27

B167

B1

B1

22 Lietzen

Fürstenwalde 25

Spree

Frankfurt/O. 24 26

A12 E30

Oder

Scharmützelsee

Oder-Spree-Kanal

B87

B112

Eisenhüttenstadt

Neuzelle 29

Komturei der Tempelritter

Mit nicht ganz 1.000 Einwohnern ist Lietzen ein Dorf, wie es in Märkisch-Oderland häufig zu finden ist: von Feldern umgeben, an einem See gelegen, die Häuser an der Dorfstraße aufgereiht und eine alte Kirche in der Mitte des Dorfes. Nur acht Kilometer von Seelow entfernt, lag die Ortschaft im Zweiten Weltkrieg im Gebiet verheerender Kämpfe. Ein Zufall ist, dass die nur etwa zwei Kilometer entfernt liegende Komturei Lietzen zu den Gütern von Carl-Hans Graf von Hardenberg (1891–1958) zählte, der wegen der Teilnahme am Hitler-Attentat am 20. Juli 1944 verhaftet wurde. Nach dem missglückten Attentat wurden Graf von Hardenberg und seine Familie enteignet. Nach dem Krieg baute die DDR Wirtschaftsgebäude und Stallungen an und quartierte in dem Gut einen Schweinemastbetrieb ein. Das Herrenhaus wurde als VEG-Büro, Wohnhaus und Kino genutzt. Erst im Zuge der Rückübereignung an die Familie von Hardenberg 1993, die weitere Flächen und Gebäude erwarb, wurde der Kernbereich der Komturei Lietzen saniert und restauriert. Gleichwohl befinden sich von der großen Anlage noch einige alte Wirtschaftsgebäude in ruinösem Zustand. Neben den Gebäuden wurde auch der zum Küchensee abfallende Park hergerichtet. Seither wohnt ein Zweig der Familie von Hardenberg im Herrenhaus und betreibt das Gut als land- und forstwirtschaftlichen Betrieb. Die Anlage der Komturei steht offen zur Besichtigung, jedoch ist die Privatsphäre des von der Familie bewohnten Herrenhauses zu respektieren.

Die „Comthurei Lietzen" wurde in der DDR in Lietzen Nord umbenannt und verschwand als Name von der Landkarte. Doch unter den Einwohnern blieb die Komturei bis heute also solche bekannt.

Die Lage der Kommende an einem durch eine Landenge geteilten See, der zu den beiden Seen „Großer See" und „Küchensee" wurde, war von den Gründungsmitgliedern des Templerordens gut gewählt. Der schlesische Herzog Heinrich I. der Bärtige stattete zwischen 1225 und 1230 die Tempelherren der Gegend mit Land aus und sicherte ihnen davon den Zehnten zu. Die Templer gründeten einen Hof in Lietzen, an dem sie sich mit einem Konvent niederließen. Dessen Größe dürfte zwölf Ordensbrüder wohl kaum

Feldstein- und Backsteinkirche der Kommende

überschritten haben. Nachdem der Templerorden auf dem Konzil zu Vienne im April 1312 aufgelöst worden war, entschied Papst Clemens V. auf Bitten des Johanniterordens, diesem die Güter der Templer zu übergeben. Der Besitz ging 1318 an die Johanniter über.

In den einzelnen Kommenden erfolgte der Übergang zur Reformation in der Regel mit dem Konfessionswechsel des jeweiligen Kommendators. In Lietzen trat Otto von Ternow spätestens bei seiner Heirat um 1548 zur neuen Lehre über. Durch den Einzug von Ehefrau und Familie wurden in Lietzen allerdings bauliche Veränderungen notwendig.

Obwohl die Ballei durch den Übertritt zur evangelischen Konfession ihre Aufhebung verhindern konnte, kam es 1556 vorübergehend zu einer Säkularisierung. Kurfürst Joachim II. hatte sich am 21. Dezember 1545 gegenüber seinem Bruder, Markgraf Hans von Küstrin (1536–1571), über die Summe von 40.000 Taler verschuldet und gab als Sicherheit die Anwartschaft auf die Einnahmen der Kommende Lietzen an, sodass sie an den Markgraf übergeben wurde. Der Ordensbruder Adam von Schlieben erwarb jedoch die Kommende für den Orden zurück und wurde ihr Kommendator.

Im Anschluss an die Niederlage Preußens gegen Napoleon wurde die Ballei Brandenburg 1811/12 aufgehoben und ihre Güter säkularisiert. Die Kommende Lietzen wurde 1814 mit dem gleichnamigen Dorf Lietzen sowie mit Dolgelin, Marxdorf und Neuentempel dem in den Fürstenstand erhobenen preußischen Staatskanzler Carl August Fürst von Hardenberg verliehen. Im 19. Jahrhundert wurde unter der Leitung derer von Hardenberg der Wirtschaftshof der Komturei mit Wirtschaftsgebäuden eines Gutes erweitert. Aus dieser Zeit stammen das Verwaltergebäude, die sogenannte Rote Villa und das Mühlenhaus. Die Standesherrschaf von Hardenberg blieb bis zur Enteignung 1944 durch die Nationalsozialisten im Besitz der Familie. Nach dem Zweiten Weltkrieg wurde Lietzen 1946 zum „Volkseigentum".

Während des Bestehens der Kommende Lietzen wurde fast ausschließlich Rentengrundherrschaft betrieben. Die Ländereien der Kommende hatten „guten Acker zu drei Pflügen". Bei dem Hof gab es eine Schäferei, die Mitte des 16. Jahrhunderts 550 Tiere zählte. Zur Kommende gehörten außerdem Dörfer und verschiedene Mühlen. Der mit einer robusten Feldsteinmauer aus dem späten 13. Jahrhundert umgebene, große Gutshof der Kommende zeigte einen annähernd quadratischen Grundriss mit dem Eingang im Osten. Auf einer leichten Erhebung liegen das Herrenhaus – das ehemalige Konventsgebäude – und die Kirche mit Ursprüngen aus dem 13. Jahrhundert. Im Südwesten, wo das Gebiet zum See abfällt, schloss sich die ehemalige Mühlenanlage an, zu der heute noch das Fachwerkgebäude Mühlenhaus gehört.

Die Feldsteinkirche wurde um die Mitte des 15. Jahrhunderts mit einem polygonalen Chor und einer Sakristei versehen, die in Backstein ausgeführt

Kirche der Kommende und Gutshaus

wurden. Die ursprünglich romanischen, rundbogigen Fenster sind als vermauerte Nischen an der Süd- und Nordseite des Gebäudes noch erkennbar. Das gestufte Portal in der Südwand ist sorgfältig ausgeführt. Die mit Strebepfeilern versehene Chorerweiterung aus Backstein erhielt breite Fensteröffnungen, deren Gewände mit Formsteinen profiliert waren. Im gegenwärtig vorhandenen Dach sind umfangreiche Teile eines mittelalterlichen Dachwerks erhalten. Bei einem Umbau erhielt die Kirche ein Sterngewölbe, weitere Erneuerungen erfolgten 1624. Im Jahr 1712 ersetzte ein Fachwerkturm mit Laterne die bis dahin bestehende Holzkonstruktion. Im Inneren der Kirche hängen Totenschilde aus dem 15. und 16. Jahrhundert von Kommendatoren und Herrenmeistern der Komturei Lietzen. Nur noch wenige Grabplatten sind erhalten. Im Zentrum des Chores steht der reich geschnitzte, vielfarbig bemalte, barocke Kanzelaltar, der um 1730 datiert wird. Er hat einen mittelalterlichen Steinunterbau. Laut Inschrift schmückt der Engel der Taufschale die Kirche ebenfalls seit 1730.

Der lang gestreckte, rechteckige Feldsteinbau des Herrenhauses ist nach der Mitte des 13. Jahrhunderts entstanden. Wohl noch im selben Jahrhundert erhielt das Konventsgebäude ein niedriges Obergeschoss mit kleinen, in regelmäßigen Abständen eingebrochenen Fensteröffnungen. Wahrscheinlich lag

Chor mit reich verziertem Barockaltar

hier der ehemalige Schlafsaal. Im Zuge eines Umbaus im 15. Jahrhundert, bei dem das Gebäude erhöht wurde, ging dessen alte Gliederung größtenteils verloren. Bei einem weiteren Umbau nach 1682 erhielt es seine heutige Gestalt. Die bei diesen Arbeiten entstandenen Stuckdecken gehören zu den wenigen erhaltenen Beispielen dieser Art. Die Deckenmalereien wurden ebenfalls im späten 17. Jahrhundert angebracht. Die links und rechts sich anschließenden Barockgebäude stehen vermutlich an der Stelle früherer, mittelalterlicher Vorgängerbauten.

Mittelalterliches Speichergebäude

Einen Blick auf die Wirtschaftsgebäude und ihre Verwendung bietet eine Bestandsaufnahme von 1607/08. Es werden Lämmer- und Ziegenstall, Badstuben, Brau- und Branntweinhaus sowie Gerätschaften für Fischer und Leineweber und ein Weinkeller aufgeführt. Eine Glocke rief die dienstpflichtigen Bauern zur Arbeit, von Herbst bis Ostern um 6 Uhr, im Sommer um 5 Uhr.

Südlich des Gutshofes steht auf einer Obstbaumwiese ein in der zweiten Hälfte des 13. Jahrhunderts entstandenes, sorgfältig gemauertes Speichergebäude, das zu den erhaltenen mittelalterlichen Gebäuden der Kommende gehört. Die mehrfach gestuften Tür- und die schlanken Lichtöffnungen zeigen, dass ursprünglich ein Keller, die Unterteilung in zwei Geschosse sowie der Ausbau des steilen Daches in zwei weitere Geschosse vorgesehen waren. In den Keller und in die zwei Geschosse führten jeweils separate Zugänge von außen, die auch heute noch über Treppenpodeste zu erreichen sind. Das Speichergebäude zählt zu den am besten erhaltenen seiner Art in Deutschland.

Komturei Lietzen GmbH & Co. KG
Lietzen Nord 38, 15306 Lietzen
Tel. 033470/496-0
www.komturei-lietzen.de

Tourismusverband Märkisch-Oderland e.V.
Puschkinplatz 12, 15301 Seelow
Tel. 03346/20 11 88
www.mol-t.de

Anreise
🚌🚆 Vom Hbf Berlin fährt ein RE nach Frankfurt (Oder). Vom dortigen Busbahnhof fährt der Bus 970 in Richtung Seelow Busbahnhof über Lietzen Nord. Reisezeit rund 2 Stunden und 40 Minuten.
🚗 Vom Berliner Dom sind es rund 70 Kilometer bis zur Komturei Lietzen. In östlicher Richtung über die B1/B5 bis Diedersdorf, rechts abbiegen und über Neuentempel nach Lietzen Nord. Fahrtzeit etwa 1 Stunde und 25 Minuten.

Sanft fällt die Wiese hinter der Klosterruine in Altfriedland zum Seeufer ab. Zwei Holzstege ragen in den See und eine große Trauerweide lässt ihre Zweige hängen. Für Konzertbesucher wird die Wiese zum romantischen Foyer, im Sommer dient sie als Liegeweise und beim Altfriedländer Fischerfest verwandelt sie sich zum Festplatz, um Seefeuerwerk, Bootskorso, Fischspezialitäten oder Fischerstiefelweitwurf zu genießen.

Von der ursprünglichen Klosteranlage sind außer der veränderten Kirche nur Teile des Westflügels übrig geblieben. Nach dem Zweiten Weltkrieg verfielen ihre Reste vollends. Das Deckengewölbe des Refektoriums und mehrere Joche des Kreuzgangs waren jahrelang der Witterung ausgesetzt. Erst 1985 bzw. 1995 wurde das Gebäude durch ein Behelfsdach geschützt und das Refektorium als Veranstaltungsraum hergerichtet.

Die Anlage in Altfriedland wurde zwischen 1230 und 1271 als Kloster für Zisterzienserinnen gegründet. Rechte über Dörfer, Mühlen, mehrere Seen und das Patronatsrecht der Pfarrkirche von Altfriedland sowie weiterer Dorfkirchen ermöglichten etwa 50 Nonnen, mehrheitlich Adelsfrauen, ein standesgemäßes geistliches Leben. Nach dem Übertritt Kurfürst Joachims II. zur evangelischen Konfession nahmen die Nonnen 1540 die kurbrandenburgische Kirchenordnung an. Im Jahr 1546 veranlasste Joachim II. die Säkularisierung der Klostergüter. Der Konvent wurde enteignet, in ein Domänenamt umgewandelt und verpfändet. 1564 wurde das Kloster mit seinen Gütern zu einem Rittergut. Als 1568 die letzten Nonnen Urkunden und Siegel übergeben mussten, endete die etwa 300-jährige Geschichte des Klosters. Das Klausurgebäude wurde fortan als Brauerei, Branntweinbrennerei, Mälzerei, Viehstall, Scheune und Kornboden genutzt. Um 1711 wurde in den Klausurhof ein Gutshaus als Markgrafenschloss gebaut und die Kirche zur Schlosskirche umgewidmet.

Der noch vorhandene Westflügel wurde gegen Ende des 13. Jahrhunderts in Ziegelbauweise errichtet. Im frühen 14. Jahrhundert fügte man einen flach gedeckten Kreuzgang mit Arkaden an, der im

Barockisierte Deckenbemalung

Refektorium und Konzertsaal   *Behelfsüberdachung über der Westflügelruine*

15. Jahrhundert zusammen mit dem Refektorium eingewölbt wurde, in dem heute die Konzerte stattfinden.

Nachdem die im Kern aus dem 13. Jahrhundert stammende Klosterkirche 1734 zur städtischen Pfarrkirche geworden war, wurden die Korbbogenfenster eingebaut und in die einst turmlose Kirche ein Fachwerkturm mit drei Glocken eingefügt. Dabei wurde vermutlich die Nonnenempore entfernt. Die Kirche erhielt einen Kanzelaltar. Im Jahr 1835 wurden eine Orgel- und zwei Seitenemporen eingebaut. Einem damaligen weißgrauen Innenanstrich sollen die letzten mittelalterlichen Wandmalereien zum Opfer gefallen sein. Der neugotische Backsteinturm wurde 1864 errichtet. Bei einer Restaurierung 1936–38 erfuhr die Decke mit einem gemalten Himmel eine Barockisierung. Im Zweiten Weltkrieg wurde die Kirche geplündert und verwüstet. In den 1950er Jahren restauriert, erhielt die Kirche 1954 eine neue Schuke-Orgel, 1957 wurden die Blautöne der Decke auf die Bänke übertragen. So zeigt sich die Kirche im Wesentlichen noch heute.

Kloster Altfriedland
Fischerstraße, 15320 Neuhardenberg/
OT Altfriedland
Musik im Kloster Altfriedland:
www.kulturfeste.de

Kulturförderverein Kloster Altfriedland e.V.
Dr. Hans-Hermann Kain
Fischerstr. 43, 15320 Neuhardenberg/
OT Altfriedland
Tel. 033476/50950, www.amt-neuhardenberg.de

Anreise
🚌🚈 Vom Hbf Berlin mit der S-Bahn S5 bis Strausberg, von dort mit dem Bus 937 bis Neuhardenberg, weiter mit dem Bus 967 bis Altfriedland-Dorf. Reisezeit circa 2 Stunden und 20 Minuten.
🚗 Vom Berliner Dom bis Altfriedland sind es circa 68 Kilometer. Über die B1/B5 und L34 oder über L33. Von Neuhardenberg bis Altfriedland sind es rund 6 Kilometer auf der B167. Fahrtzeit rund 1 Stunde und 20 Minuten.

Weit reicht der Blick von der Kirche des ehemaligen Franziskanerklosters in Frankfurt über die Oder – auf die grüne Auenlandschaft vor allem, in die sich der Fluss bei Hochwasser ausbreitet. Doch am gegenüberliegenden Ufer liegt auch Słubice, die erste polnische Stadt hinter der Grenze, die in der Mitte des Flusses verläuft. Heute ist die große Klosterkirche der Franziskaner die Konzert- und Veranstaltungshalle „Carl Philipp Emanuel Bach" und die Uferpromenade ihr Freiluftfoyer.

Die Gründung des Klosters wird um 1270 angenommen. Es lag in der nordwestlichen Ecke der Stadtmauer, die an dieser Stelle vom Westufer der Oder abging. Seine Anfangsgröße ist nicht bekannt, doch im Jahr 1520 gehörten 17 Priesterbrüder, drei Klerikerbrüder sowie fünf Laienbrüder dem Konvent an. Ihren Unterhalt bestritt das Kloster wahrscheinlich sowohl aus einmaligen als auch regelmäßigen Zuwendungen in Form von Almosen, Stiftungen und Erbschaften. Einkünfte aus Bettel sind ebenfalls anzunehmen. Der Bericht über die Inventarisierung von 1539, welcher der Aufhebung des Klosters gleichkam, enthält lediglich eine Aufzählung von Gegenständen ohne nähere Beschreibung. Nach Aufhebung des Klosters wurde dessen Gotteshaus 1551 Filialkirche der Kirche St. Marien. Erst 1810 wurde sie wieder eigenständige Predigtkirche, nachdem sie in den 1720er Jahren Garnisonskirche gewesen war.

Von den Klausurgebäuden, die nach Aufhebung des Klosters durch die Universität u.a. als Buchdruckerei und Konvikt genutzt wurden, ab 1823 als städtisches Armenhaus und von der Mitte des 19. Jahrhunderts bis 1901 als Krankenhaus, ist nichts mehr vorhanden. Sie wurden 1945 zerstört und ihre Ruinen 1973 beseitigt. Übrig blieb allein die Klosterkirche, die mit ihrem steilen, hohen Dach und ihren hellen Giebelwänden die Ufersilhouette der Stadt bestimmt. Sie wurde 1966/67 profaniert und zur Konzerthalle umgebaut. Seither ist die Bestuhlung nicht mehr nach Osten, sondern nach Westen ausgerichtet.

Ostfassade am Ufer der Oder

Um 1270 war mit dem Bau des rechteckigen Chores der Kirche begonnen worden. Das vermutlich im 14. Jahrhundert errichtete Langhaus war niedriger und kürzer als das jetzige. Der spätgotische Neubau des heutigen dreischiffigen, sechsjochigen Langhauses wurde 1516 begonnen und 1525 fertiggestellt. In die neue Hallenkirche wurden von der ersten Kirche der Chor, der nördliche Choranbau und Teile der Nordmauer des Langhauses integriert. Hervorzuheben sind ihre Sternnetzgewölbe, deren Rippen in unterschiedlicher Höhe ohne Konsolen direkt auf die Achteckpfeiler treffen.

Ziergiebel der Westfassade zur Stadt

Der Westgiebel zur Stadt hin ist auffällig mit Pfeiler, Spitzbögen, Kreis- und Bogenformen verziert. 1735/36 wurden die Emporen eingebaut und das Gewölbe mit barockem Stuck verziert. Die Dachkonstruktion ist eine der größten des Mittelalters, die in Brandenburg erhalten blieben.

Für die Nutzung als Konzerthalle wurde zur Einweihung 1988 auf dem Klostergelände ein dreiflügeliger Neubau mit Foyer, Garderoben, Büros und Probenräumen errichtet, der an die geschlossene Klausur eines Klosters erinnert. Allerdings wurden für den Neubau dieser „Erinnerung" die letzten Reste der originalen Klausur beseitigt.

Konzerthalle „Carl Philipp Emanuel Bach"/ Franziskanerklosterkirche
Lebuser Mauerstr. 4, 15230 Frankfurt (Oder)
Tel. 0335/40 10-203
www.konzerthalle-bach.de

Tourismusverein Frankfurt (Oder) e.V.
Karl-Marx-Str. 1, 15230 Frankfurt (Oder)
Tel. 0335/32 52 16
www.tourismus-ffo.de

Anreise
🚗🚆 Vom Hbf Berlin fährt ein RE direkt nach Frankfurt (Oder). Reisezeit rund 1 Stunde und 15 Minuten.
🚗 Vom Berliner Dom bis Frankfurt (Oder) sind es rund 103 Kilometer. Über die A100, A113, A10, beim Dreieck Spreeau auf die A12 bis Frankfurt (Oder). Fahrtzeit rund 1 Stunde und 10 Minuten.

Domkapitel des Bistums Lebus

An der höchsten Stelle der Fürstenwalder Altstadt steht der Dom St. Marien. Die Vorstellung fällt schwer, dass der Dom einmal von engen Gassen und alten Häusern umgeben war und in Nachbarschaft eines Bischofschlosses stand. Zu viele der umliegenden Gebäude wurden im Zweiten Weltkrieg zerstört und in gänzlich anderer Form wieder aufgebaut.

Die Entscheidung, das Domkapitel 1373 von Lebus, das rund zehn Kilometer nördlich von Frankfurt (Oder) liegt, nach Fürstenwalde zu verlegen, war nicht zuletzt der Lage der Stadt über der Spree und ihrer guten Stadtbefestigung zu verdanken. Die Verlegung machte Fürstenwalde ab 1385 zu einer der drei märkischen Domstädte und Bischofssitze neben Brandenburg an der Havel und Havelberg (Sachsen-Anhalt). Beim Domkapitel in Fürstenwalde handelte es sich um ein Kollegiatstift, das sich keinem Orden zuordnen lässt. Bis zur Reformation lebten die Domherren in sogenannten Pfaffenhäusern in der Stadt. Das Kapitel betrieb Rentenwirtschaft. Ein Brauhaus ist für 1468 im bischöflichen Schloss nachgewiesen, was die Ansiedlung von Brauereien nach sich zog. Für diese sollte Fürstenwalde Bekanntheit erlangen.

Nördliche Seite des Doms

Während die Reformation sich ausbreitete, ließ der evangelisch gewordene Markgraf Johann von Küstrin die Dorfkirchen im Besitz des Domkapitels visitieren. Nach dem Tod des letzten katholischen Bischofs im Jahr 1555 wurde der noch unmündige Markgraf Johann Friedrich zum Bischof gewählt, sein Vater übernahm die Verwaltung des Bistums. Dadurch ging es klammheimlich in die Hände der evangelischen Markgrafenfamilie über. Am 11. April 1557 wurde der Dom zur Hälfte für den lutherischen Gottesdienst freigegeben, der Chor blieb für katholische Gottesdienste reserviert. Erst im Jahr 1565 wurde die Kirche ganz evangelisch.

Die Vorgängerkirche des Doms wurde vermutlich im späten 13. Jahrhundert zu einer dreischiffigen Hallenkirche mit einem Chor von gleicher Breite umgebaut. Nachdem die Fürstenwalder Stadtkirche

1385 als Kathedralkirche geweiht worden war, wurde um 1400 eine repräsentative Sakristei mit Kreuzrippengewölbe angebaut. Nach der Zerstörung durch die Hussiten, begann man 1446 mit dem Neubau einer dreischiffigen Kirche mit einem Hallenumgangschor. Dabei erhielt sie einen Turm mit zwei seitlichen, polygonalen Erweiterungen und anstelle der Querhäuser seitliche Kapellen. Bei einem Brand 1755 gingen das hohe, mittelalterliche Dach und alle Gewölbe verloren. Die barocke Reparatur 1769–71 brachte Holztonnen-

Reste der Bischofsburg

gewölbe und eine flachere Dachkonstruktion mit sich. Der Turm bekam eine geschweifte Haube. In den letzten Tagen des Zweiten Weltkriegs brannte die Kirche bis auf ihre Umfassungsmauern nieder. Die Wiederherstellung in der heutigen Form erfolgte zwischen 1949 und 1995. Von der Bischofsresidenz, die als befestigtes Schloss mit Kapelle errichtet war, ist kaum mehr etwas übrig. Schon im 19. Jahrhundert wurden die Reste der Bischofsburg für eine industrielle Nutzung umgebaut. Nach teilweiser Kriegszerstörung waren darin von 1947 bis 1990 Lager- und Verwaltungsräume untergebracht. Heute werden die Gebäude vom soziokulturellen Kulturzentrum „Kulturfabrik" genutzt. Nebenan in der ehemaligen Domschule kann seit 2007 das Museum der Stadt Fürstenwalde besucht werden.

St. Marien – Domgemeinde
Domplatz 10, 15517 Fürstenwalde/Spree
Tel. 03361/59 18 12
www.kirche-fuerstenwalde.de

Museum Fürstenwalde
Domplatz 7, 15517 Fürstenwalde/Spree
Tel. 03361/21 30
museum@kulturfabrik-fuerstenwalde.de

Fürstenwalder Tourismusverein e.V./ Tourismusbüro
Mühlenstr. 26, 15517 Fürstenwalde/Spree
Tel. 03361/76 06 00
www.fuerstenwalde-tourismus.de

Kulturfabrik Fürstenwalde gGmbH
Domplatz 7, 15517 Fürstenwalde/Spree
Tel. 03361/22 88
www.kulturfabrik-fuerstenwalde.de

Anreise
🚌🚃 Vom Hbf Berlin fährt ein RE direkt nach Fürstenwalde/Spree. Reisezeit rund 45 Minuten.
🚗 Vom Berliner Dom bis Fürstenwalde/Spree sind es rund 72 Kilometer. Über die A100, A113, A10 und A12 in Richtung Frankfurt (Oder), Ausfahrt Fürstenwalde/Spree, in Richtung Bad Saarow-Pieskow, weiter nach Fürstenwalde/Spree. Fahrtzeit rund 55 Minuten.

Im alten Teil von Frankfurt (Oder), nahe der alten Europa-Universität Viadrina, fällt die große Kirche St. Marien auf. Ihr zinnenbekrönter Turm, der mit einer Spitze endet, überragt alle anderen Gebäude. Auch ihre Ausdehnung von 77 Metern Länge und von 45 Metern Breite ist beeindruckend, sie gilt als die größte Hallenkirche norddeutscher Backsteingotik.

Wie andere historische Gebäude in der näheren Umgebung erlitt auch die Marienkirche schwere Schäden während des Zweiten Weltkriegs. Bei Kriegsende war sie zur Ruine zerstört. Seit Mitte der 1970er Jahre wird sie wieder rekonstruiert. Ihre Außenform wurde bereits wieder aufgebaut sowie Schiff und Turm mit Dächern versehen. Ihr Gewölbe im Langhaus ist nicht mehr vorhanden, im wieder aufgebauten Chor wurde es rekonstruiert. Seit den letzten Jahren wird die Kirche als kulturelles Zentrum für Konzerte, Ausstellungen und ähnliches genutzt.

Die St. Marienkirche ist die ehemalige evangelische Stadtpfarrkirche. Der Bau wurde 1253 begonnen und war eine dreischiffige, kreuzrippengewölbte Halle von drei Jochen mit einem Querschiff. Nach Südosten schloss ein Chorseitenraum an und die Kirche besaß einen Westriegel. Im 14. Jahrhundert wurde der ursprüngliche durch einen dreischiffigen Hallenumgangschor ersetzt. Zu dieser Zeit entstand auch die polygonale Vorhalle mit figurengeschmücktem Sandsteinportal an der Nordseite. Das südliche Seitenschiff mit seiner hohen Attika dürfte ebenfalls zu dieser Zeit entstanden sein. Die Langhauserweiterung mit der auffälligen Attika zum Obermarkt stammt aus dem 15. Jahrhundert.

Da sich Frankfurt als Handelsplatz und bedeutende Stadt in der Region entwickelte, konnte auch die Erweiterung der Kirche angegangen werden, die 1522 abgeschlossen war. Der Backsteinbau besteht seitdem aus einem fünfschiffigen Langhaus, einem Querschiff, einem Umgangschor und einer westlichen Doppelturmfassade. Dank der fünf Schiffe besitzt das Gotteshaus eine erstaunliche Raumaus-

Turm mit Zinnenkranz

dehnung in der Breite, anders als man es von den meisten gotischen Kirchen gewohnt ist. Es standen auch zwei Türme an der Kirche, doch der südliche stürzte 1826 ein. 1827–30 wurde unter der Leitung Karl Friedrich Schinkels eine Restaurierung der Kirche durchgeführt. Eine weitere Renovierung folgte etwa 100 Jahre später in den Jahren 1921–27.

Die Marienkirche besaß eine reiche Ausstattung. Während des Zweiten Weltkriegs konnten wertvolle Stücke ausgelagert und so vor der Zerstörung bewahrt werden. Auch wenn nichts davon mehr in die Marienkirche zurückkehrte, bietet sie ein überwältigendes Raumerlebnis. Eine Besonderheit bilden die farbigen Chorfenster, die 1941 ausgebaut und über den Krieg gesichert werden konnten. Die russische Siegermacht verbrachte jedoch die

Mittelschiff der fünfschiffigen Halle

Bleiglasfenster nach St. Petersburg. Im Jahr 2002 gab Russland drei mittelalterliche Bleiglasfensterfelder wieder zurück. Sie wurden zusammengesetzt und in den Chor wieder eingebaut. Sie gelten als die bedeutendsten mittelalterlichen Glasmalereien in Brandenburg. Mit einem Festakt wurden sie 2007 wieder der Öffentlichkeit übergeben.

Auch wenn man gewissermaßen eine gesicherte Ruine betritt und große Teile der Kirche nicht mehr im Original erhalten sind, lohnt sich sowohl ein Besuch der Kirche St. Marien als auch ein Rundgang um diesen bedeutenden Kirchenbau in der Altstadt Frankfurts.

Förderverein St. Marienkirche Frankfurt (Oder) e.V.
Gertraudenplatz 6, 15230 Frankfurt (Oder)
Tel. 0335/38 72 80 10
www.st-marien-ffo.de

Tourismusverein Frankfurt (Oder) e.V.
Karl-Marx-Straße 1, 15230 Frankfurt (Oder),
Tel. 0335/32 52 16
www.tourismus-ffo.de

Anreise
🚌🚆 Vom Hbf Berlin fährt ein RE direkt nach Frankfurt (Oder). Reisezeit rund 1 Stunde und 15 Minuten.

🚗 Vom Berliner Dom bis Frankfurt (Oder) sind es rund 103 Kilometer. Über die A100, A113, A10, beim Dreieck Spreeau auf die A12 bis Frankfurt (Oder). Fahrtzeit rund 1 Stunden und 10 Minuten.

Evangelische Kirche („Schinkelkirche")

Weite, Großzügigkeit und elegante Ästhetik zeichnen den lang gestreckten Dorfanger von Neuhardenberg mit der Schinkelkirche von 1817 aus. Nach einem Dorfbrand 1801 bekam der junge Karl Friedrich Schinkel (1781–1841) die Chance, hier beim Wiederaufbau ein Gesamtkunstwerk zu schaffen: Die Kirche anstelle der zerstörten vormaligen Barockkirche, den Anger mit seiner Randbebauung, die Gutsgebäude des Schlosses und „öffentliche" Gebäude des Dorfes legte Schinkel in einer stadtplanerischen Ordnung neu an. Der Obelisk, der vor der Kirche in einem Rasenrondell steht, wurde nicht von Schinkel, sondern erst 1843 vom damaligen Schlossherrn Carl Adolph Christian Graf von Hardenberg aufgestellt.

Während der Bauarbeiten für die Kirche wechselte der Eigentümer des Gutes, sodass Schinkel bei seinem Auftrag einen Bauherrenwechsel erfuhr. Die Einweihung der Kirche am 10. Dezember 1809 fand noch unter dem damaligen Patronatsherren Friedrich Wilhelm Bernhard von Prittwitz statt. Die bis heute sichtbare Innengestaltung wurde im Auftrag des neuen Patronatsherren, dem Fürsten Karl August von Hardenberg, nach Plänen von Schinkel 1816/17 ausgeführt. Zum 300-jährigen Jubiläum der Reformation wurde die ausgestattete Kirche am 2. November 1817 in Anwesenheit des Fürsten noch einmal feierlich eingeweiht. Von 1820–22 ließ dieser auch das Schloss von Schinkel umbauen. Der junge Baumeister verwandelte das alte Gebäude in ein klassizistisches Landschloss.

Für die Kirche entwarf Schinkel einen klassizistischen Putzbau mit einer Putzgliederung. Auf einem quadratischen Turm sitzt ein quer liegendes, in der Länge gedehntes Oval mit einem Kegeldach. Der Saal hat eine umlaufende Empore mit einer Orgelempore an der westlichen Turmseite. An der östlichen Seite schließt eine halbrunde Apsis den Kirchenraum ab. In den oberen Feldern der Apsis sind die vier Evangelisten des neuen Testaments Matthäus, Marcus, Johannes und Lukas abgebildet. Die unteren Felder wurden ohne Bildmotive mit einer Mar-

Klar erkennbare Baukörper als Gliederung

Schloss Neuhardenberg　　　　　　*Pause bei einer Konzertveranstaltung*

morierung versehen. Über die Decke spannt sich ein wolkenfreier Sternenhimmel, der von Schinkels Bühnenbild für die Oper „Die Zauberflöte" von Mozart inspiriert ist. Die Taufe wurde ebenfalls von Schinkel entworfen. Seit 2004 ist eine rekonstruierte große Buchholz-Orgel von 1817 in die Kirche eingebaut. Entsprechend seines Wunsches, wird noch heute im Altar der Kirche das Herz des preußischen Staatskanzlers und Fürsten von Hardenberg aufbewahrt, der 1822 starb. Dies stellt für eine evangelische Kirche eine Besonderheit dar. Am Ostgiebel der Kirche wurde 1823/24 nach einer Idee Schinkels ein Portikus mit zwei dorischen Säulen angebaut. Davor befindet sich die Grablege derer von Hardenberg.

Die Schinkelkirche ist sicher eine der außergewöhnlichsten Dorfkirchen Brandenburgs. Obwohl aus dem frühen 19. Jahrhundert stammend, wirkt ihre klassizistische Interpretation einer traditionellen Dorfkirche und die Kombination der einzelnen, klaren Baukörper auch in heutiger Zeit geradezu modern.

Schinkelkirche Neuhardenberg
Schinkelplatz, 15320 Neuhardenberg
Kontakt für Führungen: Frau Starke
(Tel. 033476/506 51)

Schloss Neuhardenberg/
Ausstellungen und Museumsshop
Kavaliershaus Ost/Schinkelplatz,
15320 Neuhardenberg
Tel. 033476/600-751
www.schlossneuhardenberg.de

Anreise
🚌🚆 Vom Hbf Berlin gibt es eine Verbindung mit der S-Bahn S5 nach Strausberg. Von dort fährt der Bus 937 nach Neuhardenberg. Reisezeit ungefähr 2 Stunden und 30 Minuten.

🚗 Vom Berliner Dom sind es bis Neuhardenberg rund 70 Kilometer. Nach Osten auf der B5/B1 in Richtung Seelow. Hinter Müncheberg in Jahnsfelde links auf die L36 abbiegen und über Trebnitz nach Neuhardenberg. Fahrtzeit rund 1 Stunde und 20 Minuten.

Wer sich Kunersdorf nähert, denkt angesichts der runden Kuppel, die in der Ferne auftaucht, möglichweise an eine Moschee mit einem etwas dickeren Minarett, doch recht schnell ist klar, dass es sich um die Dorfkirche handelt. Die unverputzte Kirche in Backsteinbauweise in dem kleinen Dorf zwischen Wriezen und Altfriedland, wo sich die Klosterruine Altfriedland befindet, wurde zwischen 1951 und 1955 anstelle der im Krieg zerstörten, alten Kirche erbaut. In gewisser Weise ist sie von einer neugotischen Auffassung inspiriert, hat jedoch ein rundes Kirchenschiff mit einer Halbkugel als Dach und die schmalen Fenster enden nicht spitzwinklig, sondern rechtwinklig. Der First der Apsis mit quadratischem Grundriss und Walmdach reicht bis zur Trauf-höhe des Kuppeldaches. Der quadratische Turm mit spitzer Haube mit Kreuz steht etwas eingestellt in den runden Kirchensaal. Das Turmportal hat einen runden Bogen. Die Dächer von Turm, Kuppel und Apsis sind mit schwarzem Schiefer gedeckt. Die Kirche, die von drei klaren, geometrischen Körpern gegliedert wird, wirkt trotz ihrer konventionellen Dreiteilung auch nach Jahr-zehnten immer noch modern. Sie befindet sich, von einem Friedhof umge-ben, gleich an der Friedhofsmauer, sozusagen als letztes Gebäude am Orts-rand.

Spitzhelm und Kugelkuppel

In der Nähe der Kirche stand bis zu sei-ner Zerstörung im Zweiten Weltkrieg und der Abräumung der Ruinen durch die DDR das bekannte Schloss derer von It-zenplitz in Kunersdorf. Es war ein Gut-shaus, die Güter lagen in Kunersdorf und Friedland, wie Altfriedland damals hieß. Aus dieser Zeit stammt noch ein sehens-wertes Vorlaubenhaus mit Krüppelwalm-dach auf dem Weg zum Dorfzentrum. Dem Schloss angeschlossen war ein Park von Gartenbaumeister Peter Joseph Lenné (1789–1866), der nach Kriegszerstörung teilweise rekonstruiert wurde.

Die Eigentümerin des Schlosses, „Char-lotte von Friedland", eigentlich Helene Charlotte von Lestwitz (1754–1803), und ihre Tochter Henriette Charlotte (1772–1848), die spätere Gräfin von Itzenplitz,

waren nicht nur hervorragende Gutsher-
rinnen, sondern auch die herausragenden
Frauen ihrer Zeit in ganz Brandenburg. Sie
betrieben auf ihrem Gut im Oderbruch
einen Salon, den die bekanntesten Geis-
ter der damaligen Zeit besuchten. Das
Schloss wurde als „Musenhof in der Mark"
berühmt. In der Gästeliste finden sich
Namen wie Alexander von Humboldt, der
preußische Historiograf Leopold von
Ranke, der Rechtsprofessor Friedrich Carl
von Savigny, die Bildhauer Johann Gott-

Erbbegräbnis mit Werken bekannter Künstler

fried Schadow und Christian Daniel
Rauch oder Adelbert von Chamisso, der hier „Peter Schlemihls wundersame
Geschichte" schrieb.

Verblieben und hervorragend erhalten ist auf dem Friedhof von Kunersdorf das Erbbegräbnis derer von Lestwitz, derer von Oppen und derer von
Itzenplitz. Die Begräbnisstätte von 1790 am Ostrand des Friedhofs besteht aus
einer langen Blendkolonnade, die 1890 erweitert wurde. Die Säulen fassen
neun rundbogige Nischen, in denen sich die außergewöhnlichen Gedenk-
steine der Begrabenen befinden. Die ganze Anlage ist mit einem schmiedeeisernen Gitter umgeben. Die Kolonnade soll von Baumeister Carl Gotthard
Langhans (1732–1808) stammen, der auch das Brandenburger Tor erbaute.
Die Grabmale sind hervorragende Bildhauerarbeiten der Bildhauer Johann
Gottlieb Schadow, Christian Friedrich Tieck, Christian Daniel Rauch, Hugo
Hagen und Enrico Keller.

Dorfkirche Kunersdorf
Dorfstraße/B167, 16269 Bliesdorf/OT Kunersdorf

Kunersdorfer Musenhof/
Chamisso-Literaturhaus
Dorfstr. 1, 16269 Bliesdorf/OT Kunersdorf
Tel. 033456/15 12 27
www.kunersdorfer-musenhof.de

Anreise
🚌🚆 Vom Hbf Berlin mit der S-Bahn S5 bis
Strausberg, umsteigen in den Bus 885 nach
Wriezen. In Wriezen wieder umsteigen in den
Bus 880 nach Kunersdorf. Reisezeit circa 2 Stun-
den und 30 Minuten.

🚗 Vom Berliner Dom sind es bis Kunersdorf im
Oderbruch rund 65 Kilometer. In Richtung Osten
über die Landsberger Allee und weiter auf der
Landstraße bis Strausberg. Von Strausberg weiter
über Prötzel in Richtung Wriezen. Bei Bliesdorf
nach rechts auf die B167 nach Kunersdorf.
Fahrtzeit rund 1 Stunde und 15 Minuten.

22
Lietzen

Kloster Neuzelle & Umgebung

25

Frankfurt/O.
24 **26**

E30

Oder

Oder-Spree-Kanal

B112

Scharmützelsee

B87

Eisenhüttenstadt

Neuzelle **29** **32**

Schwielochsee

Neiße

Zaue **36**

B87

B320

Guben

34 Straupitz

B168

B112

S p r e e w a l d

35 Vetschau

33
Reuden

A15

30 **31**
Cottbus

Forst

E36

B169

Nicht im protestantischen Brandenburg, sondern im barocken Süddeutschland wähnt man sich angesichts der katholischen Klosterkirche St. Marien von Neuzelle. Sie erhebt sich am Ende einer ansteigenden, am großen Klosterteich vorbeiführenden Lindenallee und ist heute katholische Pfarrkirche. Entgegen der zisterziensischen Regeln befindet sich die vierflügelige Klausur statt an der südlichen an der nördlichen Seite der Kirche. An der Südseite der Kirche breitet sich ein rechteckiger Platz aus, der mit Wirtschaftsgebäuden aus dem 18. und 19. Jahrhundert gesäumt ist. An seiner östlichen Seite führt zwischen Bäumen der Weg über einen terrassenartigen Abgang zum barocken Klostergarten mit der Orangerie. In der südöstlichen Ecke des Platzes ist über eine Gasse der ehemals mittelalterliche Haupteingang erreichbar, wo die frühere, dem heiligen Ägidius geweihte Pfortenkapelle steht. Heute ist sie die ebenfalls barockisierte, evangelische Pfarrkirche zum Heiligen Kreuz. Auf den ersten Blick erscheint das Kloster Neuzelle als erhaltene Klosteranlage.

Am 12. Oktober 1268 unterzeichnete Markgraf Heinrich in Dresden die Stiftungsurkunde für ein Kloster namens Nova Cella, das bei einem heute unbekannten Ort Starzedel errichtet werden sollte. Zum Mutterkloster wurde das Kloster Altzelle bestimmt, was wiederum den Namen Neuzelle erklärt. Die erste Lage war ungünstig und so genehmigten der neue Markgraf und der Bischof von Meißen 1290 die Verlegung des Klosters an den heutigen Standort. Der um 1290/1300 begonnene, erste Klosterbau dürfte im Wesentlichen um 1330 fertiggestellt gewesen sein. Im Jahr 1354 entstand die dem heiligen Ägidius geweihte Torkapelle. Um 1380/95 begann ein Neubau von Klausur und Kirche, der bis in die erste Hälfte des 15. Jahrhunderts andauerte. Es wird vermutet, dass je nach politischer und wirtschaftlicher Situation zwischen 20 und 30 Mönche im Konvent lebten.

Auf dem Weg zum ehemaligen Kloster

Im Herbst 1429 überfielen die Hussiten das Kloster Neuzelle und steckten Gebäude in Brand. Wenige Mönche konnten ins brandenburgische Frankfurt (Oder) fliehen. 1432 verwüsteten die Hussiten

Ansicht vom Stiftsplatz

die Klosterbesitzungen erneut. Um danach den Wiederaufbau des Klosters zu finanzieren, wurden Güter veräußert oder verlehnt. Bis 1450 hatte sich das Kloster wieder weitgehend erholt. Obwohl die Reformation in der Niederlausitz nicht offiziell eingeführt wurde, drang sie um 1560 in das Neuzeller Stiftsgebiet vor, mit der Folge, dass die Dorfkirchen evangelisch wurden. Das Kloster Neuzelle und auch Teile der Bevölkerung blieben katholisch. Geschickt konnte das Kloster mit den Protestanten übereinkommen, sodass es weiterhin Abgaben erhielt. Erst die Steuer- und Finanzpolitik König Ferdinands I. von Böhmen brachte das Kloster in Schwierigkeiten. Nach einer Besserung im 16. Jahrhundert besetzten im Dreißigjährigen Krieg schwedische Truppen 1631 das Kloster. Sie nutzten und beschädigten die Gebäude. Nach Ende des Krieges 1648 entstand in Neuzelle wieder ein Konvent. Im 18. Jahrhundert war so viel Wohlstand vorhanden, dass die gotische Klosterkirche in einen prächtigen Barockbau umgebaut werden konnte. Nach dem Übergang der Niederlausitz an das Königreich Preußen 1815 wurde das Kloster 1817 aufgehoben. Sein Besitz wurde in eine Stiftung überführt, die bis 1955 bestand. Die Anlage wurde von 1818 bis 1922 als Schullehrerseminar und als Waisenhaus genutzt. Danach beherbergte das Kloster verschiedene Bildungseinrichtungen. Aktuell werden die Gebäude von einer Privatschule genutzt.

Beichtstühle im Seitenschiff *Portal zur Klosteranlage*

Beim Bau der Klosteranlage folgten der Kirche der östliche Klausurflügel und das im nördlichen Klausurflügel erhaltene, um 1315 entstandene Gebäude, das einen gewölbten Kreuzgang enthält. Süd- und Westflügel der rechtwinkligen Klausur wurden bis Mitte des 15. Jahrhunderts vollendet. Das Refektorium im Erdgeschoss bestand im 14. Jahrhundert aus zwei Schiffen und besaß Kreuzrippengewölbe. Das danebenliegende Kalefaktorium war den Schildbögen zufolge sogar dreischiffig. Um die Mitte des 14. Jahrhunderts wurde dem Nordflügel ein gewölbter Kreuzgang aus Backstein mit einem polygonalen Brunnenhaus vorgelegt. Die Gewölbe gingen jedoch verloren. 1385/90 begann der Umbau, der einen Neubau der Kirche einschloss. Als erstes wurde der schmale Ostflügel mit Backsteindekor ausgeführt.

Beim späteren barocken Umbau wurde der kreuzrippengewölbte, dreijochige Kapitelsaal in drei Räume unterteilt. Im Mittelalter befanden sich im Ostflügel, von der Kirche aus beginnend, die Sakristei, der Kapitelsaal, ein Durchgang, das Parlatorium, der Brüdersaal und die Latrinen. Ein Raum zwischen Sakristei und Kapitelsaal könnte die Bibliothek gewesen sein. Im Obergeschoss wird das Dormitorium vermutet. Die Ecke zwischen nördlichem und östlichem Klausurflügel war bis Mitte des 15. Jahrhunderts nicht geschlossen. Im östlichsten Joch zwischen Kirche und Kreuzgang führte schon im Mittelalter eine Treppe ins Obergeschoss. Es dürfte der Weg der Mönche vom Dormitorium in die Kirche gewesen sein. Im Westflügel war der Konversensaal. Er wurde Anfang des 16. Jahrhunderts in drei Räume mit Sterngewölbe unterteilt. Im nördlichen Bereich des Westflügels befand sich im Mittelalter die Küche. Die Klausur wurde immer wieder in Teilen umgebaut und im 18. Jahrhundert erweitert und aufgestockt. Am 2. September 1892 zerstörte ein Brand das Klausurgebäude fast vollständig. Vom mittelalterlichen Buchbestand der Bibliothek ist nichts mehr vorhanden. Im Barock wurde eine neue

Barocke Überformung der gotischen Klosterkirche

Bibliothek aufgebaut, von der sich in Neuzelle nur geringe Reste erhalten haben.

Die gotische Klosterkirche entstand um 1385/90. Sie ist keine Basilika, wie bei den Zisterziensern sonst üblich, sondern eine dreischiffige, siebenjochige Hallenkirche. Sie wird außen durch zweifach abgetreppte Strebepfeiler gegliedert, zwischen denen sich Spitzbogenfenster mit gestuftem Gewändeprofil befinden. Blendnischen und schräg gestellte Vorlagen, die als Fialen über das Dach ragen, gliedern den Ostgiebel. Für Zisterzienserkirchen ungewöhnlich, betont ein schlanker Glockenturm die Westfassade. Unterhalb der Traufkante läuft ein kleines Gesims um den Turm. Eine Inschrift zeigt die angebliche Höhe des Berges an, der für den Bau des Klosters abgetragen worden sein soll. Bei der Brandschatzung und teilweisen Zerstörung des Klosters durch die Hussiten blieb glücklicherweise der mittelalterliche Dachstuhl der Kirche erhalten. Ein Laienbruder soll das Übergreifen des Feuers auf die Kirche verhindert haben. Das gotische Gewölbe dürfte 1515 entstanden sein. Im Barock, zunächst um 1650, fanden große Veränderungen an der Kirche statt, bei denen auch der eingezogene Chor entstand. Dabei blieb jedoch der gotische Baukörper erhalten. In das gotische Rippengewölbe wurde eine flache Decke eingezogen, auch um Deckenmalereien anbringen zu können. Im Mittelschiff zeigen sie Szenen aus dem Leben Jesu Christi, in den Seitenschiffen aus dem Alten Testament. Stuckaturen wurden angebracht und die Fenster verändert. Dabei wurde die Gotik der Kirche fast vollständig überformt. In der zweiten Phase der Barockisierung wurde zwischen 1732 und 1745 an die Südseite die sechseckige Josephskapelle angebaut und der Chor verändert. Ein neuer Hochaltar und die Nebenaltäre wurden eingerichtet. Auf dem Marienaltar steht die Neuzeller Wallfahrtsmadonna mit barocken Gewändern bekleidet. Hinzu kam der Einbau der barocken Kanzel. Mit den überbordenden Altären an den Säulen und der eingezogenen Decke veränderte sich der Raumeindruck grundlegend. Die Josephskapelle zeigt eine illusionistische Malerei in der Kuppel, die eine sechseckige Laterne krönt. Gegenüber der Kapelle werden in der Sakristei die außergewöhnlichen Bildtafeln des Heiligen Grabes oder Ostergrab ausgestellt. Es sind im Stil einer Kulisse bemalte Holztafeln, die von 1751 bis 1863 über Ostern in der Klosterkirche aufgebaut wurden. Der Orgelprospekt wurde 1906 von Wilhelm Sauer im klassizistischen Zopfstil gefertigt, der Erbauer des Pfeifenwerks ist unbekannt. Die Kirche ist größtenteils im Zustand aus dem 18. Jahrhundert erhalten.

Die Ortschaft Neuzelle, rund um den Klosterteich, die Klosteranlage mit außergewöhnlicher Kirche und barockem Klostergarten – und nicht zuletzt die Klosterbrauerei Neuzelle – laden zu einem Besuch ein, der über Kunst- und Architekturgenuss, Spaziergänge im Park, Bau- und Braukunst alles für einen gelungenen Ausflug bietet.

Kloster Neuzelle/Stiftung Stift Neuzelle
Stiftsplatz 7, 15898 Neuzelle
Tel. 033652/81 40
www.stift-neuzelle.de

Katholische Stiftskirche St. Marien/
Katholisches Pfarramt Neuzelle
Stiftsplatz 5, 15898 Neuzelle
Tel. 033652/282

Tourismusinformation
Stiftsplatz 7, 15898 Neuzelle
Tel. 033652/61 02

Klosterbrauerei Neuzelle GmbH
Brauhausplatz 1, 15898 Neuzelle
Tel. 033652/81 00, www.klosterbrauerei.com

Anreise
🚌 🚆 Vom Hbf Berlin fährt ein RE nach Frankfurt (Oder), dort umsteigen und weiter mit dem RE in Richtung Cottbus bis Bahnhof Neuzelle. Die Reisezeit beträgt circa 1 Stunde und 40 Minuten. Vom Bahnhof Neuzelle fährt der Bus 441 bis Haltestelle Klosterteich. Zu Fuß sind es allerdings nur etwa 1,4 Kilometer Spazierweg durch die Ortschaft Neuzelle.

🚗 Vom Berliner Dom bis Neuzelle sind es rund 130 Kilometer. In Richtung Süden über Kreuzberg auf die A100 Dresden/Neukölln, weiter über die A113, A10 auf die A12. Bei Ausfahrt Frankfurt (Oder)-Süd auf die B112 in Richtung Eisenhüttenstadt, weiter auf der B112 bis Neuzelle. Fahrtzeit rund 1 Stunde und 40 Minuten.

Franziskanerkloster

Vor dem Burgwall des westslawischen Stammes der Lusici, der in der Lausitz siedelte, bildete sich im 11. und 12. Jahrhundert eine Vorburgsiedlung, aus der später Cottbus hervorging. Von der Burg ging die Stadtmauer ab, die im 14. Jahrhundert angelegt wurde. An ihrer nordwestlichen Ecke lag das Franziskanerkloster. Erhalten ist an dem mit Bäumen bepflanzten Klosterplatz die Klosterkirche mit einem Sakristeianbau. Über die Klostergebäude, deren letzte Reste um 1852 abgebrochen wurden, ist kaum etwas bekannt. Die heutigen Häuser am Klosterplatz stammen nicht aus der Klosterzeit.

Vermutlich wurde das Franziskanerkloster der Stadt um 1300 durch die Herren von Cottbus gegründet. Das Kloster des Bettelordens bezog seine Einkünfte aus dem Bettel sowie Zuwendungen und Spenden. Nachdem Cottbus 1535 an den evangelischen Markgrafen Johann von Küstrin gefallen war, wurde das Kloster 1537 aufgehoben. Die Kirche wurde als evangelische Pfarrkirche den Sorben bzw. Wenden zugewiesen. In Unterscheidung zur deutschen Oberkirche St. Nikolaus, bürgerte sich der Name Unterkirche oder „Wendische Kirche" ein. Für die Benennungen spielten wohl nur geografische Gründe eine Rolle.

Die Hauptportale der Kirche befinden sich an der südlichen Längsseite zur Straße hin. An der südöstlichen Ecke setzt ein schlanker Turm einen fast südländisch wirkenden Akzent. Die ursprünglich einschiffige, rund 55 Meter lange, zehnjochige Saalkirche mit Holztonnenwölbung und geradem Chorschluss wurde in mehreren Bauabschnitten vom 14. bis zum 16. Jahrhundert als Backsteinbau errichtet. Während des 14. oder im frühen 15. Jahrhundert erfolgte eine Erweiterung des Hauptschiffs in der Länge. Zwischen 1489 und 1517 wurde das kreuzrippengewölbte, südliche Seitenschiff angebaut. Das Hauptschiff erhielt ein Netzgewölbe. Nach Beschädigung bei einem der Stadtbrände im 17. Jahrhundert erhielt die Kirche ihr heutiges Dachgestühl.

Einem Umbau von 1907/08 durch den Architekten Wilhelm Blaue verdankt die Kirche ihre heutige Ausstattung. Die Aus-

Ostseite mit aufs Eck gesetztem Turm

Sauer-Orgel mit romantischem Klang   *Blick von der Orgelempore*

malung erfolgte durch den Kirchenrestaurator Ernst Fey. Der barocke Altaraufsatz von 1750, der erst Mitte des 19. Jahrhunderts in die Kirche kam, wurde neu gefasst. Der Korb der hölzernen Kanzel aus der Spätrenaissance wurde mit Ölbildern verziert. Auch die Orgel der Firma Wilhelm Sauer aus Frankfurt (Oder) mit neubarockem Prospekt entstand 1908. Sie gilt als eine der wenigen originalen romantischen Orgeln in der Gegend.

Erhalten hat sich ein um 1320 entstandenes, circa 2,5 Meter hohes Kruzifix. Es dürfte das ehemalige Triumphkreuz sein. Die aus Sandstein gefertigte Taufe besteht aus einem um 1500 gefertigten Säulenstumpf, der eine gotische Taufschale trägt.

Die am Seitenschiff mehrfach erneuerte Jahreszahl 1303 erinnert einer Legende nach an drei Kirchgänger, die statt in die Messe zu gehen auf der Straße Würfel spielten und daraufhin vom Blitz erschlagen wurden. Es ist ungeklärt, ob der Blitz niederfuhr, weil sie würfelten, statt in die Messe zu gehen, oder ob einer der Würfler falsch spielte. Jedenfalls waren mit dem Blitzschlag für alle drei Spieler die Würfel gefallen.

Evangelische Klosterkirchengemeinde Cottbus
Klosterplatz 1, 03046 Cottbus
Tel. 0355/248 25
gemeindebuero@klosterkirchengemeinde.de

Tourismusinformation/CottbusService
Berliner Platz 6/Stadthalle, 03046 Cottbus
Tel. 0355/75 42-0
www.cmt-cottbus.de

Anreise
🚌 🚆 Vom Hbf Berlin fährt ein RE direkt nach Cottbus. Reisezeit rund 1 Stunde und 40 Minuten.
🚗 Vom Berliner Dom bis Cottbus sind es rund 130 Kilometer. Über die A100, A113, A13 Berlin/Dresden, nach circa 70 Kilometern weiter auf der A15 in Richtung Cottbus/Forst, Ausfahrt Cottbus West, weiter auf der B169 nach Cottbus. Fahrtzeit rund 1 Stunde und 25 Minuten.

Evangelische Oberkirche St. Nikolai

Nach dem Eintritt in die Cottbusser Oberkirche St. Nikolai durch das Turmportal beeindrucken die Dimensionen der weiß getünchten, spätgotischen, dreischiffigen Kirchenhalle. Ungehindert geht der Blick durch eine lange Säulenhalle zum hellen, polygonalen Chor, in dem der goldverzierte Barockaltar das Auge fesselt.

Die Nikolaikirche bildet ein zentrales Stadtzeichen in der historischen Altstadt von Cottbus. Zwischen Altmarkt und der ehemaligen slawischen Burg gelegen, wo die Zelle von Cottbus lag, war St. Nikolai in den letzten Jahrhunderten die Kirche für das Bürgertum der Oberstadt. Die im 15. Jahrhundert aus Backstein erbaute, achtjochige Kirche erlitt 1468 und 1600 große Brandschäden. Restaurierungen 1891/92 und der Wiederaufbau nach der Zerstörung 1945 brachten zahlreiche Veränderungen mit sich. Bei der Wiederherstellung in den 1950er Jahren entschied man sich für die neutrale Weißtünchung.

Die stattlichen Maße der Kirche unterstreichen ihre Bedeutung innerhalb der Stadt sowohl im städtebaulichen als auch im religiös-gesellschaftlichen

Sinn. Der Turm, der nicht ganz mittig sitzt, trägt eine 1988 neu aufgesetzte Kupferhaube. Seine Blendarkaden verweisen auf eine Errichtung im 14. Jahrhundert. An der Nord- und Südseite der Kirche existieren rechteckige Anbauten, die Satteldächer und zinnenverzierte Giebel zeigen. Im Nordosten liegt die Sakristei. Beim Wiederaufbau nach einem Brand im Jahr 1468 wurde die Kirche mit einem Stern- und Netzrippengewölbe versehen. Von der reichen Ausstattung aus vorreformatorischer Zeit ist nichts mehr erhalten. Eine polygonale Kapelle an der nördlichen Seite wurde als Taufkapelle errichtet. In ihr stehen seit den 1970er Jahren eine vergoldete Sandsteintaufe aus dem 17. Jahrhundert in manieristischem Stil mit einem barocken, hölzernen Deckel aus der Lichtenburg bei Prettin und eine barocke Kanzel mit Schalldeckel aus der ehemaligen

Die Oberkirche von Cottbus

Franziskanerkirche in Frankfurt (Oder). Gegenüber dieser Taufkapelle liegt die Marienkapelle. Auffällig ist der große Altar im Chorraum, der den Zweiten Weltkrieg weitgehend unbeschädigt überstand. Er wurde 1661 von dem Bildhauer Andreas Schultze und dem Maler Martin Heber vollendet. Mit seiner nach oben sich verjüngenden Form und immerhin elf Metern Höhe passt er sehr gut in die gotische Kirche. Er ist aus Sandstein gearbeitet und besitzt Alabasterreliefs, Figuren und Malereien von hervorragender Qualität. Die Darstellungen sind so vielfältig und ineinandergreifend, dass das Auge immer wieder neue Details entdeckt. Es werden Szenen aus dem Leben Jesu Christi dargestellt. Die Auferstehung als zentrales Motiv wird in einem schönen Relief gezeigt, bei dem das geöffnete Grab Christi perspektivisch dargestellt ist.

Blick durchs Mittelschiff zum Altar von 1661

Die Orgel wurde 1984 von dem Bautzener Orgelbetrieb Eule hergestellt. Der Orgelprospekt von 1759 stammt aus der Nikolaikirche in Hainichen (Sachsen), die 1906 abgebrochen wurde. Neben den sonntäglichen Gottesdiensten finden in der Nikolaikirche zahlreiche Veranstaltungen statt, bei denen die wohlklingende Orgel zur Geltung kommt. Ebenfalls bemerkenswert ist der beeindruckende Blick über Cottbus nach Ersteigung des Turms.

Oberkirche St. Nikolai
Oberkirchplatz 1, 03046 Cottbus
Tel. 0355/247 14
www.st-nikolai-cottbus.de

Tourismusinformation/CottbusService
Berliner Platz 6/Stadthalle, 03046 Cottbus
Tel. 0355/75 42-0
www.cmt-cottbus.de

Anreise
🚌🚆 Vom Hbf Berlin fährt ein RE direkt nach Cottbus. Reisezeit rund 1 Stunde und 40 Minuten.
🚗 Vom Berliner Dom bis Cottbus sind es rund 130 Kilometer. Über die A100, A113, A13 Berlin/Dresden, nach circa 70 Kilometern weiter auf der A15 in Richtung Cottbus/Forst, Ausfahrt Cottbus West, weiter auf der B169 nach Cottbus. Fahrtzeit rund 1 Stunde und 25 Minuten.

Am ehemals mittelalterlichen Haupteingang zum Kloster Neuzelle im Südosten des Areals befand sich die dem Heiligen Ägidius geweihte Pfortenkapelle von 1354. Nach Umbauten und Erweiterungen dient sie heute als evangelische Pfarrkirche zum Heiligen Kreuz.

Nach der Reformation musste sich das Zisterzienserkloster um die Pfarrseelsorge der katholischen Gläubigen kümmern, die verblieben waren. Als Kirche wurde zu diesem Zweck bereits 1699 die Pfortenkapelle umgebaut und mit einem Turm versehen. Zwischen 1728 und 1735 wurde sie barockisiert und zu einer größeren Kreuzkuppelkirche mit dreischiffigem Hallenlanghaus und zwei Türmen ausgebaut. Als Vorbild diente die römische Kirche Il Gesù. Da die Kirche für die Bevölkerung bestimmt war, wurde sie auch Leutekirche genannt. Um den Status quo in Religionssachen in der Niederlausitz nicht zu brechen, war es dem Kloster nicht gestattet, außerhalb der Klosteranlage eine Kirche zu bauen. Das Kirchenrecht wiederum verbot es, innerhalb der Klostermauer eine Pfarrkirche zu errichten. So wurde als Kompromiss die Kirche in die Klostermauer einbezogen, sodass sie sowohl innerhalb als auch außerhalb des Klosters lag. Damit wurde man beiden Regelungen gerecht.

Ausmalung der Kuppel mit einem Fresko

Die imposante Kuppel, auf der eine kleine Laterne sitzt, beherrscht im Inneren mit ihrem 125 Quadratmeter großen Kuppelfresko den Kirchenraum. Die allegorische Darstellung der „Ecclesia triumphans" stammt von dem böhmischen Maler Georg Wilhelm Neunhertz. Die Kirche verfügt über eine reiche, barocke Ausgestaltung und Ausstattung. Zahlreiche Fresken mit biblischen Motiven sind zu sehen. Auffallend ist eine fahrbare Kanzel. Der Kreuzaltar zeigt die Kreuzigungsgeschichte.

Nach der Auflösung des Klosters im Jahr 1817 wurde 1818 die Kreuzkirche der evangelischen Kirchengemeinde zur Nutzung als Pfarrkirche übergeben. Wegen Bauschäden wurden 1838 die beiden Seitenaltäre entfernt. Die Kuppel erhielt 1859 ihre kugelige Form, als sie mit Schiefer

Reichhaltige Ausmalung und Ausstattung *Vom im Tal liegenden Klostergarten*

gedeckt wurde. Die Hauben der beiden Westtürme von 1861 gehen auf den Baumeister Friedrich August Stüler (1800–1865) zurück. Zwischen 1988 und 1991 wurde das nachträglich eingebaute Gestühl entfernt, sodass die Vierung ihren barocken Charakter zurückerhielt. Die Orgel zeigt einen Prospekt von 1730, während das 1890 von Robert Uebe aus Schlaben gefertigte Pfeifenwerk von der Firma Sauer 1957 überarbeitet wurde.

Die evangelische Gemeinde beließ größtenteils die Innengestaltung, weshalb der evangelische Gottesdienst heute in einer katholisch anmutenden Kirche stattfindet.

Evangelische Kirche zum Heiligen Kreuz
Stiftsplatz 1, 15 898 Neuzelle
Tel. 033652/319
www.ev-kirchengemeinde-neuzelle.de

Tourismusinformation
Stiftsplatz 7, 15898 Neuzelle
Tel. 033652/61 02

Anreise
🚌🚃 Vom Hbf Berlin fährt ein RE nach Frankfurt (Oder), dort umsteigen und weiter mit dem RE in Richtung Cottbus bis Bahnhof Neuzelle. Die

Reisezeit beträgt circa 1 Stunde und 40 Minuten. Vom Bahnhof Neuzelle fährt der Bus 441 bis Haltestelle Klosterteich. Zu Fuß sind es allerdings nur etwa 1,4 Kilometer Spazierweg durch die Ortschaft Neuzelle.
🚗 Vom Berliner Dom bis Neuzelle sind es rund 130 Kilometer. In Richtung Süden über Kreuzberg auf die A100 Dresden/Neukölln, weiter über die A113, A10 auf die A12. Bei Ausfahrt Frankfurt (Oder)-Süd auf die B112 in Richtung Eisenhüttenstadt, weiter auf der B112 bis Neuzelle. Fahrtzeit rund 1 Stunde und 40 Minuten.

Gutskapelle Reuden

Rittergüter in Brandenburg zu finden, ist eine der leichteren Übungen. Sie liegen überall verstreut. So auch in Reuden, einem kleinen Ortsteil von Saßleben, das wiederum zu Calau zählt. Als älteste Besitzer des Reudener Gutes werden im 16. Jahrhundert die Herren von Zabeltitz erwähnt, wiewohl es sicherlich schon früher bestand. In seiner Geschichte hatte das Gut Reuden zahlreiche Herren; ab 1849 waren sie nicht mehr aristokratisch, sondern bürgerliche Eigentümer. Eine vorläufige Unterbrechung dieser Linie brachte das Ende des Zweiten Weltkriegs mit sich. Das Gut Reuden wurde in der DDR zum Volksgut Reuden umgewandelt. Infolgedessen wurden Herrenhaus, Wirtschaftsgebäude und Parkanlage baulich verändert oder anderen Nutzungen zugeführt. Erst nach der Wende 1989/90 kam das Gut abermals in privaten Besitz und wird seither wieder landwirtschaftlich genutzt, Wiederherstellungs- oder Renovierungsarbeiten wurden bisher allerdings nicht durchgeführt.

Zu DDR-Zeiten zählte Reuden zu den Dörfern, die auf die großen Schaufelradbagger des Kohletagebaus warteten. Da Dorf und Gut jederzeit umgepflügt werden konnten, schienen Erhaltungsmaßnahmen für die historischen Bauten irgendwelcher Art ohnehin wenig sinnvoll. Gleiches galt für die gegenüber dem Gutshof auf einem Hügel befindliche Gutskapelle, die mitten auf einer Wiese steht. Im Jahr 1729 ließ der damalige Gutsbesitzer Appellationsrat Otto Bernhard von Borcke, Erb-, Lehns- und Gerichtsherr des in Dresden residierenden Kurfürsten August des Starken, die Gutskapelle errichten und einweihen. Es wird davon ausgegangen, dass sächsische Baumeister und Handwerker am Bau beteiligt waren. Dabei entstand eine heute in Brandenburg nahezu einmalige Kapelle in Formen des Dresdner Barock. Errichtet wurde ein verputzter, quadratischer Zentralbau mit vier kräftigen Eckrisaliten. Das Dach verjüngt sich zeltartig zu einer schlanken, hohen, dunklen Laterne mit Haube. Das Eingangsportal mit großem, prächtigem

Gutskapelle in Dresdner Barock

Allianzwappen liegt im Süden, dem Gutshof zugewandt. An der nördlichen Seite
zeigt eine Auswölbung zwischen den Ri-
saliten die Apsis und damit den Ort des
schönen Kanzelaltars aus der Bauzeit an.
Der kostbare Altar blieb glücklicherweise erhalten, denn die Kapelle war durch
Vernachlässigung zur Baufälligkeit ver-
dammt. Sie war schließlich so durchfeuch-
tet, dass von der restlichen barocken Ausstattung wenig übrigblieb. Der Innenraum
ist flach gedeckt und wird an drei Seiten
von Emporen umgeben. Die Aufgänge zu

Gutshaus des Ritterguts

den Emporen und die Sakristei sind in den Eckrisaliten untergebracht. Nach
der Wende fühlte sich niemand zuständig, die Restaurierung der Kapelle in
Angriff zu nehmen und zu finanzieren. Deshalb gründete die zuständige Pfarrerin 1997 selbst einen Förderverein zur Sanierung der Kirche. Mit Spenden
und Mitteln unterschiedlicher Herkunft und vor allem dem Engagement der
Bürger konnte die Kirche wieder so weit saniert werden, dass sie inzwischen
ein Kleinod in der Gegend darstellt, auch wenn noch einige Restaurierungsarbeiten bevorstehen.

In der Gutskapelle Reuden finden heute kulturelle Veranstaltungen wie
Konzerte und Kunstausstellungen statt. Seit 2011 können sich auch Braut-
paare in dieser besonderen Kapelle auf der großen, grünen Wiese trauen
lassen.

Gutskirche Reuden

Lindenallee, 03205 Calau/OT Reuden

Förderverein Gutskapelle Reuden e.V.

über: Ev. Pfarramt Kalkwitz
Wiesenstraße 7, 03205 Calau/OT Kalkwitz
Tel. 03541/24 21

Tourismusbüro/Calauer Info-Punkt

Cottbuser Str. 32, 03205 Calau
Tel. 03541/895 80
info@wbc-calau.de

Anreise

🚌🚆 Vom Hbf Berlin fährt ein RE nach Calau, von
dort fährt der Bus 605 nach Reuden. Reisezeit
rund 1 Stunde und 35 Minuten.

🚗 Vom Berliner Dom sind es bis Reuden rund
110 Kilometer. Nach Norden über die A100, A113
und die A13/A15 in Richtung Cottbus. Ausfahrt
Vetschau, dann weiter in Richtung Calau. Links
abbiegen nach Reuden. Fahrtzeit rund 1 Stunde
und 10 Minuten.

Eine so monumentale Kirche erwartet man in einer kleinen Ortschaft wie Straupitz eigentlich nicht. Nach den Plänen von Baumeister Karl Friederich Schinkel (1781–1841) zwischen 1828 bis 1832 errichtet, stellt die weiße, im Stil einer altrömischen Basilika erbaute Kirche eine bedeutendes Bauwerk des Klassizismus dar.

Die Schinkelkirche in Straupitz geht auf das private Bauvorhaben von Karl Heinrich Ferdinand von Houwald (1773–1832) zurück, Mitglied der Adelsfamilie, die seit 1655 die Herrschaft Straupitz besaß. Die Vorgängerkirche war einerseits baufällig geworden, auf der anderen Seite zählten zur Kirchengemeinde Straupitz acht Dörfer, für deren Kirchen der Gutsherr das Patronatsrecht ausübte. Dies führte zu dem Entschluss, für alle Gläubigen der Gemeinde eine neue Kirche mit 1.300 Plätzen zu bauen und sie zum zentralen Gotteshaus der Gegend zu machen. Die Familie Houwald hatte privaten Kontakt zu Schinkel und beauftragte den damals bekanntesten Baumeister Preußens mit Entwurf und Planung der Kirche.

Schinkel entwarf einen rechteckigen Putzbau mit Satteldach. Das besondere an der Architektur ist eine nach Südwesten ausgerichtete Doppelturmfassade mit zwei quadratischen, 40 Meter hohen Türmen, die italienische Architekturformen aufnehmen. Auf jedem steht ein Kreuz aus Eisen. Mit ihnen wurde die Kirche nicht nur zum Wahrzeichen von Straupitz, sondern auch zu einer Art Landmarke in dieser Region des Spreewalds.

Als Eingänge dienen in der Turmfassade drei große Rundbogenportale, zu denen eine auf der ganzen Breite der Kirche angelegte Freitreppe führt. Der Innenraum wurde als flach gedeckter Emporensaal mit Längsarkaden ausgebildet. Das helle Gestühl unterstreicht den lichten Charakter des Kirchenraums. Die runde Kanzel mit Schalldeckel ist an der linken Seite zum Altarraum aufgestellt und wird von einer kannelierten Säule gestützt. Der Altarraum

Italienisch anmutende Doppelturmfassade

in Form einer Altarapsis ist in hohe schmale Felder aufgeteilt, die in der Halbkugel mit einem Ring abgeschlossen werden, auf dem eine Kuppel mit Kassettenaufteilung angedeutet wird. In den Feldern des Altarraums hängen fünf Gemälde der Dresdener Maler Johann Friedrich Matthäi (1777–1845) und Johann Karl Ulrich Bähr (1801–1869). Das Bild in der Mitte zeigt Jesus Christus, zu seinen beiden Seiten sind Johannes der Täufer, Apostel Petrus, Jünger Johannes und Apostel Paulus zu sehen. Die schmuckvollen Leuchter stammen von 1882, der Taufstein aus dem Jahr 1907. Die Orgel steht auf der Orgelempore in einem großen Rundbogen. Sie wurde 1832 von dem Gubener Orgelbauer Friedrich Morgenstern konstruiert und 1853/54 von Ludwig Hartig aus Züllichau umgebaut. Die Firma Sauer aus Frankfurt (Oder) baute sie im Jahr 1892 noch einmal um.

Innenraum der Kirche mit Altarapsis

Bei der letzten Kirchenrenovierung wurde die Orgel 1992/93 von der Firma Scheffler aus Sieversdorf abermals überarbeitet.

In der Kirche in Straupitz zeigt sich auf ansehnliche Weise Schinkels Kunst, mit einfachen Mitteln Würde, Eleganz und auch Monumentalität entstehen zu lassen.

Schinkelkirche Straupitz
Kirchstraße, 15913 Straupitz (Spreewald)

Touristinformation Straupitz
Kirchstr. 11, 15913 Straupitz (Spreewald)
Tel. 035475/80 97
www.oberspreewald.eu

**Kornspeicher zu Straupitz/
Museum und Ladengalerie**
Kirchstr.12, 15913 Straupitz (Spreewald)
Tel. 035475/80 47 09

Anreise

Vom Hbf Berlin mit dem RE nach Lübben, Weiterfahrt mit dem Bus 500 in Richtung Burg bis Straupitz. Reisezeit rund 2 Stunden und 10 Minuten.

Vom Berliner Dom bis Straupitz sind es rund 100 Kilometer. Nach Süden über die A113/A13 in Richtung Dresden, Ausfahrt Freiwalde und weiter auf der B155 bis Lübben, von Lübben weiter auf der B320 nach Straupitz. Fahrtzeit rund 1 Stunde und 20 Minuten.

Wie Zweisamkeit zwischen Kirchen funktionieren kann, zeigt die Wendisch-Deutsche Doppelkirche in Vetschau. Die Deutsche Kirche und die Wendische Kirche sind als siamesische Kirchenzwillinge aneinandergebaut und teilen sich an der Ostseite die Sakristei, die beide verbindet.

    Vermutlich im 14. Jahrhundert wurde die Wendische Kirche aus Feld- und Raseneisenstein für die überwiegend wendische Bevölkerung erbaut. Während der Reformation wurde die Kirche 1540 evangelisch, da die Schlossherrschaft von Vetschau, die Adelsfamilie von Schlieben, zum evangelischen Glauben gewechselt war. Die Kirche brannte 1619 bei einem Stadtbrand nieder, auf ihren Grundmauern wurde 1650 der heutige Backsteinbau errichtet. 1709 wurde auf den quadratischen Turmstumpf ein achteckiger, mit Backsteinen verblendeter Aufbau in Fachwerkbauweise errichtet. Er erhielt eine welsche Turmhaube mit Laterne und Spitze. 1850/60 bekam die Wendische Kirche ein Tonnengewölbe, Doppelemporen und einen Kanzelaltar. Von dem Orgelbauer Friedrich Kaltschmidt aus Stettin wurde eine Orgel mit neugotischem Prospekt eingebaut. Die hölzerne, polygonale Kanzel an der nördlichen Kirchenwand besitzt einen Schalldeckel in Form einer Krone, auf dem ein Posaunenengel steht. Der spätgotische Taufstein aus dem 13. Jahrhundert stammt aus der Dorfkirche von Schönfeld, die dem Braunkohletagebau zum Opfer fiel.

    Deutsche Zuwanderer in das wendisch bevölkerte Gebiet bauten Ende des 17. Jahrhunderts ihre Kirche an die nördliche Längsseite der wendischen Kirche an. Hier stand zuvor die „deutsche" Schlosskapelle, in der in deutscher Sprache gepredigt wurde, weil die Schlossherren deutschsprachig waren. 1689 wurde die Schlosskapelle abgerissen und am 31. März 1690 mit dem Bau der Deutschen Kirche mit rechteckigem Grundriss begonnen. Die Kirche trägt ein vierseitiges Walmdach. Im Inneren zeigen sich ein hölzernes, verputztes Tonnengewölbe und zweigeschossige Emporen. 1694 erfolgte die Einweihung der Deutschen Kirche, die im 19. Jahrhundert neugotisch übermalt wurde. Sie erhielt 1899 fünf bemalte Fenster und eine Orgel von Schlag & Söhne aus Schweidnitz (Schlesien). Die Ausstattung stammt größtenteils noch aus ihrer Bau-

Die Wendische Kirche

Die Deutsche Kirche

Sakristeianbau zur gemeinsamen Nutzung

zeit. Als Künstler des Altaraufsatzes wird Abraham Jäger aus Doberlug angenommen. Das Tafelbild zeigt das leere Grab Jesu am Ostermorgen.

Beide Gemeinden wurden 1910 zusammengelegt. Es gab damals Bestre-
bungen, das Wendische zu unterdrücken. Nach der Einstellung des wendischen Schulunterrichts ging die wendische Sprache zurück und damit auch
die Zahl der wendischen Kirchenbesucher. Der letzte reguläre wendische
Gottesdienst vor dem Zweiten Weltkrieg fand 1932 statt.

Bis 1977 wurden beide Kirchenschiffe noch für Gottesdienste genutzt. Die
Wendische Kirche wurde als „Landkirche" und die Deutsche Kirche als
„Stadtkirche" bezeichnet. Nach Ende ihrer Nutzung für Gottesdienste diente
die Wendische Kirche als Abstellraum. Ab 1995 wurde sie zur Kulturkirche, in
der regelmäßig Veranstaltungen stattfinden. Die Deutsche Kirche wird von
der evangelischen Kirchengemeinde für Gottesdienste genutzt.

Evangelische Kirche
Schlossstr. 7, 03226 Vetschau (Spreewald)

Förderverein Wendische Kirche Vetschau e.V.
Karl-Marx-Straße 45, 03226 Vetschau (Spreewald)
Tel. 035433/712 12

Tourismusinformation/
NABU Weißstorch-Informationszentrum
Drebkauer Straße 2a, 03226 Vetschau (Spreewald)
Tel. 035433/41 00
www.vetschau.de

Anreise
🚆🚌 Vom Hbf Berlin fährt ein RE direkt zum
Bahnhof Vetschau. Reisezeit circa 1 Stunde und
20 Minuten. Vom Bahnhof bis zur Deutsch-
Wendischen Doppelkirche sind es noch 1,3 Kilo-
meter zu Fuß.

🚗 Vom Berliner Dom sind es bis Vetschau rund
105 Kilometer. Nach Süden über die A100, A113/
A13 in Richtung Dresden. Auf der A15 in Richtung
Cottbus bis Ausfahrt Vetschau, dann weiter nach
Vetschau. Fahrtzeit rund 1 Stunde und 10 Mi-
nuten.

Evangelische Dorfkirche

Am südlichen Westufer des Schwielochsees liegt die kleine Ortschaft Zaue. Zwischen den alten Bäumen eines kleinen Friedhofes kommt der wuchtige Feldsteinquerturm der Dorfkirche zum Vorschein, deren Erbauung zwischen 1250 und 1280 vermutet wird. Ein Weg führt zum Turmeingang der Wehrkirche. Der Wehrturm, dessen Fenster an Schießscharten erinnern, wurde um 1350 fertiggestellt. Der Feldsteinbau weist im unteren Bereich die beträchtliche Mauerstärke von etwa 1,60 Meter auf. An der Südwand der Kirche wurde um 1499 eine Eingangshalle mit einem gotischen Giebel aus Backsteinen angebaut. Auffallend ist ein alter, wuchtiger Taufstein, der wahrscheinlich schon in einer hölzernen Vorgängerkirche stand. Aus früher Zeit ist eine aus Lindenholz geschnitzte, anmutige Marienfigur aus dem 15. Jahrhundert erhalten, die in ihrer originalen Fassung auf einem Sockel steht.

Statt einer Apsis besitzt die spätromanische Saalkirche einen geraden Ostschluss mit einer Fenstergruppe aus drei ehemals schmalen Fenstern im Giebel, von denen die zwei äußeren während des barocken Umbaus um 1736 verbreitert wurden. Wegen dieser Fenstergruppe und eines belegten Marienpatrozinium wird vermutet, dass die Dorfkirche möglicherweise ursprünglich mit einem Zisterzienserkloster verbunden war.

Im Inneren überrascht eine erhaltene, barocke Ausstattung mit Emporen an drei Seiten, einer mit Wolken bemalten Holztonnendecke, einem Taufengel mit Muschel und einem schönem Kanzelaltar mit Akanthuswangen. In ihrer einfachen Ausführung passt die barocke Ausstattung wunderbar zu dieser eigentlich romanischen Dorfkirche. Wandmalereien aus dem Mittelalter mit biblischen Szenen fallen auf, die zwischen 1420 bis 1450 entstanden sein dürften. Ein gemalter Fries verläuft erhöht an den Wänden der Saalkirche. Bei den Darstellungen der Szenen aus dem Alten und Neuen Testament wird von einem böhmischen Einfluss ausgegangen. Im Altarraum ist noch deutlich die Leidensgeschichte Jesu und die Kreuzigung zu erkennen. Hinter dem Kanzelaltar sind in schöner Zeichnung Petrus mit dem Schlüssel und Paulus mit

Ostseite der spätromanischen Wehrkirche

dem Schwert zu sehen. Zum Teil werden die Malereien von den nachträglich eingebauten barocken Emporen verdeckt. Allerdings sind die Emporen nicht direkt vor die Zeichnungen gebaut worden, sondern während der Reformation wurden, wie in anderen Kirchen, auch die Malereien übertüncht. Erst bei Sanierungsarbeiten im Jahr 1938 kamen sie wieder zum Vorschein.

Der Kanzelaltar zeigt das Wappen eines Zweiges der Familie von Schulenburg, zu deren Besitz Zaue gehörte von 1529 bis 1849, als es Teil der Standesherrschaft Lieberose war. Charakteristische Elemente des Wappens derer von Schulenburg sind die roten Adlerfänge. Weiter wird der schwarze, gekrönte sächsische Adler dargestellt, weil Zaue zu jener Zeit sächsisch war. Die Orgel mit einem historisierten Prospekt wurde 1987 von der Firma Sauer aus Frankfurt (Oder) erbaut.

Barockaltar und mittelalterliche Malereien

Sehr gut kann man sich Bauern und Fischer vorstellen, die mit ihren Familien hier Zuflucht suchten, am Beispiel der Malereien ihren Glauben gefestigt sahen oder ihren beschwerlichen Alltag beim Anblick eines volkstümlichen Barocks erleichtert fühlten. Heute führt die Kirche alle Stimmungen zu einer einzigen stillen Besinnlichkeit zusammen.

Evangelische Dorfkirche
Dorfstraße, 15913 Schwielochsee/OT Zaue

Touristinfo Lieberose
Am Markt 4, 15864 Lieberose
Tel. 033671/638 13
www.teg-lds.de

Anreise
🚌🚆 Vom Hbf Berlin mit dem RE nach Lübben, Weiterfahrt mit dem Bus 509 bis Dorfkirche Zaue. Reisezeit rund 2 Stunden und 10 Minuten.
🚗 Vom Berliner Dom sind es bis Zaue rund 112 Kilometer. Nach Süden über die A113/A13 in Richtung Dresden, Ausfahrt Freiwalde und weiter auf der B115 bis Lübben, von Lübben weiter auf der B87 in Richtung Beeskow. Nach rechts abbiegen und auf der L442 in Richtung Ressen, dann weiter nach Zaue. Fahrtzeit rund 1 Stunde und 30 Minuten.

Kloster Doberlug & Umgebung

6 Zinna

Fläming

B101

B96

E36

E55

B102

38 41
Dahme/Mark

39 42 43
Luckau

45 Walddrehna

B101

B87

Herzberg

B96

37
Doberlug

B101

Schwarze Elster

Niederlausitz

B169

40 44
Mühlberg
(Elbe)

Elsterwerda

Hinter dem weißen Schloss von Doberlug liegt das Klostergelände des ehemaligen Zisterzienserklosters Dobrilugk. Erhalten sind die Kirche und das ehemalige Refektorium, das für Veranstaltungen genutzt wird.

Es gilt der 1. Mai 1165 als Gründungsdatum, weshalb sie als älteste Zisterze im heutigen Land Brandenburg angesehen wird. Besetzt wurde Dobrilugk mit Mönchen aus dem Mutterkloster Volkenroda in Thüringen. Die Äbte und die etwa 20 Mönche, die im Kloster lebten, stammten meist aus der Umgebung. Um 1184 wurde mit dem Bau der Klosterkirche begonnen. Es handelt sich um eine aus Backstein gebaute dreischiffige, kreuzförmige, nach dem gebundenen System gewölbte Pfeilerbasilika mit einem fünfjochigen Langhaus, Vierung, annähernd quadratischem Chor und leicht eingezogener Apsis.

Beeindruckend sind der Schmuckfußboden und zwei große Wandgemälde im Chor. Sie wurden zur Renovierung 1905/09 nach Skizzen des Architekten Karl Weber (1970–1913) durch den Kirchenmaler Ernst Fey ausgeführt. Die christliche Herrschaft wird der weltlichen Herrschaft gegenübergestellt. Ursprünglich befanden sich an beiden Außenseiten des Chores Nebenchöre, die 1622 abgerissen wurden. Ihre Zugänge sind im Mauerwerk noch sichtbar.

Die Länge der Kirche beträgt rund 64 Meter, das Mittelschiff ist nur circa neun Meter breit und seine Höhe beläuft sich auf etwa 19 Meter. Dementsprechend wirkt das Mittelschiff geradezu schmal, hoch und lang gestreckt. Diese Wirkung wird durch Wandflächen verstärkt, die nur durch rundbogige Obergadenfenster gegliedert sind, die mit den Rundbögen im östlichen Teil der Kirche korrespondieren. Im Langhaus trennte ein Lettner die Laienkirche von der Kirche der Mönche, sodass die Mönche ungesehen durch den erhaltenen Mönchseingang eintreten konnten.

Der Bau wurde spätestens Mitte des 13. Jahrhunderts vollendet. Als Weihejahr wird 1228 angenommen. Die Zisterzienserkirche war typischerweise ohne viel Schmuck und turmlos. Doch nach der Säkularisation wurde im 16. Jahrhundert seitlich der Westfassade ein Turm angefügt, eine Glocke kam 1534 hinzu.

Blick auf die Klosterkirche von Südosten

Sauer-Orgel um 1875 mit Prospekt von 1909

Anstelle des Turms wurde nach 1777 ein Glockenaufbau über dem Westgiebel errichtet sowie eine Sakristei an den südlichen Kreuzarm angebaut. Der Dachreiter auf der Vierung war ursprünglich kleiner als der spitze Dachreiter, der sich heute auf der Kirche befindet. Dieser wurde bei einer Renovierung 1905/09 aufgesetzt, zu gleicher Zeit auch der kleine Dachreiter mit welscher Haube auf dem westlichen Dachgiebel.

Schon im 16. Jahrhundert verfügte die Klosterkirche über eine Orgel, die aber nach der Säkularisierung demontiert wurde. Im Zusammenhang mit dem Ausbau zur Schlosskirche erhielt Dobrilugk 1676 eine Orgel des Orgelbauers Christoph Junge aus Schweidnitz in Schlesien, die am 22. Juli 1779 einem Brand zum Opfer fiel. Die heutige Sauer-Orgel wurde um 1875 eingebaut und 1909 mit einem neubarocken Orgelprospekt versehen.

Die Klausur schloss sich an die Klosterkirche südlich als Viereck von rund 60 Metern Länge an. Der östliche Flügel fügte sich an eine Sakristei im südlichen Querschiff. Er beherbergte im Wesentlichen Kapitelsaal, Auditorium und Durchgang zu einem Hospiz. Der Zugang der Mönche vom östlichen Kreuzgang zur Kirche ist erhalten. Er zeigt ein großes, prächtiges Stufenportal mit einer Tür, die mit schmiedeeisernen Beschlägen aus dem Jahr 1909 geschmückt ist. Westlich lag der Flügel der Konversen. Am südlichen Ende des

Westflügels befand sich die Küche. Zwischen ihr und dem Kalefaktorium im Ostflügel spannte sich der Südflügel mit dem Refektorium. Der Südflügel ist erhalten, wurde jedoch durch Umbauten verändert. Vor ihm befand sich im Hof ein Brunnen. Der vier Meter breite Kreuzgang um den Klosterhof wurde 1670 abgebrochen.

Nachdem in den 1520er Jahren die Ideen der Reformation das Kloster erreichten, verließen die ersten Mönche die Einrichtung. Im Jahr 1534 ging auch der Abt Heinrich Monch fort und nahm neben zwei Dutzend Pferden und mehreren Rüstungen auch wertvolle Kleinodien des Klosters und Heiligenstatuen mit.

Wirtschaftlich verschlechterte sich die Lage des Klosters ab 1534, weil es König Ferdinand eine hohe Summe borgen musste. Wegen eines neuen Klosterhauptmanns kam es 1541 zum Streit. Für die Schlichtung bat man den sächsischen Kurfürsten

Seitenschiff

Johann Friedrich um Hilfe. Er schlichtete, indem er am 18. August 1541 das Kloster besetzte, die Klosterkirche plünderte und den Konvent aufhob. Von da an wechselten die Eigentümer des Klosters Dobrilugk mehrfach. Zwischen 1551 und 1602 war es im Besitz der Familie von Gersdorf, die aus der Kirche und anderen Gebäuden alle Inneneinrichtungen entfernte, um sie als Viehstall, Hundezwinger sowie als Gefängnis zu nutzen. Doch diesem Missbrauch und späteren Überfällen waren schon vor der Säkularisation zahlreiche Plünderungen von Kloster und Besitzungen vorausgegangen. Die mittelalterlichen Grabsteine wurden wahrscheinlich in der Umgebung verbaut. Im Dreißigjährigen Krieg kam es abermals zu erheblichen Zerstörungen. Eine ursprüngliche Ausstattung aus der Zeit als Kloster kann also gar nicht mehr vorhanden sein.

Das Abtshaus befand sich südöstlich der Klausur und wurde noch unter den Herren von Gersdorf in der zweiten Hälfte des 16. Jahrhunderts zu einem kleinen Wasserschloss im Renaissancestil umgebaut, dem Vorläufer des heutigen Schlosses. Um den Schlossgästen etwas Unterhaltung bieten zu können, wurde schon frühzeitig der Klosterfriedhof zum Lustgarten umgestaltet.

Nach der Aufhebung des Klosters wurde die Klosterkirche erst ab 1602 wieder für Gottesdienste genutzt, also nach der Epoche der Familie von Gersdorf. Im Zuge der Umgestaltung der Klosterkirche zur Hofkirche des Schlosses in

Schloss Doberlug

den Jahren 1673–76 wurde u.a. die Westfront verändert und im Kircheninneren im südlichen Querhaus eine noch heute erhaltene Fürstenloge eingebaut. Mit der Weihung am 3. September 1675 wurde die Schloss- und Klosterkirche zur Pfarrkirche der Stadt Dobrilugk. Bis auf die Westfassade war das Ziegelmauerwerk damals verputzt.

Nachdem Dobrilugk im Jahr 1815 mit der Provinz an Preußen übergegangen war, nutzte man die noch vorhandenen Gebäude zu Verwaltungszwecken. Bei einem Brand 1852 zerstört, wurden der Ost- und der Westflügel schließlich abgetragen. Nur die Sakristei, die eine Sonnenuhr schmückt, und der Südflügel blieben verschont. In ihnen wurden Pferdeställe eingerichtet. Zu DDR-Zeiten war im Schloss die Nationale Volksarmee (NVA) der DDR untergebracht, das ehemalige, zweigeschossige Refektorium nutzte die NVA als Veranstaltungssaal und – abermals ging es um Pferdestärken – als Autowerkstatt.

Eine erste größere Restaurierung der durch den Brand beschädigten Kirche erfolgte 1859. Die Ausstattung aus der Kurfürstenzeit wurde dabei weitgehend entfernt und der Innenraum mit einem hellen Anstrich übertüncht, um die ursprüngliche Raumwirkung zu erzielen. Ihr heutiges Erscheinungsbild erhielt die Kirche im Wesentlichen durch die Restaurierung 1905/09, die auch eine Neuausmalung in Anlehnung an historische Fassungen und eine Neuausstattung in frühbarocken Formen mit sich brachte. Damals kamen aus der Pfarrkirche St. Peter und Paul in Senftenberg die heutigen Altäre in die Kirche. Der Hauptaltar besteht aus einem romanischen Altarblock und einem Aufsatz aus der zweiten Hälfte des 17. Jahrhunderts, bei dem spätgotische Skulpturen verwendet wurden. Der in der Sakristei stehende Passionsaltar ist ein Flügelaltar um 1490, auf dem die Geißelung dargestellt ist. Eine Schnitzfigur der Mondsichelmadonna um 1500 kam ebenfalls hinzu.

Südflügel mit ehemaligem Refektorium

Die mehrere Meter hohe Taufe im nördlichen Querschiff ist eine Anfang des 20. Jahrhunderts gefertigte Kopie des Taufsteins der Annenkirche zu Annaberg. Aus dieser Zeit stammen auch die Kanzel, das schmiedeeiserne Chorgitter und das Gestühl. Die Epitaphien und Grabsteine aus dem 17. und 18. Jahrhundert wurden ebenfalls erst mit dieser Ausstattung aufgestellt.

Der Sakristei und ehemalige Klosterbibliothek, die seit 1909 mit einem abgewalmten Satteldach bedeckt ist, wurde eine Vorhalle mit Neurenaissancedekor aus der Zeit der Renovierung 1905/09 angebaut. Zur Fürstenloge führt eine schmale Holzwendeltreppe von 1909 mit einem auffälligen, geschnitzten Frauenkopf auf dem ersten Geländerpfosten. Seit den 1990er Jahren erfolgt eine behutsame Grundsanierung der Klosterkirche unter Begleitung von Restauratoren und Archäologen.

Klosterkirche Zisterzienserkloster
Schlossplatz, 03253 Doberlug-Kirchhain

Tourismusbüro Doberlug-Kirchhain
Potsdamer Str. 1, 03253 Doberlug-Kirchhain
Tel. 035322/22 93
tourismusbuero@doberlug-kirchhain.de

Evangelische Kirchengemeinde Doberlug
Hauptstr. 3, 03238 Doberlug-Kirchhain
Tel. 035322/29 82
www.doberlug-kirchhain.de

Anreise
🚌🚆 Von Hbf Berlin fährt ein RE direkt nach Doberlug-Kirchhain. Reisezeit rund 1 Stunde und 45 Minuten. Vom Bahnhof bis zur Klosterkirche sind es rund 2 Kilometer.
🚗 Vom Berliner Dom bis nach Doberlug sind es 127 Kilometer. Über die A100, A113, A13 bis Ausfahrt Duben, weiter auf der B87 über Luckau nach Doberlug-Kirchhain, weiter nach Doberlug. Fahrtzeit rund 1 Stunde und 30 Minuten.

Das Rathaus von Dahme/Mark erweckt den Eindruck, als ob es einem Märchenschloss nacheifern möchte. Im Stil der Neurenaissance entstand hier im
19. Jahrhundert ein türmchen- und zinnenbewehrter Prachtbau. Es scheint,
als sollte er dem Barockschloss der Stadt Konkurrenz machen. Doch während
das Schloss verfiel, existiert das Rathaus noch immer.
Nicht weit vom Rathaus steht die ehemalige Klosterkirche des Karmeliter-
klosters. Durch Umbauten wurde sie hinsichtlich sowohl ihres Aussehens als
auch ihrer Nutzung stark verändert. Gleichwohl ist das Gebäude in der Stadt
weiterhin als Kloster im Bewusstsein. Die Konventsgebäude befanden sich
südlich der Kirche. Die 1734–46 an ihrer Stelle errichteten Gebäude dienten
als Hospitalbauten. Parallel zur Kirche entstand ein Waisenhaus, das nach
dem Zweiten Weltkrieg verändert wurde.

Das Karmeliterkloster Dahme war der Heiligen Gottesmutter Maria geweiht und gehörte zur Provinz Sachsen des katholischen Karmeliterordens.
Die um 1300 erbaute gotische Klosterkirche besaß einen lang gestreckten, un-
gewölbten Rechtecksaal mit großen Spitzbogenfenstern und in der geraden
Ostwand eine Dreifenstergruppe.

Mangelnde Klosterdisziplin und Verfall sollen schon 1535 eingesetzt ha-
ben, was schließlich zur Aufhebung des Klosters führte. Im Jahr 1545 bat der
Rat der Stadt Dahme den Erzbischof von Magdeburg, das „verkommene und
wüste Kloster" der Stadt zu einem Spital für arme Leute zu überlassen. Bei
einem Feuer, das 1563 den ganzen Ort erfasste, brannten Klosterkirche und
Klostergebäude aus, worauf der Erzbischof den Komplex der Stadt überließ.
Doch erst 1732 wurde durch Johann Christoph Schütze, Landbaumeister im
Dienste des Herren von Sachsen-Weißenfels und auch am Dahmer Schloss
tätig, die Klosterkirche zur Hospitalkirche umgebaut. Ein Mansarddach mit
Dachreiter, eine neue Durchfensterung, Verputz und Eckpilaster veränderten
das Aussehen der Kirche. Nachdem auch der Innenausbau abgeschlossen war,
wurde die Hospitalkirche 1747 eingeweiht. Von der barocken Ausstattung
blieb der prachtvolle Kanzelaltar erhalten.

Das Kirchengebäude wurde 1924 baulich geteilt. Der östliche Teil blieb
Kirche, in den westlichen wurden Wohnungen für Bedürftige eingebaut. In
das kleine Gotteshaus im Ostteil der ehemaligen Klosterkirche erfolgte
1949/50 der Einbau einer neuen Empore mit Orgel.

Mit didaktischem Anspruch wurde 1999/2000 eine denkmalgerechte äu-
ßere Instandsetzung ausgeführt. Bei einer Umrundung des Gebäudes sind an
den vier Fassaden die verschiedenen Epochen der 700-jährigen Baugeschich-

Umgebaute Klosterkirche

te ablesbar. So zeigt die Fassade zur Straße im Wesentlichen den Zustand der Barockisierung, während an den anderen Wänden im sichtbar gelassenen Mauerwerk Spuren von mittelalterlichen Durchgängen und der Zugang zur Fürstenloge ablesbar sind. Putzreste blieben als Zeugen der Zeit erhalten. Was erscheint, als sei es nicht renoviert worden, wurde im Sinne von Erhaltung und Sichtbarmachung absichtsvoll so belassen.

Evangelische Hospitalkirche/Klosterkirche
Hauptstraße/Am Kloster 1, 15936 Dahme/Mark

Tourist-Information im Rathaus der Stadt Dahme/Mark
Hauptstr, 48–49, 15936 Dahme/Mark
Tel. 035451/981 20
www.dahme.de

Anreise
🚌🚆 Dahme/Mark hat keinen Bahnanschluss. Vom Hbf Berlin mit dem RE gut erreichbare

Bahnhöfe befinden sich in Luckau-Uckro in circa 15 Kilometer (Fahrtzeit rund 1 Stunde und 20 Minuten), in Jüterbog (Fahrtzeit rund 45 Minuten) in circa 30 Kilometer und in Drahnsdorf (Fahrtzeit rund 1 Stunde und 20 Minuten) in circa 12 Kilometer Entfernung.
🚗 Vom Berliner Dom bis nach Dahme/Mark sind es rund 100 Kilometer. Über die A100 in Richtung Dresden/Neukölln, A113/A13 in Richtung Dresden, Ausfahrt Duben, weiter auf B87 und B102 nach Dahme/Mark. Fahrtzeit rund 1 Stunde und 25 Minuten.

Luckau
Dominikanerkloster

Die Landesgartenschau 2000 bescherte der Stadt Luckau viel Aufmerksamkeit. Die Stadt mit historischem Stadtkern, einem schönen Marktplatz und zahlreichen Häusern mit reich verzierten Renaissance-Giebeln macht einen gastfreundlichen Eindruck. Entlang der Stadtmauer und dem Stadtgraben ziehen sich Wege und Gärten, auch Stadt- und Schlossgarten laden zum Spazierengehen ein. Doch lange Zeit war Luckau nicht dank seiner Tulpen- oder Dahlienfeste im Frühjahr bekannt, sondern wegen seiner Strafanstalt. Das ehemalige Dominikanerkloster diente lange als gefürchtetes Gefängnis. Wo es stand, entsteht ein neues Stadtquartier und die behutsam restaurierte Klosterkirche heißt seit 2008 „Kulturkirche Luckau". Sie beheimatet das Niederlausitz-Museum Luckau, in den erhaltenen Zellen eine Ausstellung über den Gefängnisalltag und im Chor einen Konzert- und Veranstaltungssaal. Von der Klausur des Dominikanerklosters blieb nichts erhalten.

Als Predigerorden beschränkte sich der 1291 gestiftete Konvent anfänglich auf den Bettel und die Entgegennahme von Schenkungen. Aber auch Einkünfte aus einer Brauerei, Ziegelei und Mühle waren zu verzeichnen. In der Reformationszeit vernachlässigten die Mönche ihre Pflichten zu Predigt und Seelsorge. Die Beziehungen zur Stadt verschlechterten sich außerdem, weil 1523 die Steuerfreiheit geistlicher Institutionen nicht mehr akzeptiert wurde und der Konvent zur Vermögenssteuer veranlagt wurde. Steuerpflicht, Verweigerung von Zinszahlungen und Streitigkeiten mit den Abgabebauern führten letztendlich zum Niedergang des Klosters. Die Gemeinschaft erlosch spätestens mit dem Tod der letzten Brüder um 1550. Eine förmliche Aufhebung erfolgte nie.

Das verfallende Kloster ging 1569 an die Stadt Luckau. Sie konnte es schließlich 1739 an die Stände des Markgrafentums Niederlausitz verkaufen. Diese sorgten für die Wiederherstellung der Kirche, die am 3. April 1748 eingeweiht wurde. Genutzt wurde sie aber von dem 1747 auf dem

Der Chor als Veranstaltungsraum

Klostergelände eröffneten Zucht- und Armenhaus. Rund 100 Jahre später fielen die Kirche und das vermutlich letzte Gebäude der Klausur einem Feuer zum Opfer. Die Bauten wurden ersetzt und für Jahrzehnte als Zucht- und Armenhaus, Irrenanstalt, Waisenhaus und Lehrerseminar genutzt. Bis 2004 diente das ehemalige Klostergelände als Haftanstalt. Selbst vor der zweischiffigen gotischen Hallenkirche, im Ursprung aus dem 13. und im 14. Jahrhundert, machte man für diesen Zweck nicht Halt. Nach dem Brand 1848 wurde die Kirche mehrgeschossig umgebaut Treppenhäuser

Klosterkirche mit früherem Gefängnisanbau

führten auf mehrere Etagen mit Zellen, die beiderseits eines Mittelgangs angeordnet waren. Die mittelalterliche Ausstattung wurde bei Bränden zerstört oder im Zuge des Verfalls sowie der Umbauten entfernt.

Interessantes Detail am Rande: Im Museum hat sich eine kupferne Wärmflasche erhalten, die sich Napoleon in einer kühlen Sommernacht unter die Decke schob, als er anlässlich einer Truppeninspektion vom 20. auf den 21. Juli 1813 in Luckau übernachtete. Quartier hatte er in einem Wiekhaus bezogen, das einem reichen Bürger gehörte, der auch die Wärmflasche beisteuerte. Napoleon schlief garantiert behaglicher als die Häftlinge im ehemaligen Dominikanerkloster.

Niederlausitz-Museum Luckau in der Kulturkirche
Nonnengasse 1, 15926 Luckau
Tel. 03544/55 70 79-0
www.niederlausitzmuseum-luckau.de

Tourismusverband Niederlausitzer Land e.V.
Am Markt 34 (Rathaus), 15926 Luckau
Tel. 03544/30 50
www.niederlausitz.com

Anreise
🚌🚆 Vom Hbf Berlin geht es mit dem RE nach Luckau-Uckro, Drahnsdorf oder Lübben. Von den Bahnhöfen gibt es dann jeweils Busverbindungen nach Luckau. Die Reise dauert je nach Verbindung zwischen rund 1 Stunde 45 Minuten und etwas über 2 Stunden.
🚗 Vom Berliner Dom bis Luckau sind es rund 92 Kilometer. Über die A100, A113 und der A13 in Richtung Dresden, bei der Ausfahrt Duben weiter auf der B87 bis Luckau. Fahrtzeit rund 1 Stunde und 5 Minuten.

Mühlberg (Elbe)
Zisterzienserinnenkloster

Über Mühlberg mit seinem historischen Stadtkern, Rad- und Spazierwegen am Elbufer und schnatternden Gänsen im Keilflug zog am Pfingstmontag 2010 ein Tornado hinweg, der zahlreiche Dächer abdeckte und auch von der Klosterkirche den spitzen Dachreiter wehte. Seither bleibt aus Sicherheitsgründen die wieder von der katholischen Kirche genutzte Klosterkirche geschlossen.

Im Jahr 1228 stimmte Markgraf Heinrich von Meißen zu, die Mühlberger Pfarrkirche zu erweitern und hier ein Frauenkloster zu erbauen. Einkünfte bezogen die Nonnen sowohl aus Besitztümern als auch aus Fischereirechten, einer Brauerei, einer Badestube und aus dem Fährbetrieb über die Elbe. Nach der Auflösung 1539 wurden die verbliebenen 37 Nonnen und zehn Laienschwestern von anderen Klöstern aufgenommen. Im Jahr 1570 erfolgte die Umwandlung in ein Rittergut. Häufig ist von Kloster „Güldenstern" oder „Marienstern" die Rede, doch dürfte es sich um Vermengungen der Bezeichnungen „Rittergut Güldenstern" und „St. Marien" handeln. Von 1952–90 wurde das Gut von einer LPG genutzt. Die katholische Kirche bemüht sich um eine Re-Aktivierung als Claretinerkloster.

Von der nördlich an die Klosterkirche angebauten Klausur sind Reste des Ost- und Nordflügels sowie der zum Amtshaus umgebaute Westflügel erhalten. An der Nordwand der Kirche sowie am Nordflügel sind Spuren des gewölbten Kreuzgangs zu erkennen, der 1594 abgebrochen wurde. Während der Ostflügel die Sakristei und vermutlich den Kapitelsaal enthielt, waren im Nordflügel Refektorium, Küche und das Dormitorium untergebracht. Um 1535 entstand der Westflügel mit prächtigen Ziergiebeln. Nach dem barocken Umbau 1717 diente er als Verwalter- und Pächterwohnhaus. An der Kirche verläuft ein hoch gelegener Nonnengang, der die Nonnenempore, den Westflügel und die Neue Propstei in der Klosterstraße verband. Diese besitzt schöne Ziergiebel und beherbergt das Stadtmuseum.

Ziergiebel des Westflügels

Die Klosterkirche ist eine aufwendig gestaltete gotische Saalkirche mit Strebepfeilern und durch Blenden überhöhte Spitzbogenfenster. Ältester Teil ist das nördliche Querhaus mit einer Apsis in Dreipassform, während das südliche Quer-

Westflügel und Westfassade der Klosterkirche   *Ostansicht mit Apsis als Chorabschluss*

haus eine polygonale, rippengewölbte Apsis aufweist. Der Langchor schließt mit einer gewölbten, fünfseitigen Apsis. Im 15. Jahrhundert wurde die Westseite als Schaufassade mit Ziergiebel aufgewertet. Den Abschluss bildet ein oktogonales Türmchen, das ursprünglich in einem Spitzhelm endete. Bei der Umgestaltung der Klosterkirche 1565 zur evangelischen Pfarrkirche sowie einer Erneuerung 1901–06 mit Umbauten und Einwölbung wurde das Erscheinungsbild der Kirche jeweils stark verändert.

Vom Hochaltar ist der Altartisch erhalten. Nach der Umwandlung zur evangelischen Stadtkirche erhielt er 1568/69 einen neuen Altaraufsatz des Dresdner Künstlers Heinrich Göding (Godechen) d. Ä. Dieser ist seit 1997 in der Frauenkirche Mühlberg aufgestellt. Dort lagert auch die 1613 von W. Mönch aus Torgau geschaffene Kanzel der Klosterkirche. Nach Beendigung der Reparaturen an der Kirche zeigt sich diese bedeutende Klosteranlage wieder in ihrer beeindruckenden Schönheit.

Pfarrei St. Franziskus/Gemeinde St. Marien
Altstädter Markt 9, 04931 Mühlberg (Elbe)
Tel. 035342/470, www.kloster-marienstern.de

Tourist-Information Mühlberg
(im Stadtmuseum)
Klosterstr. 9, 04931 Mühlberg (Elbe)
Tel. 035342/706 87, www.muehlberg-elbe.de

Anreise
🚌🚉 Vom Hbf Berlin gibt es eine Verbindung mit dem RE nach Falkenberg/Elster. Von dort geht es mit dem Bus 536 bis Mühlberg (Elbe) Busbahnhof. Reisezeit rund 2 Stunden und 15 Minuten.

🚗 Vom Berliner Dom bis Mühlberg (Elbe) sind es rund 160 Kilometer. Über die A110, A113 auf die A13 in Richtung Dresden. Bei Ausfahrt Duben auf der B87 in Richtung Luckau. Weiter bis Schlieben, dort links abbiegen auf die L68, in Drasdo geradeaus weiter auf die L80, in Uebigau-Wahrenbrück links abbiegen auf die L662, in Burxdorf weiter auf der L66 bis Mühlberg (Elbe). Fahrtzeit rund 2 Stunden und 10 Minuten.

Die Tragik der Geschichte des Städtchens Dahme/Mark bestand neben Besetzungen und Plünderungen ganz sicher in der Feuerbrunst. Von kleineren Feuern abgesehen, erlitt es sechs große Stadtbrände, bei denen fast immer die ganze Stadt in Flammen aufging. Vier Mal wurde sie im Dreißigjährigen Krieg geplündert, die erste Besetzung durch kaiserliche Truppen endete mit dem vierten Stadtbrand. Auch die Kirche St. Marien wurde durch Brandgeschehen schwer in Mitleidenschaft gezogen.

Ursprünglich war die Kirche sogar ein gotischer Feldsteinbau, den Zisterziensermönche im 12. Jahrhundert als dreischiffige romanische Basilika errichteten. Die heutige Form der Kirche mit ihrem quadratischen Wehrturm, der in ein Achteck übergeht und eine barocke Haube trägt, entstand zum größten Teil beim Wiederaufbau der Kirche 1670/71, wenige Jahre nach dem Stadtbrand vom 27. Juni 1666. St. Marien wurde im barocken Stil mit geradem Ostschluss erbaut. Um 1673 war der Westturm so weit errichtet, dass Glocken aufgehängt und eine Turmuhr eingebaut werden konnten. Eine mit Schnitzkunst verzierte Tür führt durch ein spitzbogiges Portal auf der West-

Südansicht mit quadratischem Wehrturm

seite in die Kirche. Mit Ornamenten und illusionistischen Balustraden bemalte Seitenemporen und eine prächtige Orgelempore bieten einen überraschenden ersten Eindruck. Das Gestühl ist noch aus dem Barock erhalten. Vom Tonnengewölbe hängen kunstvoll hergestellte Messingleuchter. Zwei erhaltene, mit Wappen geschmückte Patronatslogen sind an die Seiten angebaut. Rechts befindet sich die mit Fensterchen versehenen Loge derer von Weißenfels, ein sächsisches Herzogengeschlecht, denn Dahme war von 1635 bis 1813 kursächsisch, gegenüber erhebt sich die Loge der Gutsherren von Bollensdorf, einer nahe gelegenen Ortschaft.

Der schöne Altar aus dem Jahr 1678 bildet das Zentrum der Kirche, die einen südlichen Flügel besitzt, in dem sich heute die Winterkirche befindet. Der Altar hat zwei mit Laubwerk umrankte Säulen, plastische Putten, geschnitzte Blumenornamente und im Giebel ein ovales Schild mit einem Bild. Die Abfolge der Malereien folgt den letzten Stationen im Leben Jesu Christi. Über dem Altartisch ist das Abendmahl dargestellt, darüber im mittleren Hauptbild die Kreuzigung und oben im ovalen Bild Auferstehung und Himmelfahrt. Sozusagen als Fortsetzung zeigt hinter dem Altar ein farbiges Glasfenster von 1955 nach dem Entwurf des Kunstmalers Gerhard Olbrich die Freude der Jünger zu Pfingsten. Die barocke Kanzel

Tonnengewölbter Innenraum mit Patronatsloge

mit Schalldeckel an der Nordseite enthält am Kanzelkorb Bilder der Evangelisten und am Aufgang Bilder von Propheten des Alten Testaments. Die ursprüngliche Orgel ist nicht mehr vorhanden. Hinter dem Prospekt der heutigen Orgel von 1807 verbirgt sich ein neuzeitliches Schuke-Orgelwerk von 1989.

Die Kirche St. Marien litt lange Zeit unter Vernachlässigung und Verfall. Auch wurde mit vorhandenen kunstgeschichtlich wertvollen Elementen nicht immer pfleglich umgegangen. So wurde 1869 die Kirche geweißt und das gesamte Holz im Innenraum eichenholzbraun überstrichen. Erst 1905/06 legte der Kunstmaler Ernst Fey aus Berlin die alte Ausmalung wieder frei und restaurierte sie. Dabei wurden an den Logen auch zwei Malereien entdeckt, „Einzug der Tiere in die Arche Noah" und „Erschaffung der Eva", die jetzt in der Winterkirche hängen.

Kirche St. Marien
Geschwister-Scholl-Str. 7, 15936 Dahme/Mark

Tourist-Information im Rathaus der Stadt Dahme/Mark
Hauptstr. 48–49, 15936 Dahme/Mark
www.dahme.de

Anreise
🚌🚆 Dahme/Mark hat keinen Bahnanschluss. Vom Hbf Berlin mit dem RE gut erreichbare Bahnhöfe befinden sich in Luckau-Uckro in circa

15 Kilometer (Fahrtzeit rund 1 Stunde und 20 Minuten), in Jüterbog (Fahrtzeit rund 45 Minuten) in circa 30 Kilometer und in Drahnsdorf (Fahrtzeit rund 1 Stunde und 20 Minuten) in circa 12 Kilometer Entfernung.
🚗 Vom Berliner Dom bis nach Dahme/Mark sind es rund 100 Kilometer. Über die A100 Richtung Dresden/Neukölln, A113/A13 in Richtung Dresden bis Ausfahrt Duben, weiter auf B87 und B102 nach Dahme/Mark. Fahrtzeit rund 1 Stunde und 25 Minuten.

Evangelische St. Nikolaikirche

In ihrer Geschichte hat die Landesgartenschaustadt Luckau nicht nur blühende Zeiten erlebt. Dennoch blieb ihr historisches Stadtbild mit schönen Häusern bis heute erhalten. Luckau, das schon 1230 urkundlich erwähnt wurde, entstand aus einer Siedlung um eine Burg und einen Markt. Für die Bevölkerung wurde eine größere Kirche notwendig. Dies führte zum Baubeginn der Vorgängerkirche der heutigen St. Nikolaikirche. Zu Beginn des 13. Jahrhunderts wurde ein Feldsteinbau errichtet, dessen Reste im unteren Bereich der beiden Westtürme sichtbar sind. In der zweiten Hälfte desselben Jahrhunderts wurde mit dem Bau der beiden Backsteintürme begonnen. In dieser Zeit gehörte das Markgrafentum Lausitz zur böhmischen Krone, was die Porträts von Kaiser Karl IV. und seiner Gemahlin Elisabeth von Pommern als Konsolköpfe am Südportal erklärt. Der Kaiser schenkte der Kirche 1375 den Schädel des heiligen Paulinus. Die Reliquie war möglicherweise für die Vergrößerung der Kirche ausschlaggebend. Es entstanden der lang gestreckte Hallenumgangschor und das Langhaus, die beide eingewölbt wurden. An der Nordseite errichtete man eine Sakristei, an der Südseite luden vier neue Kapellen die Gläubigen zum Gebet ein. Im Zuge der Reformation fand in Luckau seit 1533 der Gottesdienst nach den neuen Regeln statt.

Am 12. Mai 1644 schlug ein Brand von den Türmen auf das Dach über. Das Mittelschiffgewölbe der Chorhalle stürzte ein und die Seitenschiffe wurden stark beschädigt, die Inneneinrichtung wurde zerstört. Die Wiederherstellung der Kirche zog sich bis in die 1670er Jahre hin. Gemäß der Zeit wurde die Kirche überwiegend barock eingerichtet, wobei aber auch auf die bestehende Gotik Rücksicht genommen und ein harmonisches Miteinander erreicht wurde. Säulen und Wände schmücken kunstvoll gearbeitete Epitaphien. Auf der Nord- und Südempore beeindrucken „Patrizierlogen" angesehener Familien. Zu den Emporen führt eine außergewöhnliche, doppelläufige Wendeltreppe mit bemaltem Holzgeländer von

Westliche Doppelturmfassade

1673 des Tischlers Joachim Bandigk. Ein eigenes Kunstwerk bildet die bemalte Sandsteinkanzel von 1666 des Torgauer Bildhauers Andreas Schultze. Figuren von Moses und Aaron stützen den Kanzelkorb. Die Treppe und der Kanzelkorb zeigen Szenen aus dem Alten und dem Neuen Testament. Der Hochaltar von 1670, den der Doberluger Hoftischler Abraham Jäger erbaute, erzählt die letzten Stationen aus dem Leben Christi, vom Abendmahl bis zur Himmelfahrt.

Über der abgestuften, westlichen Emporenanlage erhebt sich die mächtige Orgel des Leipziger Orgelbauers Christoph Donat, die zwischen 1672 und 1674 entstand. Der Prospekt ist fünfteilig aufgebaut, sein figürlicher Schmuck zeugt von hoher Handwerkskunst. Bewegliche Figu-

Gotisches Kirchenschiff mit barocker Ausstattung

ren sorgen für einen besonderen Reiz. Die schöne Orgel zählt zu den wenigen noch bespielbaren Donat-Orgeln, die es noch gibt.

Es ist zweifellos ein bewegendes Erlebnis, in der St. Nikolaikirche auf dem Mittelgang zum Chor zu gehen und die Raumwirkung der gotischen, barockgeschmückten Hallenkirche zu spüren. Überall bleibt das Auge an Erstaunlichem hängen. Gotik und Barock fügen sich in der Luckauer Nikolaikirche gut zusammen.

Nikolaikirche
Kirchplatz, 15926 Luckau

Evangelische Kirchengemeinde St. Nikolai in Luckau
Kirchplatz 6, 15926 Luckau
Tel. 03544/23 39
www.kirche-luckau.de

Stadt Luckau
Am Markt 34, 15926 Luckau
Tel. 03544/594-0
www.luckau.de

Anreise
🚌🚆 Vom Hbf Berlin geht es mit dem RE nach Luckau-Uckro, Drahnsdorf oder Lübben. Von den Bahnhöfen gibt es dann jeweils Busverbindungen nach Luckau. Die Reise dauert je nach Verbindung zwischen rund 1 Stunde 45 Minuten und etwas über zwei Stunden.
🚗 Vom Berliner Dom bis Luckau sind es rund 92 Kilometer. Über die A100, A113 und die A13 in Richtung Dresden, bei der Ausfahrt Duben weiter auf der B87 bis Luckau. Fahrtzeit rund 1 Stunde und 5 Minuten.

Georgenkapelle

Der Marktplatz von Luckau ist bekannt für seine reich verzierten Bürgerhäuser, die ansehnlich gestaltete Ziergiebel zeigen. Um 1700 sollen auswärtige Handwerker – manche Quellen sprechen von italienischen Künstlern – die filigranen Giebel erschaffen haben. Aber auch viele andere Häuser tragen Wappen oder Schmuck an ihrer Fassade. Das klassizistische Rathaus aus dem 19. Jahrhundert, in dem sich auch die Touristeninformation befindet, dominiert den Platz. Doch am meisten fällt auf der östlichen Hälfte des Platzes der 47 Meter hohe Hausmannturm auf. Dieser wurde im 17. Jahrhundert an die Georgenkapelle angebaut, die mit ihren geschweiften Giebeln so gar nicht zu dem Backsteinturm passen möchte.

Die Georgenkapelle ist im Kern ein spätromanischer Bau, der um 1200 errichtet wurde und als Pfarrkirche diente. Allerdings wurde die Kirche in ihrer Geschichte mehrfach verändert und umgebaut. Im 15. und 16. Jahrhundert wurden an der Kapelle Öffnungen und Zugänge durch Elemente der Gotik und Renaissance überformt, sodass von dem ursprünglich romanischen Backsteinbau nicht mehr viel zu sehen war. Zu dieser Zeit wurde auch der massive Turm errichtet. Im 16. Jahrhundert verlor die Kapelle als Kirche immer mehr an Bedeutung.

Der Hausmannturm wurde ursprünglich als Wachturm errichtet: Er stand mitten in der von einer Stadtmauer geschützten Stadt, von seiner Turmstube konnte der Nachtwächter und Hausmann Freund und Feind, aber auch ausbrechende Feuer sichten. Als Brandwache wurde der Hausmannturm mehrmals aufgestockt, bis er schließlich seine jetzige Höhe erreichte. Der Hausmann verkündete neben anderen Pflichten auch mit Stundenrufen die Zeit und blies bei Alarm ins Horn. Bis 1935 benutzte man die Georgenkapelle als Spritzenhaus der Freiwilligen Feuerwehr, was bei der Funktion des Turmes durchaus einleuchtet. Doch schon 1910 wurde die Brandwache im Turm abgelöst und in die Turmstube eine Turm-

Kapelle mit angebautem Hausmannturm

Bürgerhäuser mit Ziergiebeln am Marktplatz

uhr eingebaut. Für den Türmer hatte damit die Stunde geschlagen, auch die Georgenkapelle wurde zu dieser Zeit schon als Getreidelager und als Fahrradgarage genutzt.

Seit einer umfänglichen Sanierung 1969 dient die Kapelle, die ein Netzgratgewölbe und ein Sterngewölbe mit nachgezeichneten Rippen aufweist, als „Kleine Festhalle" der Stadt. Bei der Restaurierung wurden Reste von Malereien sowohl in der Kapelle als auch im Tonnengewölbe des Turms freigelegt. Die Kapelle ist bekannt für ihre hervorragende Akustik, weshalb sie von Musikliebhabern sehr geschätzt wird. Aber auch Hochzeitspaare, die in kleinem Ambiente den Bund fürs Leben schließen möchten, sind keine Seltenheit. Tritt das Paar aus der Kapelle, steht es auf dem Marktplatz der Stadt, gewissermaßen mitten im Leben.

Georgenkapelle
Marktplatz, 15926 Luckau

Stadt Luckau
Am Markt 34, 15926 Luckau
Tel. 03544/594-0
www.luckau.de

Tourismusverband Niederlausitzer Land e.V.
Am Markt 34 (Rathaus), 15926 Luckau
Tel. 03544/30 50
www.niederlausitz.com

Anreise
Vom Hbf Berlin geht es mit dem RE nach Luckau-Uckro, Drahnsdorf oder Lübben. Von den Bahnhöfen gibt es dann jeweils Busverbindungen nach Luckau. Die Reise dauert je nach Verbindung zwischen rund 1 Stunde 45 Minuten und etwas über zwei Stunden.
Vom Berliner Dom bis Luckau sind es rund 92 Kilometer. Über die A100, A113 und die A13 in Richtung Dresden, bei der Ausfahrt Duben weiter auf der B87 bis Luckau. Fahrtzeit rund 1 Stunde und 5 Minuten.

Evangelische Frauenkirche St. Marien

Mühlberg an der Elbe im südwestlichen Zipfel des Landes Brandenburg, 1230 erstmals urkundlich erwähnt, ist seit jeher mit dem Fluss verbunden. Frühe Siedlungen und eine slawische Burg auf der Uferböschung, wo heute ein Schlösschen steht, weisen auf die günstige Lage an der Elbe hin. Zwei unabhängige Siedlungen, die erhöhte Altstadt beim Zisterzienserinnenkloster und die Neustadt in Ufernähe wurden ab 1346 gemeinsam verwaltet. Im 16. Jahrhundert wurden trennende Wassergräben zugeschüttet und die Wälle bebaut, sodass die Ortschaft Mühlberg mit Flusshafen entstehen konnte. Als 1853 der Flusslauf der Elbe von der Stadt wegverlegt wurde und Mühlberg seinen Hafen verlor, waren die Folgen schnell spürbar. Der Bau einer Elbbrücke 2008 brachte auch den Fährbetrieb zum Erliegen. Am gegenüberliegenden Ufer der Elbe liegt Sachsen, die Grenze verläuft in der Mitte des Wasserlaufs. Links und rechts davon bieten die Flusslandschaft mit dem Elbradweg, die Alte Elbe und zwei Baggerseen ein abwechslungsreiches Freizeitangebot – und Schwärme von Wasservögeln.

Zusammen mit der Frauenkirche bilden die zahlreichen alten Häuser um das Rathaus ein Altstadtensemble im Stadtteil Neustadt. Die Frauenkirche

Westlicher Wehrturm

wurde nach der Zerstörung eines Vorgängerbaus durch die Hussiten zwischen 1487 und 1525 vergrößert wieder aufgebaut. Dabei wurde sie als flach gedeckte, lang gestreckte Saalkirche mit dreiseitigem Ostschluss errichtet. Obwohl die Fenster abgerundet sind und ein Rundbogenportal aus der Frührenaissance in den Turm führt, zählt die Frauenkirche zu den gotischen Gotteshäusern. Im Jahr 1691 wurde der wuchtige Westturm erhöht. Auf seinem Dach sitzt eine barocke Laterne. In der Kirche ist eine Empore mit Patronatsloge eingebaut. Auf der Orgelempore steht eine Orgel, die 1956–58 von der Dresdner Orgelbaufirma Jehmlich erbaut wurde.

Das Inventar der Kirche ist teilweise noch aus der Zeit ihrer Erbauung erhalten. Der spätgotische Marienaltar wurde als Schnitzaltar aus verschiedenen Teilen zusammengefügt und stammt aus dem frühen 16. Jahrhundert. Er hat zwei bemalte Standflügel und ein Altarretabel von 1578. Das Patchwork sieht man dem schönen Altar auf den ersten Blick nicht an. Die Taufe stammt noch aus der Romanik. Die einstmals farbigen Glasfenster im Chor sind nicht mehr vorhanden. Die Ausmalung der Kirche stammt aus dem 19. Jahrhundert.

Kirchensaal mit Patronatsloge und Chor

In der Frauenkirche ist seit 1997 auch der Altar der Kirche des Zisterzienserinnenklosters in Mühlberg von 1569 zu sehen. Der Altar hat einen Altaraufsatz, der von dem Dresdner Hofmaler Heinrich Göding (Godechen) d. Ä. (1531–1606) aus Braunschweig geschaffen wurde. Es ist ein Wandelaltar mit gemalten Tafeln und Rahmungen in Renaissanceformen. Der Mühlberger Klosteraltar gilt als das bedeutendste Werk des Künstlers. In der Frauenkirche ist seit 1971 auch die Kanzel der Klosterkirche von 1613 eingelagert. Sie wurde von W. Mönch aus Torgau geschaffen. Sie liegt gleich links unterhalb der Empore flach auf dem Boden. Trotz des Eindrucks, dass man sie dorthin „entsorgt" hat, kann man sie wenigstens liegend noch bewundern.

Frauenkirche
Schulplatz, 04931 Mühlberg (Elbe)

Evangelisches Pfarramt Mühlberg
Schulplatz 3, 04931 Mühlberg (Elbe)
Tel. 035342/566
www.kirchemuehlberg.de

**Tourist-Information Mühlberg
(im Stadtmuseum)**
Klosterstr. 9, 04931 Mühlberg (Elbe)
Tel. 035342/706 87
www.muehlberg-elbe.de

Anreise
🚌🚆 Vom Hbf Berlin geht es mit dem RE nach Falkenberg/Elster. Von dort mit dem Bus 536 bis Mühlberg (Elbe) Busbahnhof. Reisezeit rund 2 Stunden und 15 Minuten.
🚗 Vom Berliner Dom bis Mühlberg (Elbe) sind es rund 160 Kilometer. Über die A110, A113 auf die A13 in Richtung Dresden. Bei Ausfahrt Duben auf der B87 in Richtung Luckau. Weiter bis Schlieben, dort links abbiegen auf die L68, in Drasdo geradeaus weiter auf die L80, in Uebigau-Wahrenbrück links abbiegen auf die L662, in Burxdorf weiter auf der L66 bis Mühlberg (Elbe). Fahrtzeit rund 2 Stunden und 15 Minuten.

Als Standort der bekannten Dorfkirche von Walddrehna hätte man eigentlich einen repräsentativen Platz auf dem Dorfanger des Straßendorfes vermutet. Doch sie steht schlicht längs an der Hauptstraße auf einem von Bäumen gesäumten Wiesengrundstück. Als ob sie sich abwenden möchte, sind zur Straße hin keine Türen zu entdecken. Der Haupteingang liegt unter dem Turm in einer offenen Vorhalle, ein weiterer an der Südseite mit Blick über die Felder. Die spätromanische Kirche wurde im 13. Jahrhundert errichtet, besitzt eine gotische Turmhaube und eine barocke Ausstattung. Vor allem ihre gotische, offene Turmvorhalle ist eine beeindruckende architektonische Besonderheit.

Der Ort Walddrehna, der nach einer Reihe von Namenswechseln erst 1937 zu seiner heutigen Bezeichnung kam, gibt sich den Beinamen „Tor zur Lausitz". Walddrehna blickt auf eine lange Geschichte zurück und liegt an einer alten Handelsstraße, die auch als Pilgerweg diente. Es sprechen Hinweise dafür, dass die alte Feldsteinkirche von Walddrehna eine Pilgerkirche war. Seit 2010 liegt der Ort wieder an einem ausgeschilderten europäischen Jakobsweg, der durch Brandenburg führt. Er nimmt dabei die alte Handelsroute zwischen Leipzig und Frankfurt (Oder) als Wegeführung auf.

Nach einer teilweisen Zerstörung in den Hussitenkriegen zwischen 1430 und 1436 wurde die Kirche wieder aufgebaut und an die Westseite der auffallende, quadratische Turm mit dem achtseitigen Spitzhelm hinzugefügt. Mit zwei runden Feldsteinsäulen abgestützt, bildet er eine offene Vorhalle vor dem Westeingang. Welchen Zweck die beiden Feldsteinsäulen früher besaßen, ist unklar. So könnte die Vorhalle mit hohen Spitzbogenarkaden zum Schutz der wartenden Pilger gebaut worden sein. Zur selben Zeit wurde eine halbrunde Apsis mit Schweifhaube an der Ostseite angefügt. Die Fenster und Türöffnungen wurden spitzbogig umgeformt, teilweise sehr aufwendig mit Formsteinen. In der Turmspitze, die durch eine Leiter erreichbar ist, hängen zwei Glocken, eine davon wurde 1708 in Dresden von Michael Weinhold gegossen. Im 16. Jahrhundert wurde die Kirche verputzt

Eingangsportal der offenen Turmvorhalle

und am Turm sowie an der Apsis mit roter Fugenbemalung ein Mauerwerk aus Sandsteinen vorgetäuscht. Über dem Hauptportal wurde ein Rosettenfenster aufgemalt, von dem noch Reste zu erkennen sind. An Gebäudeecken kann man zudem Ausschürfungen entdecken, die vermutlich von Pilgern mit Münzen gemacht wurden, um wundertätigen Mauerstaub der Kirche mitzunehmen.

Südseite vom Kirchgarten

Im Inneren steht ein barocker, mit Schnitzwerk verzierter Bretteraltar aus dem 17. Jahrhundert, der Zeichnungen und Malereien mit Jesus als Motiv zeigt. Die Kanzel mit einem aufgemalten Bilderzyklus wird in dieselbe Zeitepoche datiert. Die Zeichnungen wurden im 19. Jahrhundert erneuert und 2004 restauriert. Auf eine Pilgerstätte weist auch ein aus dem 15. Jahrhundert stammender, geschnitzter Jakob der Ältere hin, der eine Jakobsmuschel an seinem Pilgerhut trägt.

Der – mit einem Seilzug – bewegliche Taufengel stammt aus dem 19. Jahrhundert. Eine restaurierte Uibe-Orgel aus dem Baujahr 1888 zählt ebenfalls zur Ausstattung der Kirche. Sie steht auf der in das Kirchenschiff hineinragenden Westempore.

Evangelisches Pfarramt

Kirchstr. 1, 15926 Heideblick/OT Langengrassau
Tel. 035454/393
Besucher der Dorfkirche Walddrehna wenden sich vorab telefonisch an Familie Terno (Tel. 035455/747) in Walddrehna.

Förderkreis Alte Kirchen der Luckauer Niederlausitz e.V.

c/o Annegret Gehrmann
Kirchstr. 1, 15926 Heideblick/OT Langengrassau
Tel. 035454/393
info@kirchen-luckauer-niederlausitz.de

Am Tor zur Lausitz e.V.

Poststr. 33, 15926 Heideblick/OT Walddrehna
www.am-tor-zur-lausitz.de

Anreise

Vom Hbf Berlin fährt ein RE direkt zum Bahnhof Walddrehna. Reisezeit rund 1 Stunde und 30 Minuten. Vom Bahnhof bis zur Dorfkirche Walddrehna sind es noch 850 Meter.

Vom Berliner Dom sind es 105 Kilometer bis Walddrehna. Nach Süden über die A113/A13 in Richtung Dresden, Ausfahrt Duben und weiter auf der B87 nach Luckau. Hinter Luckau auf die B96 in Richtung Finsterwalde. Vor Sonnewalde rechts abbiegen in Richtung Walddrehna. Fahrtzeit rund 1 Stunde und 15 Minuten.

Zwischen Jüterbog und Luckenwalde liegt die Ortschaft Kloster Zinna mit dem gleichnamigen Kloster. Es fallen die alten, niedrigen Häuser an den rechtwinklig angeordneten Straßen auf. Den Ortskern bildet ein großer rechteckiger Platz mit einem Standbild Friedrichs des Großen, der hier 1764 eine Ansiedlung von Handwerkern, in der Mehrzahl Weber, gründete. Viele der Häuser stammen noch aus der Zeit.

Das Kloster Zinna wurde 1170 durch den magdeburgischen Erzbischof Wichmann von Seeburg in einem von Slawen besiedelten Gebiet gegründet. Hier wurden Marktorte angelegt und vor allem flämische Kolonisten angesiedelt – der Landschaftsname Fläming erinnert an sie. Das Kloster wurde mit einer vergleichsweise bescheidenen Grundausstattung versehen, die im Umland nur ein Dorf umfasste und sonst weitgehend aus Sumpfland bestand. Einkünfte gewann das Kloster anfänglich aus entfernt liegendem Streubesitz. Vermutlich bezog der Konvent die Klosterstelle erst 1226. Um die Wende zum 15. Jahrhundert erfassten kriegerische Wirren das Kloster Zinna, dabei wurden auch seine Besitzungen mehrfach von Raubzügen heimgesucht. Woher der rasche Niedergang der Abtei ab etwa 1520 kam, bleibt unklar. 1552 setzte das Domkapitel in Zinna einen Befehlshaber ein, der das Kloster abwickelte. Die Klostergebäude wurden Amtssitz eines Verwalters. Zwischen 1648 und 1665 wurde Zinna Residenz des abgesetzten magdeburgischen Fürst-

administrators Christian Wilhelm, der mit den magdeburgischen Ämtern Zinna und Loburg abgefunden wurde. Er starb am 11. Januar 1665 kinderlos. Sein Herz und seine Eingeweide wurden vor dem Altar in Zinna begraben, sein Körper in Zerbst. Eine frühe Form der Organspende?

Die Klostergebäude verfielen immer mehr, nicht zuletzt da man sie zunehmend als Steinbruch nutzte. So wurden die Grabsteine der Äbte als Fundamentsteine beim Schlossbau in Golßen verwendet. Der Aufbau der Weberstadt durch König Friedrich II. hatte dann den weiteren Abbruch der Klosteranlage und die Bebauung des Klostergeländes zur Folge. Erhal-

Klosterkirche aus Feldsteinen erbaut

Alte und neue Abtei

ten blieben lediglich die Kirche, der Westflügel der Klausur – damals noch mit Brauhaus, das aber 1872 abbrannte – sowie der Komplex aus Abtei, Infirmerie und Pfarrhaus. Kirche und Westflügel werden heute durch die Pfarrgemeinde genutzt. Die Neue Abtei ist seit 1956 Sitz des Klostermuseums. Im Obergeschoss der Infirmerie befand sich bis 1998 die Stadt- bzw. Ortsverwaltung, im Erdgeschoss waren Lagerräume. Seit 1998 sind hier eine Kräuterlikörherstellung und ein Klosterladen untergebracht.

Es ist anzunehmen, dass mit dem Bau der Klausur noch vor der Mitte des 13. Jahrhunderts begonnen wurde. Sie bildete ein Viereck mit Kreuzgängen, das südlich der Kirche lag. Als Besonderheit ragten drei längliche Gebäude wie Finger über den Südflügel hinaus: zum einen eine Verlängerung des Westflügels, zum anderen eine Verlängerung des Ostflügels sowie ein zusätzliches Gebäude, das von der Mitte des Südflügels abging und vermutlich als Refektorium diente.

Begonnen wurde mit dem Ostflügel, später folgten der südliche, dann im Westen der Konversenflügel, von dem ein Teil erhalten blieb, und in seiner Verlängerung die Küche und das Brauhaus. Das Brauhaus wurde zusammen mit dem südlichen Klausurflügel zwischen 1776 und 1784 abgebrochen. Eine Verlängerung des Südflügels durchdrang die lang gestreckte, in Nord-Süd-

Chor mit Apsis und Altar

Ansicht von Osten mit Chorapsis

Richtung angelegte Infirmerie, die sogenannte Alte Abtei, mit dem Zweck, Klausur und Krankenabteilung direkt zu verbinden. Um 1430 begannen die Bauarbeiten für das repräsentative Gebäude der sogenannten Neuen Abtei, das sich an die Alte Abtei anschloss. Als nördlichen Abschluss dieses neuen Hofes war eine Kapelle vorgesehen, die aber nicht mehr gebaut wurde. So ist der Hof heute zur Straße hin offen.

Die Zinnaer Kirche wurde als einzige märkische Zisterzienserklosterkirche vollständig in Feldstein ausgeführt und hat sich bis heute in ihrer mittelalterlichen Bausubstanz größtenteils erhalten. Ursprünglich besaß die Kirche vier mittelalterliche Portale. Über dem heute als Haupteingang genutzten Portal im südlichen Querhaus ist oberhalb etwas nach links versetzt ein Fenster zu sehen. In Wirklichkeit handelt es sich dabei um den ehemaligen Durchgang vom Dormitorium im Ostflügel zur Kirche. Das Gotteshaus wurde als gewölbte Basilika mit Querhaus und jeweils zwei Chorkapellen ausgeführt.

Die Backsteinarchitektur der sogenannten Abtskapelle oder Laienvorhalle entstand Anfang des 15. Jahrhunderts. Vom mittelalterlichen Chorgestühl haben sich in der Zinnaer Klosterkirche nur wenige Reste erhalten. Sie wurden 1897/98 in ein neues Gestühl einbezogen. Es handelt sich dabei um drei kleine, mit Maßwerk verzierte Pultwangen aus Eichenholz, die Reliefmedaillons thronender Propheten, der Verkündigung und der Auferstehung tragen. Zur spätgotischen Neuausstattung aus dem ausgehenden 15. Jahrhundert gehören auch die 1489, 1491 und 1495 gegossenen Glocken im Dachreiter und der durch schriftliche Quellen überlieferte Einbau einer Orgel im Jahr 1503. Heute erklingt die frühromantische Wilhelm–Baer-Orgel von 1850/51. Im Anschluss an Konzerte,

Schriftfeldmosaik

die in der Klosterkirche regelmäßig stattfinden, ist eine Besichtigung der Baer-Orgel möglich – sogar mit einem Gang durch das Instrument selbst.

In den Fenstern der Hauptapsis befinden sich zwei relativ große Glasmalereien mit den Darstellungen der beiden Ordensheiligen Bernhard und Benedikt. Sie wurden um 1900 angebracht.

Eine Besonderheit der Zinnaer Klosterkirche stellt ein lateinisches Schriftfeld auf dem Chorfußboden vor dem Altar dar. Es stammt aus dem 14. Jahrhundert und befand sich ursprünglich am Portal, wo die Mönche die Kirche betraten. Wenn sie in die Kirche gingen, mussten dort darüber hinwegschreiten. In gotischen Großbuchstaben enthält es das „Ave Maria", wobei jeder Buchstabe auf einer separaten Tonfliese gebrannt und in die Mosaikform des Feldes eingepasst ist. In gewissem Sinn stellt es damit eine Frühform des Buchdrucks mit beweglichen Lettern dar.

Klosterkirche

Am Kloster 1, 14913 Jüterbog/OT Kloster Zinna
Tel. 03372/43 21 76
www.Kircheklosterzinna.de

Museum Kloster Zinna

Am Kloster 6, 14913 Jüterbog/OT Kloster Zinna
Tel. 03372/43 95 05
www.kloster-zinna.com

Anreise

🚌 🚆 Vom Hbf Berlin fährt ein RE nach Luckenwalde, von dort weiter mit dem Bus 753 bis Kloster Zinna Markt. Reisezeit circa 1 Stunde und 30 Minuten. Bis zum Kloster Zinna sind es noch 400 Meter Fußweg.

🚗 Vom Berliner Dom sind es bis Kloster Zinna rund 67 Kilometer. Nach Süden über Berlin-Kreuzberg auf der B96, dann in Alt-Mariendorf auf die B101 und weiter bis Kloster Zinna. Fahrtzeit rund 1 Stunde und 10 Minuten.

Kommende des Deutschen Ordens

Hinter der Feldsteinkirche auf dem Hügel des Dorfangers von Dahnsdorf führt eine Straße zum „Kloster", das sich als Gutshof mit Wirtschaftsgebäuden entpuppt. Im begrünten Innenhof laden Liegestühle zum Sonnenbad ein, denn das ehemalige Rittergut kann als Feriendomizil gebucht werden.

Die Kommende des Deutschen Ordens – Orden der Herren vom Hospital St. Marien des Deutschen Hauses zu Jerusalem – wurde in der ersten Hälfte des 13. Jahrhunderts von Graf Baderich II. von Belzig gegründet, dessen Vater Teilnehmer des Dritten Kreuzzugs war. Auch er selbst kannte das Heilige Land, es bestanden also persönliche Bezüge. Die Kommende Dahnsdorf besaß das Patronat über die Kirchen dort und dem Nachbarort Kranepuhl. Der Komtur dürfte auch zugleich Ortspfarrer gewesen sein. Seine Doppelfunktion endete spätestens um 1530/33, als der Dahnsdorfer Komtur eine Heirat einging, für die er zuvor zum evangelischen Bekenntnis gewechselt haben musste. Kurz darauf wurde er durch einen neuen Komtur ersetzt, der garantiert dem alten Glauben angehörte und ledig war. Bei der Reformation blieb der Deutsche Orden katholisch, musste aber evangelische Ordensangehörige akzeptieren.

Feldsteinkirche der Kommende

Der Ordensbesitz wurde 1776/78 in ein Rittergut umgewandelt. Damit wechselte auch das Patronat der Kirche, bisher dem Orden zugehörig, auf den Rittergutsbesitzer. Das Gutshaus ist ein mehrfach umgebauter, zweigeschossiger, verputzter Ziegel- und Feldsteinbau mit Krüppelwalmdach. Die jetzigen Wirtschaftsgebäude sind neueren Datums und stammen aus der zweiten Hälfte des 19. Jahrhunderts. In DDR-Zeiten wurde das Gut von einer LPG belegt.

Als Gotteshaus für den Orden diente die heute als Dorfkirche genutzte Feldsteinkirche. Mit deren Bau war schon im 13. Jahrhundert begonnen worden. Der romanische Saalbau besteht aus einem lang gestreckten Schiff mit eingezogenem, annähernd quadratischem Chor mit Apsis und einem Westturm mit Satteldach. Die

Nordseite der Kirche blieb weitgehend unverändert erhalten. Das Schiff verfügt auf beiden Seiten über mittlere Portale, zum Chor führt eine Priesterpforte. Sie und Mauervorsprünge im Inneren lassen eine mittelalterliche Chorschranke vermuten. Auffällige Veränderungen am Äußeren waren an der Südseite die Vergrößerungen von Fenstern und die Vermauerung des Portals. Der Saal besitzt eine Holzbalkendecke, die Apsis eine Kalotte. Triumph- und Apsisbogen sind rundbogig, ebenso der 1888 zugesetzte Bogen zur

Kommende und Rittergut Dahnsdorf

Turmhalle. Im 17. Jahrhundert wurde die Ausstattung erneuert und eine Empore eingebaut. Der frühbarocke Altaraufsatz mit seitlichen Medaillons und Abendmahlsbild entstand im ersten Viertel des 17. Jahrhunderts. Am Triumphbogen befindet sich eine spätgotische Kreuzigungsgruppe ohne Christusfigur mit den Schnitzfiguren Maria und der Evangelist Johannes aus der zweiten Hälfte des 15. Jahrhunderts. Die Orgel von Willi Baer aus Niemegk aus dem Jahr 1856 wurde 1990/91 durch die Firma Schuke restauriert.

Bei der Kommende in Dahnsdorf ist gewohnte Klosterarchitektur nicht vorhanden, vielmehr zeigt sie das Bild eines herrschaftlichen Gutshofes. Bei Dorffesten gibt es frisch gebackenes Brot aus dem Dorfbackofen, der vor der Kirche auf dem Anger steht.

Hof Dahnsdorf
Hauptstr. 33–34, 14806 Planetal/OT Dahnsdorf
Tel. 033843/309 95
HofDahnsdorf@t-online.de

Amt Niemegk
Großstr. 6, 14823 Niemegk
Tel. 033843/627 18
www.amt-niemegk.de

Anreise
🚌🚆 Vom Hbf Berlin mit dem RE nach Bad Belzig mit einer Fahrtzeit von rund 1 Stunde und 10 Minuten oder bis Luckau-Uckro in rund 1 Stunde und 25 Minuten. Von beiden Bahnhöfen weiter mit dem Bus.
🚗 Vom Berliner Dom bis zur Kommende Dahnsdorf sind es circa 80 Kilometer. Über die A100, A115, A9 in Richtung München/Leipzig, Ausfahrt Niemegk und weiter auf der B102 in Richtung Bad Belzig. Fahrtzeit rund 1 Stunde.

Im Nordwesten der Jüterboger Altstadt grenzte einst der Nordflügel der statt-lichen Klosteranlage an die Stadtmauer. Auf der anderen Seite liegt vor der südlichen Schauseite der Klosterkirche der Mönchenkirchplatz, der auch als Predigtplatz genutzt wurde. Das Franziskanerkloster erlitt mehrere Brände, Zerstörungen und Teilabrisse. Nach seiner Auflösung wurde es lange als Schu-le genutzt, die Klosterkirche gar als Lager. Seit den 1980er Jahren beherbergte es kulturelle Einrichtungen, ehe es schließlich 2005 saniert und in das „Kul-turquartier Mönchenkloster" umgewandelt wurde.

Die Gründung des Klosters erfolgte um 1480. Nach einem Stadtbrand 1478 dürfte die Sorge, nicht gottgefällig gewesen zu sein, den Entschluss noch beflügelt haben. Infolge der sich ausbreitenden Reformation verringerte sich jedoch die katholische Gemeinde und der Konvent schrumpfte. Als am 31. Januar 1564 der Magdeburger Erzbischof der Stadt die Klostergebäude überließ, zählte man noch zwei Brüder, die „ganz alt und verlebt" im Kloster wohnten. Die Klostergebäude wurden danach zur Schule. Dazu kamen Woh-nungen für den Pfarrer sowie Kirchen- und Schuldiener. Die Kirche diente bis 1963 der evangelischen Gemeinde als Gotteshaus.

Chor der Kirche mit angebautem Ostflügel

Die Jüterboger Franziskaner gehörten der Reformbewegung des Ordens an. In der Blütezeit dürften rund 20 Brüder im Kloster gelebt haben. Die Klosteranlage bestand aus der Kirche, einer nördlich an-schließenden Klausur und Gärten. Erhal-ten blieb der große Ostflügel, der recht-winklig an den Chor angebaut ist. Er ist ein großer, zweigeschossiger, in zwei Pha-sen errichteter Backsteinbau. Er enthielt die Sakristei und das Dormitorium. Der Nordflügel wich 1862/63 einem Schulge-bäude. An der Stelle des 1659 abgebro-chenen Westflügels, der wahrscheinlich den Bereich für Gäste und Laienbrüder enthielt, steht ein neues Verwaltungsge-bäude. Der sehr schmale Südflügel der Klausur war vermutlich nur als Kreuzgang ausgebildet. Über dem östlichen Teil des Kirchenschiffes erhebt sich ein barocker

Dachreiter, der 1739 Kuppel und Laterne erhielt.

Der kreuzrippengewölbte, spätgotische Backsteinbau der Kirche entstand kurz nach der bischöflichen Erlaubnis zum Klosterbau im Jahr 1480. Sie hat einen einschiffigen Chor mit dreiseitigem Ostschluss und eine dreischiffige, gewölbte Langhaushalle. Vom ehemaligen Mönchschor war das Schiff durch einen Lettner getrennt. Als evangelische Kirche erhielt sie 1568 einen Taufstein und ein Orgelpositiv, 1577 eine Kanzel und in der Barock-

Klosterkirche, heute Stadtbibliothek

zeit Emporen, eine neue Orgel und 1771 einen neuen Altar. Eine Ausweißung verdeckte mittelalterliche Malereien. Die vorhandene Renaissance-Kanzel aus Sandstein mit Bildhauerarbeiten von Georg Schröter aus Torgau und Steinmetzarbeiten von Merten Wintzer und Caspar Schalitz stammt aus dem Jahr 1577. Vermutlich 1722 bekam sie einen Schalldeckel mit Lamm Gottes und Putten. Von der übrigen barocken Einrichtung und der mittelalterlichen Ausstattung ist nichts mehr vorhanden.

Das Mönchenkloster in Jüterbog bietet Besuchern viel Reizvolles, nicht nur bei einer Besichtigung der Klosteranlage, sondern auch durch das vielfältige kulturelle Angebot des Kulturzentrums.

Kulturquartier Mönchenkloster/ Ehemaliges Kloster der Franziskaner-Observanten

Mönchenkirchplatz 4, 14913 Jüterbog
Im Kulturquartier Mönchenkloster sind untergebracht: Stadtinformation, Museum, Stadtbibliothek, Kulturhistorisches Archiv, Theater- und Konzertstätte, Kloster- und Museumsladen.

Stadtinformation

Mönchenkirchplatz 4, 14913 Jüterbog
Tel. 03372/46 31 13
stadtinformation@jueterbog.de

Anreise

🚌🚆 Vom Hbf Berlin geht es mit dem RE nach Jüterbog. Fahrtzeit rund 45 Minuten. Der Bahnhof liegt ungefähr 2,4 Kilometer außerhalb der Stadtmitte. Es fahren mehrere Buslinien bis zum Busbahnhof in der Stadt. Von dort sind es noch wenige Fußminuten zum Franziskanerkloster am Mönchenkirchplatz.

🚗 Vom Berliner Dom bis Jüterbog sind es rund 72 Kilometer. In Richtung Süden auf der B96, in Mariendorf auf die B101 abbiegen. Über Großbeeren, Luckenwalde und Kloster Zinna nach Jüterbog. Fahrtzeit rund 1 Stunde und 20 Minuten.

Evangelische Dorfkirche

Von Treuenbrietzen, der „Sabinchen-Stadt", sind es nur fünf Kilometer bis zum Ortsteil Bardenitz. Das Straßendorf liegt zwischen Wiesen und Feldern, ab und zu stehen Pferde auf der Weide. Bei Bardenitz befindet sich ein slawischer Burgwall von rund 70 Metern Durchmesser; frühe Siedler von Bardenitz lebten zumindest zeitweise mit der slawischen Bevölkerung zusammen. Bis zu Reformation und Säkularisierung gehörte Bardenitz dem Kloster Zinna.

Zwischen der Häuserreihe der Dorfstraße ist in einer Lücke, etwas zurückgesetzt, der große Turm der Bardenitzer Dorfkirche zu erkennen. Die Kirche – ein unverputzter Backsteinbau – zählt zu den größten Backsteinkirchen der Gegend. Der mächtige Querrecktturm, der in zwei noch erkennbaren Bauabschnitten errichtet wurde, besitzt ein Walmdach und einen Dachreiter, der mit einer Wetterfahne abschließt. Besonderheiten der Kirche sind sicherlich ihr Grundriss, da Chor und Langhaus zueinander versetzt stehen, und der gerade Ostabschluss mit Blendgiebel.

Der Baubeginn der Kirche wird für die erste Hälfte des 13. Jahrhunderts angenommen. Vermutlich besaß die Kirche ursprünglich einen eingezogenen Chor und eine Apsis. Der spätere Anbau an der Südseite des Chors dürfte schon einen Vorgängerbau gehabt haben. Vielleicht wurde im 15. Jahrhundert wegen des Anbaus der Chor nur zur Nordseite hin verbreitert. Dabei wurden

Blick vom Chor zur Orgelempore

der vorhandene Chor bis auf Teile der Südwand und die Apsis abgerissen und ein neuer Chor errichtet, dessen Längsachse nicht mehr mit der des Schiffes zusammenfiel. Der Chor bekam einen geraden Abschluss und er ragt in der Höhe über das Schiff hinaus. Anschließend erhielt die Kirche ein Kreuzrippengewölbe. Es verfügt über schöne Schlusssteine, die in kleinen Deckengemälden sitzen, die sie rosettenartig umgeben. Vermutlich wurde auch der Turm im 16. Jahrhundert in einer weiteren Bauphase erhöht. Auf der Nordseite des Schiffes befindet sich ein vermauertes, rundbogiges Portal, über dem ein Kreuz mit Ziegelsteinen geformt ist. Dagegen ist das Westportal im Turm spitzbogig.

Der Zugang zu den Turmobergeschossen erfolgt über einen Anbau am Turm.

Der Altartisch ist aus Backsteinen gemauert und stammt vermutlich aus der Zeit der Chorverbreiterung. Der Altaraufsatz, den zwei weiße Säulen und Medaillons schmücken, ist von 1721. Das Altargemälde zeigt die Kreuzigungsszene. Die hölzerne, mit farbigem Schnitzwerk verzierte Kanzel wurde im frühen 18. Jahrhundert gefertigt. Die bauchige Kanzel wird von Palmwedeln dekoriert. Auf kleinen Gemälden sind Jesus und die Evangelisten abgebildet.

Ostansicht mit ungewöhnlich erhöhtem Chor

Auch das Gestühl aus dem 17. Jahrhundert ist vorhanden, ebenso die Westempore mit einer schönen Orgel. Die Empore wird von zwei Säulen gestützt, die eine blaue Farbfassung besitzen. Die Unterseite der Empore ist ornamental bemalt und an ihrer Brüstung befinden sich barocke Bildtafeln. Ein aufgestellter Grabstein mit Reliefbildnis für Pfarrer E. M. Handschke der 1731 starb, befindet sich in Nähe des Chors. Im Innenraum des Kirchenschiffes haben sich auch Reste spätgotischer Wandmalereien erhalten. An der Südwand ist die heilige Katharina und am Triumphbogen das Schweißtuch der heiligen Veronika zu sehen. Zwei Weihekreuze sind auf Wände gemalt.

Evangelische Kirche
Dorfstraße, 14929 Treuenbrietzen/OT Bardenitz

Pfarramt Bardenitz-Pechüle
Dorfstr. 5, 14929 Treuenbrietzen/OT Bardenitz
Tel. 033748/152 94

Stadtinformation Treuenbrietzen
Großstraße 110, 14929 Treuenbrietzen
Tel. 033748/747 77
www.treuenbrietzen.de

Anreise
🚌🚆 Vom Hbf Berlin gibt es eine Verbindung mit RE oder S-Bahn nach Berlin-Wannsee. Dort umsteigen in die MR-Märkische Eisenbahn und weiter bis Treuenbrietzen. Vom Bahnhof Süd in Treuenbrietzen fährt der Bus 549 nach Bardenitz. Reisezeit circa 2 Stunden.

🚗 Vom Berliner Dom bis Bardenitz sind es rund 74 Kilometer. Über die A100, A115 auf die A10, bei Ausfahrt Michendorf auf die B2 in Richtung Beelitz. Auf der B2 bis Treuenbrietzen, durch Treuenbrietzen durch und weiter auf der B102, nach dem Ortsausgang links abbiegen nach Bardenitz. Fahrtzeit rund 1 Stunde und 10 Minuten.

Pechüle
Evangelische Dorfkirche St. Marien

Zwischen Feldern, Wiesen und Pferdekoppeln liegt das Straßendorf Pechüle. An einer Kreuzung in der Dorfmitte steht eine alte Friedenseiche, die auch einem Gasthof seinen Namen gab. Gegenüber erhebt sich der querrechteckige Turm der Pechüler Dorfkirche. Die aus dem 13. Jahrhundert stammende, größtenteils aus Backsteinen gemauerte Kirche besteht aus einem rechteckigen Schiff, einem eingezogenen Chor und einer halbrunden Apsis. Begonnen wurde der Bau mit der Apsis, in zwei Bauabschnitten folgten Chor und Schiff. An eine hohe Backsteinwand wurde der Feldsteinturm angefügt, dessen oberer Teil aus Ziegelfachwerk gefertigt ist. Das abschließende Krüppelwalmdach und ein achteckiger Dachreiter sind von 1799.

Schiff und Chor wurden um 1500 kreuzrippengewölbt. Dazu wurde der Kirchensaal geteilt, mit Pfeilern und drei Jochen versehen. Notwendig dazu war auch ein Pfeiler in der Mitte des Triumphbogens, der sich dadurch in zwei spitze Bögen verwandelte. Gestühl und Orgel mit barockem Prospekt richten sich seitdem nach dem nördlichen Schiff aus, während Chor und Altar in der Mittelachse der Kirche liegen. Im Chor ist noch das Gestühl aus der Zeit um 1600 erhalten. Während die Rundbogenfenster in der Apsis romanisch blieben, wurden die meisten anderen Fenster im 18. Jahrhundert verändert.

Auf dem Altar befindet sich die sogenannte „Böhmische Tafel", vermutlich von 1360/70. Auf 16 Tafeln, die in zwei Reihen angeordnet sind, werden auf goldenem Grund Szenen aus der Passion Christi dargestellt. Die Malereien sind in der böhmischen Kunstauffassung der Zeit gehalten. Vermutlich handelt es sich um den unteren Teil eines Kreuzigungsaltars, der möglicherweise vor der Chorschranke der Klosterkirche Zinna stand. Von 1460–70 bildete die „Böhmische Tafel" die Predella am Hochaltar in der Zinnaer Kirche.

Seitlich im Chor befindet sich ein gotischer Schnitzaltar aus der Zeit um 1470 mit schönen, farbig angelegten Figuren. In seiner Mitte steht eine Mondsichelmadonna. Sie ist mit der Sonne bekleidet, steht auf dem Mond und trägt eine zwölf-

Westansicht mit Wehrturm aus Feldsteinen

sternige Krone auf dem Haupt. Sie wird flankiert von vier Heiligen. Weitere lebendig geformte Figuren zeigen hervorragende Schnitzkunst.

In der Kirche verteilt, stehen auf Konsolen einzelne, farbige Holzfiguren, die Bischöfe und verschiedene Heilige darstellen. Bei einer Restaurierung wurden 1960 Teile spätgotischer Wandmalereien freigelegt. Bekanntheit erlangte ein Zentaur mit gespanntem Bogen, der den besiegten Teufel symbolisieren soll. Eine reich bemalte Kanzel mit Schalldeckel aus

Chor mit Originalgestühl und Wandmalereien

dem 17. Jahrhundert steht auf einem skulpturalen, farbig bemalten Kanzelfuß, der mit Akanthus geschmückt ist. Aus dem 16. Jahrhundert stammt der achteckige Taufstein.

Die Kirche von Pechüle bietet das Bild einer Dorfkirche romanischen Ursprungs, umgeben von einem gepflegten Kirchhof. Gerade der nachträgliche Einbau eines Gewölbes und die daraus resultierende Zweischiffigkeit hat der Dorfkirche eine gewisse Bekanntheit eingebracht. Mit ihrer kunstgeschichtlichen Innenausstattung, die zum Teil aus Kloster Zinna stammt, ist sie unter den Dorfkirchen etwas Besonderes.

Dorfkirche St. Marien

Pechüler Dorfstraße, 14929 Treuenbrietzen/ OT Pechüle

Pfarramt

Pechüler Dorfstr. 5, 14929 Treuenbrietzen/ OT Pechüle
Tel. 033748/152 94
(oder bei Reinhard Walter, Haus rechts neben der Kirche, Tel. 033748/125 10)

Anreise

🚌🚋 Vom Hbf Berlin gibt es eine Verbindung mit RE oder S-Bahn nach Berlin-Wannsee. Dort umsteigen in die MR-Märkische Eisenbahn und weiter bis Treuenbrietzen. Vom Bahnhof Süd in Treuenbrietzen fährt der Bus 549 nach Pechüle. Reisezeit circa 2 Stunden.

🚗 Vom Berliner Dom bis Bardenitz sind es rund 74 Kilometer. Über die A100, A115 auf die A10, bei Ausfahrt Michendorf auf die B2 in Richtung Beelitz. Auf der B2 bis Treuenbrietzen, durch Treuenbrietzen und weiter auf der B102, nach dem Ortsausgang links abbiegen über Bardenitz nach Pechüle. Fahrtzeit rund 1 Stunde und 10 Minuten.

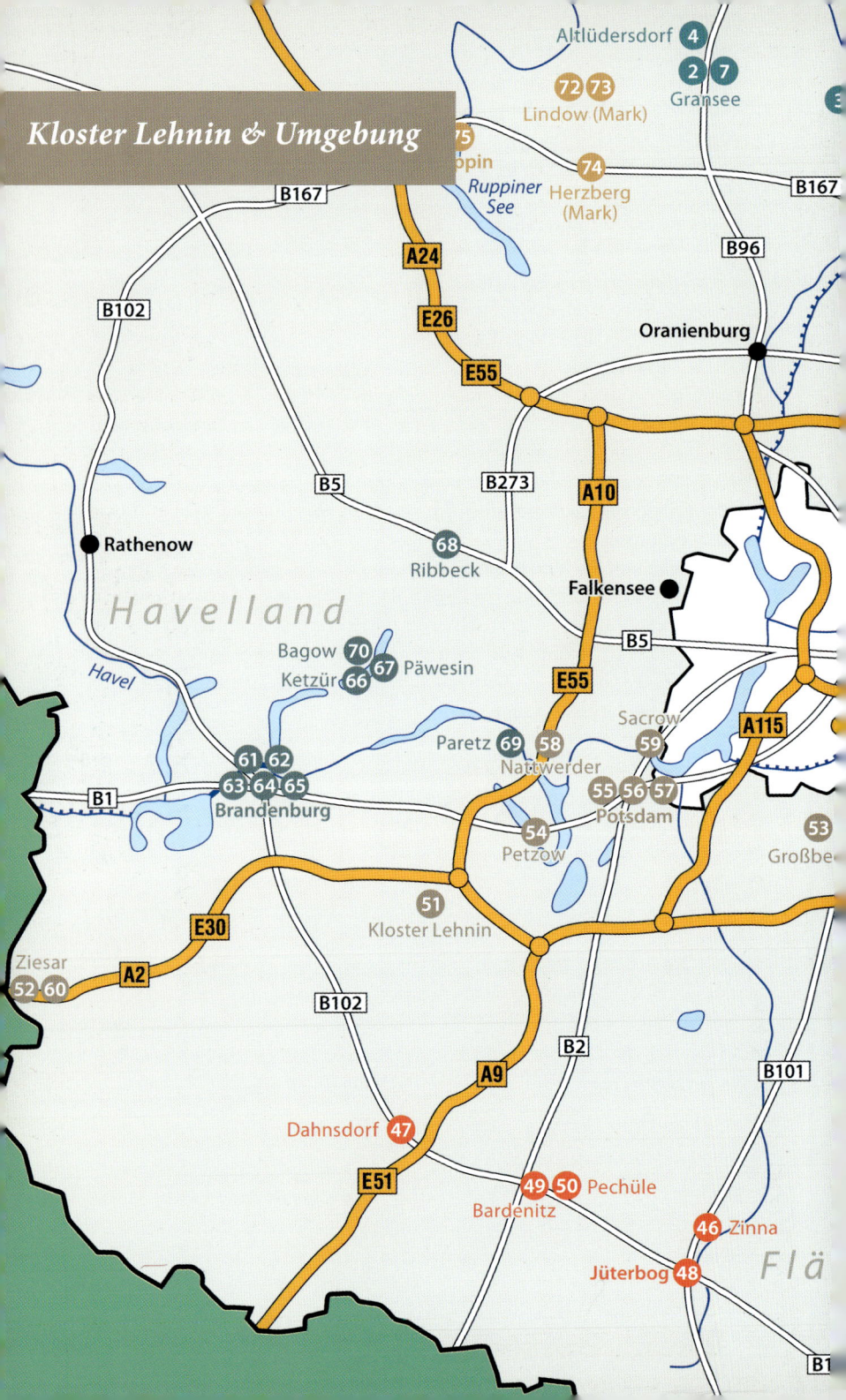

Kloster Lehnin & Umgebung

Zisterzienserkloster

Hinter der alten Lehniner Klosterpforte, die zusammen mit Fragmenten der Klostermauer erhalten blieb, steht die wieder errichtete Torkapelle. Es öffnet sich das Klostergelände, auf dem sowohl historische Gebäude als auch Häuser neueren Datums stehen. In der Klosteranlage ist das von Diakonissen betriebene Luise-Henrietten-Stift beheimatet, während die Klosterkirche als evangelische Pfarrkirche genutzt wird. Das auf den ersten Blick vollständig erhalten wirkende Ensemble ist das Ergebnis mehrfacher Um- und Wiederaufbauten, denn bis in die 1870er Jahre galt die Klosteranlage als romantische Ruine. Besonders der Westteil der Kirche bestand nur noch aus überwucherten Mauerresten.

Das Kloster Lehnin wurde 1180 von dem Askanier Markgraf Otto I. von Brandenburg in einem ausgedehnten, slawisch besiedelten Moor- und Sumpfgebiet mit zusammenhängenden Seen gegründet. Die Mönche machten die Sümpfe nutzbar, betrieben Seen- und Flussschifffahrt und an der Havel unterhielten sie einen Fährbetrieb. Seinen Grundbesitz verdankte das Kloster größtenteils dem askanischen Fürstenhaus. Klostererträge, Schenkungen und andere Zuwendungen flossen regelmäßig. Im Laufe der Zeit spielte das Kloster eine zunehmend hervorgehobene Rolle. Die nicht mehr vorhandene Bibliothek, die noch vor der Einführung des Buchdrucks aus rund 1.000 Titeln bestand, belegt die geistige und wissenschaftliche Bedeutung des Konvents.

Für die wirtschaftliche Blütezeit des Klosters Lehnin ab etwa 1430 werden zeitenweise bis zu 120 Mönche und mindestens 40 Konversen angenommen. Bei seiner Auflösung 1542 besaß das Kloster neben dem Städtchen Werder weitere 39 Dörfer und 54 Seen. Nachdem Kurfürst Joachim II. zum Protestantismus übergetreten war, kam 1541 die Kirchenvisitation auch nach Lehnin. Am 4. Dezember 1542 setzte der Kurfürst einen Klosterverweser ein, was das Ende des Klosters

Klosterhof mit Kirche und Ostflügel

Lehnin bedeutete. Nach der Säkularisation wurde das Kloster in ein kurfürstliches Domänenamt umgewidmet und von kurfürstlichen Amtmännern verwaltet.

Im Dreißigjährigen Krieg plünderten am 22. Juli 1626 die Truppen Wallensteins das ehemalige Kloster, zerstörten große Teile der Klausur, die Bibliothek und verwüsteten die Kirche. Weitere Schäden an Kirche und Klausur waren die Folge einer abermaligen Plünderung im Jahr 1630. Der fortschreitende Verfall wurde gebremst, als Kurfürst Friedrich Wilhelm I. seit 1642 auf seinen Jagden in der Klausur Quartier bezog. Er ließ zwischen 1647 und 1655 den Westflügel in ein Jagdschloss umbauen. Doch es wurde nicht nur angebaut, sondern auch abgerissen, wie zum Beispiel das südliche Seitenschiff und der Kreuzgang. Infolgedessen stellten sich bald Bauwerksschäden in der Kirche ein, weil die Statik des Gebäudes verändert worden war.

Als 1685 Hugenotten und Schweizer Bauern angesiedelt wurden, kam es zwischen deutschen Lutheranern und calvinistischen Neusiedlern zum Streit um die Nutzung der ehemaligen Klosterkirche. Der Konflikt wurde gelöst, indem der steinerne Lettner bis zur Decke hoch gemauert und die Kirche in zwei Räume unterteilt wurde. Der heutige, etwas ungewöhnliche Zugang zur Kirche stammt aus dieser Zeit.

Nach dem Ende der Jagdgesellschaften wurden Kloster und Jagdschloss abermals dem Verfall preisgegeben. Um 1720 waren die Gebäude fast völlig ausgeraubt. Es kam zu Teilabbrüchen am Jagdschloss, den Seitenkapellen der Kirche und des anderen Seitenschiffes. Gegen Ende des 18. Jahrhunderts war der Westteil der Kirche eingefallen und die Kirche wurde als Steinbruch verwendet. Kreuzgang, Klausur und die Reste des Jagdschlosses wurden fast vollständig abgetragen. In den noch erhaltenen Räumlichkeiten des Ostflügels wurde eine Schule eingerichtet. Die ehemalige Klosterkirche sollte 1823 für den Abbruch versteigert werden, was letztlich aber abgewendet werden konnte. Der Ostteil, der durch den hoch gemauerten Lettner einen westlichen Abschluss erhalten hatte, wurde bis zur Rekonstruierung der Kirche 1870–76 für den Gottesdienst genutzt.

Teile des Lehniner Domänenamts gingen 1811/15 in Privatbesitz über, dem 1846 auch der Lehniner Gutsbesitz folgte. 1911 erwarb die evangelische Kirche die Gebäude um die Klosterkirche und richtete in ihnen ein Diakonissen-Mutterhaus ein. Anstelle des Südflügels wurde 1930/31 ein Säuglingsheim erbaut.

Von den Gebäuden der Klosteranlage sind nur einzelne Gebäude oder Reste erhalten wie die Mauerreste des ehemaligen dreipfortigen Klostertors, das Kornhaus, das vermutliche Hospital und spätere sogenannte „Königshaus", das daneben gelegene „Falkonierhaus" aus dem 15. Jahrhundert, das häufig als Gästehaus des Klosters gedeutet wird, sowie das Alte Abtshaus.

Die Lehniner Klosterkirche wurde als dreischiffige, spätromanisch-frühgotische Pfeilerbasilika in Kreuzform errichtet. Die Apsis ist durch ein Backstein-Sockelgeschoss und zwei übereinanderliegende Fensterzonen aus je fünf Rundbogenfenster gegliedert. In der Südwand befindet sich ein ornamental hervorgehobener Blendbogen, der in der Klosterzeit die Position des Levitenstuhls kennzeichnete. Der Altarraum wird von zweigeschossigen Seitenkapellen flankiert. Die nördliche Seitenkapelle ist ein Nachbau des 19. Jahrhunderts, die südliche stammt aus der Bauzeit.

Klosterkirche

In den drei Stufen zum Chor ist ein versteinerter Baumstumpf eingelassen, der mit der Gründungslegende des Klosters in Verbindung gebracht wird. Der Gründer Markgraf Otto I. soll nach einer Jagd unter einer Eiche eingeschlafen sein und geträumt haben, dass er versuchte, einen angreifenden Hirsch abzuwehren. Erst als er den Namen Jesus Christi rief, gelang ihm dies. Der Traum wurde als Angriff und Abwehr der heidnischen Slawen gedeutet. Der Markgraf gründete daraufhin das Kloster, weil der Feind mit der Macht des Gebets vertrieben werden sollte, so, wie es ihm im Traum mit dem Hirsch gelungen war. Der Baumstumpf in der Kirche soll von der Eiche stammen, unter welcher der Markgraf geträumt hatte.

Im Mittelschiff werden die Wände durch verschiedene Elemente aus Backstein gegliedert. In den älteren Ostteilen finden sich Rundbögen, in den jüngeren Westteilen nur Spitzbögen. Der einst vorhandene gemauerte Lettner verhinderte den heutigen räumlichen Eindruck einer durchgehenden Halle. Die Vierung des Kirchenschiffs wird durch einen Dachreiter markiert, der in der gegenwärtigen Gestalt der Restaurierung aus dem 19. Jahrhundert entstammt.

Entsprechend dem langen Zeitraum zwischen dem Baubeginn des Ostteils um 1190 und der Fertigstellung der Westfassade – der eigentlichen Schauseite – im Jahr 1270 können an der Kirche verschiedene Gotikauffassungen abgelesen werden.

Von der originalen Klausur sind lediglich ein Teil des Erdgeschosses im doppelstöckigen Ostflügel und der Kapitelsaal erhalten. Der Ostflügel ging vom südlichen Querhaus ab. Erst kam die Sakristei, dann folgte die Bibliothek, weiter gelangte man in den Kapitelsaal. Von ihm führte ein Gewändeportal auf den Kreuzgang. Im Obergeschoss lagen das Parlatorium, der Brü-

Blick durchs Mittelschiff zum Hauptaltar

dersaal und das Dormitorium. Letzteres war über eine Treppe mit der Kirche verbunden. In seiner heutigen Gestalt stammt der ganze östliche Teil des ehemals zweistöckigen Kreuzgangs aus den 1920er Jahren. Der Westflügel, der im Original nicht mehr vorhanden ist, war den Konversen vorbehalten. Im ebenfalls nicht mehr existierenden Südflügel befanden sich vermutlich das Refektorium der Mönche und die Wärmestube. Im Innenhof der Klausur lag das Brunnenhaus.

Der Lehniner Hochaltar war, wie bei den Zisterziensern üblich, der heiligen Jungfrau Maria geweiht. Das bedeutende Altarretabel von 1518 mit Maria im Strahlenkranz auf Mondsichel mit Christuskind, flankiert von den Heiligen Petrus und Paulus, befindet sich seit 1552 im Brandenburger Dom. Von den übrigen Altären ist nichts mehr erhalten. Das seit 1948 in der Lehniner Klosterkirche befindliche Altarretabel ist der 1476 vom Brandenburger Domherrn Nikolaus Koch für den Dom gestiftete Marienaltar. Es handelt sich um einen reich gestalteten Schnitzaltar mit den Hauptmotiven Marienkrönung und Marientod in seinem Mittelteil. Oben links ist die heilige Katharina, oben rechts die heilige Barbara, unten links die heilige Margareta und unten rechts die heilige Dorothea zu erkennen. In den Altarflügeln stehen die zwölf Apostel. In der gemalten Predella von 1502 ist eine Reliquiennische enthalten.

Das in der Kirche befindliche Triumphkreuz aus dem zweiten Viertel des 13. Jahrhunderts befand sich ursprünglich in der
Dorfkirche von Groß Briesen bei Bad Belzig. Es wurde 1952 nach Lehnin gebracht.
Die hölzerne Taufe stammt aus dem 17.
Jahrhundert. Ihren Platz mehrmals gewechselt hat die sandsteinerne Kanzel von
1876.

Von den einst vorhandenen Grabplatten und Epitaphien ist die Grabplatte
Markgraf Ottos VI. verblieben, der am 16.

Getreidespeicher aus der Bauzeit

Juli 1303 als Lehniner Mönch starb, sowie
die des am 6. März 1509 verstorbenen Abtes Peter.

Das Kloster Lehnin wirkt auf den ersten Blick, als hätten Klosterkirche und
Klausur sich über die Jahre hinwegretten können. Doch im Grunde handelt
sich größtenteils um Rekonstruktionen und dem ursprünglichen Ensemble
nachempfundene Neubauten. Dennoch bietet die gesamte Anlage die Anmutung eines mittelalterlichen Klosters, in dem im nächsten Moment der Klos-
terbetrieb losgehen könnte.

Kloster Lehnin/Luise-Henrietten-Stift
Klosterkirchplatz 1, 14797 Kloster Lehnin
Tel. 03382/768-0
www.edbtl.de

Gemeinde Kloster Lehnin
Friedensstr. 3, 14797 Kloster Lehnin/OT Lehnin
Tel. 03382/730 70
www.klosterlehnin.de

Konzerte: Evangelische St. Marien-Kloster-
kirchengemeinde Lehnin in Zusammenarbeit
mit dem evangelische Diakonissen-Mutterhaus
Berlin-Teltow-Lehnin
Klosterkirchplatz 20, 14797 Lehnin
Tel. 03382/291, Karten: Tel. 03382/70 41 51
www.klosterkirche-lehnin.de

Agentur für Tourismus Christin Behrendt
Markgrafenplatz 1, 14797 Kloster Lehnin/
OT Lehnin, Tel. 03382/70 44 80
www.agentur-behrendt.de

Anreise
🚌🚆 Vom Hbf Berlin fährt ein RE nach Groß
Kreutz. Vom Busbahnhof bei Groß Kreutz (Ems-
ter) fährt der Bus 550 nach Lehnin Busbahnhof/
Kloster Lehnin. Reisezeit rund 1 Stunde und
15 Minuten.
🚗 Vom Berliner Dom bis zum Kloster Lehnin
sind es rund 65 Kilometer. Über die A100, A115
auf die A10 in Richtung Hannover/Hamburg/
Magdeburg, weiter auf der A2/E30 in Richtung
Hannover/Magdeburg und nach der Ausfahrt
Lehnin in Richtung Groß Kreutz fahren bis
Lehnin. Fahrtzeit rund 55 Minuten.

Ziesar
Zisterzienserinnenkloster

An der Grenze Brandenburgs zu Sachsen-Anhalt liegt die Ortschaft Ziesar. Schon die Slawen schätzten die Lage an Seen und am Höhenzug des mischwaldbesetzten Hohen Flämings. Nicht nur günstig an Handelsstraßen, sondern auch an einer Heerstraße gelegen, nimmt es nicht Wunder, dass der Dreißigjährige Krieg in Ziesar seine Spuren hinterließ. Dennoch kann Ziesar neben schöner Umgebung mit einer ehemaligen Bischofsburg aufwarten und einem Kloster, das der Dorfkirche angegliedert war.

Eigentlich gab es in Ziesar zwei Konventsansiedlungen. Die erste war ein Franziskanerkonvent, der vermutlich 1237 gegründet wurde. Doch 1271 übersiedelten die Franziskaner nach Brandenburg (Havel). Nach ihrem Wegzug errichteten Zisterzienserinnen zwischen 1330 und 1340 bei der Kirche das Marienkloster Ziesar, das bis 1544 bestehen blieb. Nach der Reformation dienten die Klostergebäude bis 1610 zu Wohnzwecken. Danach ging der Besitz an das Amt Ziesar über, wahrscheinlich mit der Überlassung an die evangelische Gemeinde. Heute werden sie teils durch die evangelische Kirche, teils privat genutzt.

Außergewöhnlich war, dass die Anlage des Zisterzienserinnenklosters westlich der Kirche erbaut wurde. Ein um einen zentralen Kreuzgang angeordnetes Ensemble scheint nicht vorhanden gewesen zu sein. Der Nordflügel, der in der ersten Hälfte des 14. Jahrhunderts in Verlängerung der Kirche errichtet wurde, stößt auf den quer liegenden, jüngeren Westflügel, sodass die Gesamtanlage in etwa L-förmig gestaltet ist. Der Hauptbau des Klosters, der Flügel in Verlängerung zur Kirche, war ein lang gestreckter, zweigeschossiger Rechteckbau mit Satteldach aus Feld- und Backstein. Der anschließende, zweigeschossige Westflügel ist in seiner heutigen Form zum größten Teil erst nach der Auflösung des Klosters entstanden. Ende der 1990er Jahre wurden die Klostergebäude restauriert und der gesamte Klosterbereich neu gestaltet.

Die Entstehung der dem Heiligen Kreuz geweihten Pfarrkirche, die als Klos-

Wehrturm der Kloster- und Dorfkirche

terkirche diente, wird in den Anfang des 13. Jahrhunderts datiert. Der romanische Feldsteinbau besteht aus einem breiten Langhaussaal, einem Querhaus mit östlichen Apsiden, einem Chor mit Hauptapsis sowie einem sehr hohen, querrechteckigen, wuchtigen Westturm. Als Zugang zur Nonnenempore wurde in die Westseite des Turmes eine Öffnung gebrochen, über die ein Verbindungsgang zum Klausurgebäude führte. 1723 wurden einheitliche Emporen angelegt, die Falltüren zu unterirdischen Grüften entfernt und die

Steinerne Orgelempore

Decke mit einem Wolkenhimmel bemalt. Bei Arbeiten 1817–19 erhielt die Kirche im Inneren ihre weiße Tünchung. Bei der Restaurierung 1860–62 wurde die flache Holzbackendecke gegen ein Tonnengewölbe ausgetauscht. Die Empören, darunter auch die Nonnenempore, wurden durch drei neue Emporen ersetzt, die auf Sandsteinsäulen ruhen und eine durchbrochene Backsteinbrüstung aufweisen. Ebenso erneuerte man das Gestühl und die Orgel. Schließlich wurden sämtliche Fenster in romanische Formen verändert. Von den ursprünglichen Altären ist keiner mehr vorhanden. Liebevoll ist im nördlichen Querhaus von der evangelischen Pfarrgemeinde eine kleine Ausstellung zum Zisterzienserkloster aufgebaut.

Pfarrkirche St. Crucis
Breiter Weg 3, 14793 Ziesar

Touristinformation Burg Ziesar
Mühlentor 15A, 14/93 Ziesar
Tel. 033830/127 35
www.ziesar.de

Evangelisches Kirchspiel Ziesar/Pfarrhaus
Breiter Weg 3, 14793 Ziesar
Tel. 033830/128 10
pfarramtkirchspielziesar@web.de

Anreise
🚌🚆 Vom Hbf Berlin fährt ein RE nach Wusterwitz, von dort mit dem Bus 560 zum stillgelegten Bahnhof Ziesar. Die Reisezeit beträgt rund 1 Stunde und 40 Minuten. Der Fußweg vom Bahnhof bis zum Kloster beträgt circa 750 Meter.
🚗 Vom Berliner Dom sind es rund 103 Kilometer bis Ziesar. Über die A100, A115, A10 in Richtung Hannover/Magdeburg bis zur Ausfahrt Ziesar. Weiter auf der L93 nach Ziesar. Fahrtzeit rund 1 Stunde und 10 Minuten.

Evangelische Kirche („Schinkelkirche")

Südlich von Berlin wird alljährlich am 23. August 1813 die Schlacht bei Groß-beeren nachgespielt. Mit dem dortigen Sieg von Preußen und seiner Verbün-deten wurde die erneute Besetzung Berlins durch Napoleon verhindert. Schon am Tag nach der Schlacht besuchten Berliner Bürger das Schlachtfeld. Zur Er-innerung an die Schlacht gibt es neben einer „Bülow-Pyramide" von 1906 und einem Gedenkturm von 1913 die Schinkelkirche mit einem ebenfalls von Schinkel gestalteten Gedenkobelisk in Form einer gotischen Fiale von 1817, der auf dem Friedhof steht.

Die vom Baumeister Karl Friedrich Schinkel (1781–1841) entworfene Kir-che wurde zwischen 1818 und 1820 als Geschenk des preußischen Staates an das Dorf Großbeeren errichtet. Friedrich Wilhelm III. selbst verfügte 1816 den Bau der Kirche, weil an den Stätten wichtiger Schlachten gegen Napoleon ein Denkmal in Nähe einer Kirche aufgestellt werden sollte. Das war in Groß-beeren insofern ein Problem, da es, seitdem die alte Kirche zur Ruine verfal-len war, kein Gotteshaus mehr gab. Am 25. August 1818 wurde der Grund-stein gelegt, am 20. Oktober 1820 die Kirche eingeweiht. Der ockerfarbig ver-putzte Backsteinbau besteht aus einem kreuzförmigen Zentralbau mit neugo-tischen Elementen. Der nördlich stehende Turm besitzt drei abgestufte Geschosse und endet in einer abgestumpften Pyra-midenspitze mit goldenem Kreuz. In den Turm führt ein spitzbogiges Stufenpor-tal. Die Ecken des Baus sind mit Eckpfei-lern und achteckigen Fialen geschmückt. Es entsteht das Bild einer südländisch wirkenden Kirche mit vielen schmalen „Türmchen" und umlaufenden Ziergit-tern. Als Haupteingang wird das Südpor-tal genutzt, zu dem ein Kiesweg durch eine kleine Parkanlage führt, die mit groß-en alten Bäumen bewachsen ist. Vermut-lich war aber ursprünglich der auf der nördlichen Seite ansteigende Weg über den Friedhof vorbei am Denkmal als Hauptzugang gedacht. Bei ihrer Einwei-

Turm und Eingang auf der Nordseite

hung stand die Kirche noch auf einem nahezu unbewachsenen Hügel.

Den kreuzförmigen Innenraum über-
spannen hölzerne, verputzte Kreuzgewölbe. Die Kreuzarme sind, abgesehen vom
östlichen, in dem der Altar steht, alle von
Emporen umzogen. Hinter dem Altarraum befindet sich ein großes, dreigeglie-
dertes, farbiges Glasfenster. Der Altarblock wurde 1929/30 mit einem Anbau
versehen, der das Glasfenster verdeckt.

Altar im östlichen Kreuzarm

Grund dafür war die Beschwerde von
Gottesdienstbesuchern, die im Gegen-
licht den Pfarrer nicht erkennen konnten. Ein um 1460 entstandenes Altarbild, das eine Pietà zeigte, wurde 1977 gestohlen. Eine neuzeitliche Nachemp-
findung befindet sich heute an seiner Stelle. Zu Gottesdiensten und Konzerten,
die häufig stattfinden, ertönt die Orgel, im Jahr 1820 von Carl Friedrich
Kühnzack erbaut. Nach Schäden und Reparaturen erklingt wieder das grund-
tönig-romantische Klangbild des Instruments, von dem seine Liebhaber
schwärmen.

Die Schinkelkirche hat Umbauten, Veränderungen, Wiederherstellungen
in Originalfassung, Bauschäden und Sanierungen erfahren. Zu hoffen ist, dass
seine architektonische Besonderheit erhalten bleibt und die zahlreichen Besucher der jährlichen Schlachtengetümmel den Weg auch in die Kirche finden,
die zum Gedenken an die Schlacht erbaut wurde.

Evangelische Kirche „Schinkelkirche"
Ruhldorfer/Berliner Straße, 14979 Großbeeren

Evangelische Kirchengemeinde Großbeeren
Ruhlsdorfer Straße 2, 14979 Großbeeren
Tel. 033701/554 13
www.ev-kirche-grossbeeren.de

Tourismusbüro Großbeeren
Am Rathaus 2, 14979 Großbeeren
Tel. 033701/32 88 61
tourismusbuero@grossbeeren.de

Anreise
🚍🚆 Vom Hbf Berlin fährt ein RE nach Großbeeren. Reisezeit rund 25 Minuten.
🚗 Vom Berliner Dom bis Großbeeren sind es
rund 22 Kilometer. Über Kreuzberg auf der B96
nach Süden, in Marienfelde abbiegen auf die
B101, weiter bis Ausfahrt Großbeeren. Fahrtzeit
rund 35 Minuten.

Auf einer Landbrücke zwischen Glindower See und Schwielowsee ließ der wohlhabende Unternehmer und Gutsbesitzer Carl Friedrich-August Kaehne, der später geadelt wurde, 1825 von dem Baumeister Karl Friedrich Schinkel (1781–1841) ein Herrenhaus im Stil eines Schlosses errichten, das italienischen, maurischen und englischen Stil vereinte. Das originelle Petzower Schloss und seine Wirtschaftsgebäude wurden in einen 15 Hektar großen Landschaftspark eingebettet, den der Gartenbaumeister Peter Joseph Lenné (1789–1866) 1838 plante. Am Ende eines geraden Weges wurde in Sichtachse zum Schloss auf dem Grelleberg nach Plänen von Schinkel die Petzower Dorfkirche errichtet. Das Ganze ergab ein Gesamtkunstwerk aus Baukunst und Landschaftsplanung. Die Kirche wurde in den 1980er Jahren umgewidmet, seit 1994 wird sie als Kulturkirche und für Trauungen genutzt.

Die Schinkelkirche ist ein unverputzter Ziegelbau, der in Längsachse zum Schloss ausgerichtet ist, sodass die östliche Apsis in Richtung Schloss zeigt. Der separate Westturm ist durch eine Bogenhalle mit dem Kirchenschiff verbunden. Baubeginn für die Kirche war 1841, das Sterbejahr Schinkels. König Friedrich Wilhelm IV. führte die Grundsteinlegung aus und beehrte auch die Einweihung mit seiner Anwesenheit. Schinkel entwarf eine einschiffige Hallenkirche mit rechteckigem Grundriss. Nord- und Südseite sind durch jeweils drei Rundbogenfenster gegliedert. In dem Bogen, der Turm und Kirchenschiff verbindet, befindet sich das Westportal. Der flach gedeckte Saal hat einen geraden Ostschluss mit einer fensterlosen, halbrunden Apsis. In der Apsis steht der Altar, die dadurch wie eine Altarnische wirkt. Der Kirchturm ist in Geschosse gegliedert, die mit drei eng stehenden Rundbogenfenstern akzentuiert sind, die an italienische Vorbilder erinnern. Der Backsteinbau wurde mit unterschiedlich farbigen und hellen Ziegeln aus der Umgebung errichtet, die einen direkten Bezug zum Standort der Kirche herstellen.

Im Inneren der Kirche zeigt sich die klare Architektursprache Schinkels. Die farbige Ausmalung in blauen und rötlichen Tönen erzeugt eine südländische Atmosphäre. Während im Kirchensaal warme und rötliche Töne vorherrschen, ist in der halbrunden Apsis die senkrech-

Weg in Verlängerung der Kirchenachse

Kirchensaal mit runder Apsis

te, halbrunde Wandschale in blaue Felder aufgeteilt, darüber sind in der hell getönten halben Kuppel in Gelbgold die Felder einer Kuppel aufgemalt. Es ist als würden Sonnenstrahlen über einem blauen Horizont niedergehen. Die hölzerne, mit feinen Linien und ornamentalen Pflanzenmotiven bemalte Balkendecke zeigt eine kassettenartige Längsaufteilung, die mit dem in Längsrichtung verlegten Boden korrespondiert. In der Mittelachse der Decke hängen große Pinienzapfen, Symbole des Lebens.

Werden in der Petzower Kirche auf dem Grelleberg auch keine regelmäßigen Gottesdienste mehr gefeiert, so ist sie zu jeder Jahreszeit einen Besuch wert, und dies nicht nur zu Ausstellungen und Konzerten. Im Frühjahr häufen sich jedoch die Hochzeitstermine.

Schinkelkirche Petzow
Fercher Straße, 14542 Werder/OT Petzow

Anreise
🚌🚆 Vom Hbf Berlin gibt es eine Verbindung mit dem RE nach Potsdam Charlottenhof. Umsteigen in den Bus 631 bis Holländermühle-Werder (Havel), dort umsteigen in den Bus 636 bis Schlosspark Petzow. Reisezeit circa 1 Stunde und 25 Minuten.

🚗 Vom Berliner Dom bis Petzow sind es rund 45 Kilometer. Über die A100, A115 und Ausfahrt Potsdam-Babelsberg nach Potsdam Zentrum. Weiter auf der B1 nach Petzow. Fahrtzeit rund 55 Minuten.

Wie durch ein Wunder überstand die Französische Kirche den Bombenangriff, dem am 14. April 1945 das ringsum liegende Französische Quartier zum Opfer fiel. Die Kirche wurde 1752 nach Plänen des Baumeisters Georg Wenzeslaus von Knobelsdorff (1699–1753) für die hugenottischen Einwanderer errichtet. In Anlehnung an das Pantheon in Rom, besteht die Französische Kirche aus einem elliptischen Kuppelbau mit Portikus, der aus Säulen nach toskanischer Ordnung gebildet wird. An den Seiten des Portals stehen die lebensgroßen Figuren Caritas für Nächstenliebe und Spes für Hoffnung. Über ihnen sind auf marmornen Reflieftafeln Szenen aus der Bibel dargestellt.

Knobelsdorff entwarf den Innenraum entsprechend den Vorstellungen einer französisch-reformierten Gemeinde ohne bildnerisch darstellende Elemente. Statt eines Altars liegt die Bibel auf einem einfachen Tisch. Die Kanzel rückt an die Stelle, wo üblicherweise ein Kruzifix ist. In früheren Zeiten sollte sogar der Gesang ohne Orgelbegleitung erklingen. Das Gestühl Knobelsdorffs erinnerte an die Sitzreihen eines Amphitheaters. Als Napoleon mit seinen Truppen 1806 bis 1808 die Stadt besetzt hatte, wurde die Kirche als Futterscheune missbraucht. Dabei wurde die originale Inneneinrichtung zerstört. Erst zwischen 1832 und 1834 wurde eine Renovierung nach der Planung von Karl Friedrich Schinkel (1781–1841) in Angriff genommen. Schinkel unternahm eine Grundsanierung und entwarf eine neue Innenausstattung. Gegenüber dem Eingang stellte er eine Stein- und Mauerwerk imitierende Kanzelwand. Das Oval erhielt eine umlaufende Empore, die über zwei Wendeltreppen erschlossen wurde. Die Kanzel und zwei Felder der Wand wurden zurückhaltend verziert, das Gestühl reihte sich frontal vor der Kanzel. Aus den Resten der Orgel stellte man eine kleinere her.

Bei der Sanierung 1856/57 wurde die Schinkelsche Farbfassung verändert, eine Beleuchtung und Heizung mit Gas eingebaut. Das dadurch veränderte Raumklima verursachte Schäden, sodass die Kirche 1881 für Reparaturarbeiten geschlossen wurde. Während der folgenden Renovie-

Rundbau und Portikus

Umlaufende Empore mit Grüneberg-Orgel   *Kanzelaltarwand*

rung wurde wieder eine neue Farbfassung angebracht und die Kuppeldecke mit Stuck und Kassetten überfrachtet. Die von Schinkel gestaltete Kanzelwand wurde verziert, in der Mitte ein Kreuz angebracht und bunte Bleiglasfenster eingesetzt. In den 1920er Jahren nahm man diese schwer wirkende Ausgestaltung wieder im Schinkelschen Sinne zurück.

Nach dem Zweiten Weltkrieg erfolgten lediglich Sicherungsmaßnahmen. In den 1960er Jahren wurde die Französische Kirche wegen Baufälligkeit gesperrt. Erst die Wiedervereinigung und die Tausendjahrfeier Potsdams brachten Mittel für eine Sanierung. Aus der Kirchengemeinde Bärenklau gelangte die Barockorgel von 1783 des Orgelbauers Johann Wilhelm Grüneberg (1751–1782) in die Kirche. Bei einer Besichtigung kann manchmal der Akustik der Französischen Kirche nachgelauscht werden, wenn die freundliche Pfarrerin auf ihrer Klarinette spielt. Gerne erklärt sie zwischen den Etuden die Geschichte der Kirche; und wie eine Schülerin nach dem ersten Rundblick laut sagte: „Jar keene Leichen hier!" – und damit das Wesentliche der Französischen Kirche auf den Punkt brachte.

Französische Kirche
Charlottenstraße/Ecke Französische Straße,
14467 Potsdam

Französisch-reformierte Gemeinde Potsdam/Gemeindehaus
Gutenbergstr. 77, 14467 Potsdam
Tel. 0331/29 12 19
www.reformiert-potsdam.de

Anreise
🚌🚃 Vom Hbf Berlin nach Potsdam Hbf gibt es eine Verbindung mit der S-Bahn (Fahrtzeit rund 30 Minuten) und mit dem RE (Fahrtzeit rund 25 Minuten).
🚗 Vom Berliner Dom bis Potsdam sind es circa 36 Kilometer. Über die A100, A115 und Ausfahrt Potsdam-Babelsberg nach Potsdam Zentrum. Fahrtzeit rund 40 Minuten.

Nach mehreren Vorgängerbauten geht die heutige Nikolaikirche auf einen Entwurf des Baumeisters Karl Friedrich Schinkel (1781–1841) zurück. Dieser sah einen Kuppelbau auf dem Grundriss eines griechischen Kreuzes mit einer nördlichen, halbrunden Apsis für den Altar vor. Errichtet wurde jedoch nach Wunsch des Königs Friedrich Wilhelm III. eine Basilika ohne Turm und ohne Kuppel, unter der Leitung des Schinkel-Schülers Ludwig Persius (1803–1845). Die Einweihung erfolgte 1837. Erst 1843 begann unter König Friedrich Wilhelm IV. der Umbau zum Kuppelbau nach Schinkels Entwürfen, wieder unter der Leitung von Persius, nach seinem Tod übernahm Friedrich August Stüler (1800–1865). Aus statischen Gründen versah Persius die Ecken mit rechteckigen Türmen, welche die Glockentürme der Nikolaikirche bilden. Auf dem fast würfelförmigen Kerngebäude erhebt sich über einem Tambour die Kuppel mit einem Durchmesser von 24 und einer Höhe von 13 Metern. Ihren Abschluss bildet eine 14,5 Meter hohe Laterne mit Kugel und Kreuz auf der Spitze. Insgesamt erreicht die Kirche eine Höhe von 77 Metern. Ihre Einweihung fand am 24. März 1850 statt.

Bei einem Bombenangriff am 14. April 1945 erlitt die Nikolaikirche nur geringe Schäden, doch sowjetischer Artilleriebeschuss machte sie zur Ruine.

Ansicht vom Alten Markt

Die Kuppel mitsamt der Orgelempore stürzte ein, die in alter Form nicht mehr errichtet wurde. Seit 2005 steht im Chorraum eine Kreienbrink-Orgel, die aus Teilen einer Schuke-Orgel hergestellt ist. Altar und Kanzel blieben weitgehend unversehrt. Mitte der 1950er Jahre begann die Restaurierung der Außenkuppel. Im Zuge der Wiederherstellung von 1968 bis 1977 entstand auch der neue Säulenportikus. Bei der Renovierung des Innenraums ab 1975 wurden die Säulen weiter in den Kirchenraum gesetzt, um mithilfe von Glaswänden Räume für die Gemeinde und ein Foyer zu erhalten. Dadurch ging die ursprüngliche Raumwirkung, die vom Grundriss in Form eines griechischen Kreuzes herrührte, verloren. Stattdessen entstand der Eindruck eines eher quadratischen Grundrisses. Am 2. Mai 1981 wurde die renovierte Nikolaikirche wieder eingeweiht. Der Abschluss der Sanierungsarbeiten wurde am 3. Oktober 2010 mit einem Gottesdienst gefeiert.

Im Innenraum des Gebäudes beeindruckt die Innenkuppel mit einer Höhe von 52 Metern bis zum Kuppelscheitel. Die Pendentifs zieren vier Medaillons mit Bildern der Propheten des Alten Testaments. In den Nischen der Innenseite des Tambours stehen 14 Skulpturen, die Personen aus dem Alten Testament darstellen. In der Apsis wurde die Schale entgegen der Originalfassung monochrom gefasst. An der Wand zeigen Malereien die vier Evangelisten und die zwölf Apostel. Ein Altarziborium, das auf Wunsch Friedrich Wilhelms IV. nach Entwürfen von Stüler gefertigt wurde, verdeckt den Blick auf die Darstellungen. Schinkels Al-

Apsis mit Altarziborium

tar stand allein im Chorraum, vor ihm der Taufstein aus demselben schwarzen Stein. Erhalten blieb die rechteckige Kanzel mit dem großen, flachen Schalldeckel. Auf ihr sind Motive aus der Bergpredigt nach Entwürfen von Schinkel abgebildet. Der Kirchenraum ist an vielen Stellen mit Engeln und Pflanzendarstellungen nach Ideen von Schinkel ausgeschmückt.

Nikolaikirche
Am Alten Markt 1, 14467 Potsdam

Evangelische St. Nikolai-Kirchengemeinde Potsdam
Am Alten Markt, 14467 Potsdam
Tel. 0331/270 86 02
www.nikolai-potsdam.de

Potsdam Tourismus Service
Am Neuen Markt 1, 14467 Potsdam
Tel. 0331/27 55 88 99
www.potsdamtourismus.de

Anreise
🚌🚆 Vom Hbf Berlin nach Potsdam Hbf gibt es eine Verbindung mit der S-Bahn (Fahrtzeit rund 30 Minuten) und mit dem RE (Fahrtzeit rund 25 Minuten).
🚗 Vom Berliner Dom bis Potsdam sind es circa 36 Kilometer. Über die A100, A115 und Ausfahrt Potsdam-Babelsberg nach Potsdam Zentrum. Fahrtzeit rund 40 Minuten.

Katholische Kirche St. Peter und Paul

Die geradlinige Brandenburger Straße verbindet das Brandenburger Tor mit der katholischen Kirche St. Peter und Paul, deren spitzer Turm am Ende der Straße aufragt. Nach dem Eintritt durch das dreiteilige Turmportal überrascht der von Licht durchflutete, große, kreuzförmige Innenraum. Große Bögen erweitern den Raum in seine Flügel. An den Orient erinnert die östlich gelegene Apsis, die mit drei Konchen ausgebildet ist. Als Anregung diente unter anderem die Hagia Sophia in Istanbul. Die Gewölbe zeigen Darstellungen auf goldenem Hintergrund, was abermals die Assoziation mit einer Kirche aus dem östlichen Teil Europas nahelegt. Die restlichen drei Kreuzarme sind mit Emporen versehen. Auf der westlichen Orgelempore steht eine Schuke-Orgel von 1936, bei welcher der beeindruckende Prospekt von 1869 des Orgelbauers Karl August Buchholz (1796–1884) erhalten blieb. Überall im Kirchenraum sind kunstvolle Formen, Zeichnungen, Ornamente oder Malereien zu entdecken.

Die Kirche wurde von 1867 bis 1870 nach Plänen von Friedrich August Stüler (1800–1865) erbaut. Stüler starb vor Baubeginn, sodass Wilhelm Salzenberg (1803–1887), Baurat in der preußischen Bauverwaltung, den Kirchenbau

Westseite mit italienischen Stilanklängen

übernahm. Allerdings veränderte er teilweise die Pläne Stülers. Es entstand eine eklektizistische Kirchenarchitektur im romanisierenden Stil, mit sowohl italienischen als auch byzantinischen Elementen. Die repräsentative Westfassade mit hohem Turm zitiert italienische Architektur; so besteht Ähnlichkeit mit dem Campanile von San Zeno in Verona. Über dem Mittelportal sind drei Rundbogennischen zu sehen. Sie enthalten Skulpturen der Kirchenpatrone St. Peter und Paul und der heiligen Maria. Der dreiteilige Rhythmus der Westfassade wiederholt sich an den Nord- und Südfassaden. Die Ostseite der Kirche bildet mit ihrer orientalisch anmutenden Apsis ein besonderes architektonisches Element.

Der marmorne Hauptaltar der Erstausstattung steht als Hochaltar in der mittleren Konche, während ein Predigeraltar von 1992 weiter vorn platziert ist. Die drei Konchen umläuft ein Fries mit Darstellungen verschiedener Heiligen, die unter Palmen stehen. Drei Gemälde des preußischen Hofmalers Antoine Pesne (1683–1757) hängen in den Konchen der Apsis. Die Deckenmalereien zeigen Gott Vater, Sohn und als Glasmalerei im mittleren Fenster die Taube als Symbol für den Heiligen Geist. Die Kanzel mit Schalldeckel von 1868/69 am nordöstlichen Pfeiler zeigt farbig akzentuierte Kassettenfelder. In der linken Seitenempore wurde vor einem auf die Wand gemalten Vorhang die dazugehörige lebensgroße Pietà wieder aufgebaut. Es handelt sich um eine Arbeit aus Terrakotta von 1878. Ein vergoldetes, an eine Ikone erinnerndes Marienbild ist links unterhalb der Orgelempore zu sehen. Es ist eine Kopie der

Blick auf die drei Konchen des Altarraums

„Muttergottes von der immerwährenden Hilfe" aus dem 14. Jahrhundert, das als wundertätiges Bild in der römischen Kirche Sant'Alfonso hängt.

Die katholische Kirche St. Peter und Paul in Potsdam verbindet in überraschender Weise die Raumwirkung einer Stülerschen Kirche aus dem 19. Jahrhundert mit romanischen, italienischen und auch byzantinischen Stilelementen.

Propsteikirche St. Peter und Paul Potsdam
Bassinplatz, 14467 Potsdam

Katholisches Pfarramt St. Peter und Paul
Am Bassin 2, 14467 Potsdam
Tel. 0331/23 07 99-0
www.peter-paul-kirche.de

Anreise
🚌🚊 Vom Hbf Berlin nach Potsdam Hbf gibt es eine Verbindung mit der S-Bahn (Fahrtzeit rund 30 Minuten) und mit dem RE (Fahrtzeit rund 25 Minuten).
🚗 Vom Berliner Dom bis Potsdam sind es circa 36 Kilometer. Über die A100, A115 und Ausfahrt Potsdam-Babelsberg nach Potsdam Zentrum. Fahrtzeit rund 40 Minuten.

Mit Potsdam werden im Allgemeinen die bekannten Kirchen im Zentrum der Hauptstadt Brandenburgs verbunden. Doch Eingemeindungen haben im Laufe der Zeit das Stadtgebiet erweitert und Potsdam Dorfkirchen beschert, von denen man normalerweise kaum Notiz nimmt. Doch das ist ein Fehler, denn meist liegen die interessanten und hübschen Kirchen in idyllischen kleinen Dörfern, umgeben von Seen und Flüssen. So auch im heutigen Ortsteil Grube mit nur rund 500 Einwohnern insgesamt, der in den 1990er Jahren zu Potsdam kam. Die 1265 erstmals urkundlich erwähnte Ansiedlung liegt zwischen Feldern, Wiesen und Weiden an der Wublitz, an der Wasserverbindung zwischen Schlänitzsee und Großem Zernsee. Zum Ortsteil gehören noch Neugrube, Schlänitzsee und von Grube aus am Ende eines von Bäumen beschatteten Weges, der scheinbar nach Nirgendwo führt, liegt Nattwerder, eine ehemalige Kolonistensiedlung Schweizer Siedler. Sie wurde auf Betreiben des Großen Kurfürsten Friedrich Wilhelm um 1685 gegründet, auf einem „nassen Werder", also einer feuchten Halbinsel. Nach dem Dreißigjährigen Krieg sollte hier wie anderswo das leere Brandenburger Land wieder bevölkert werden.

Die Dorfkirche von Nattwerder gilt als die älteste erhaltene Kirche Potsdams. Sie wurde am 16. November 1690 geweiht. Die Kirche hat im Westen einen niedrigen, quadratischen Turm mit ziegelgedecktem Pyramidendach. Die Empore über dem Turmeingang und die Holzkanzel sind aus der Bauzeit. Die Ostempore über dem Altartisch wurde 1797 für eine kleine Orgel errichtet. Im Jahr 1996 baute die Potsdamer Orgelbauwerkstatt Schuke in das historische Gehäuse ein Instrument mit acht Registern ein. Wie früher drehen sich Sonne und Mond am restaurierten Prospekt. Im Sommer werden in der idyllisch gelegen Dorfkirche beliebte Konzerte gegeben. Zudem lohnt sich der Gang über den alten Friedhof, wo anhand der Grabsteininschriften die „Schweizer Vergangenheit" der Siedler nachvollziehbar wird, die dem reformierten Glauben anhingen. Noch heute sollen

Dorfkirche Schweizer Siedler

Abendstimmung am Wublitzsee

in der kleinen Ansiedlung Nattwerder Nachkommen der Siedler wohnen. Die Kirche ist im Originalzustand mit der ursprünglichen Ausstattung erhalten. In den Jahren 2010/11 wurde sie einer denkmalgerechten Restaurierung unterzogen.

Dorfkirche Nattwerder
Dorfstraße, 14469 Potsdam/OT Nattwerder

Schweizer Kolonistendorf Nattwerder e. V.
Vereinsvorsitzender Hans Scheffler
Dorfstraße 4, 14469 Potsdam/OT Nattwerder
Tel. 0331/505 16 40
http://nattwerder.de

Anreise
Vom Hbf Berlin mit dem RE nach Potsdam, weiter mit dem Bus 612 nach Grube. Reisezeit rund 1 Stunde und 15 Minuten. Von Grube sind es zu Fuß circa 1,6 Kilometer bis Nattwerder.
Vom Berliner Dom bis Grube sind es circa 46 Kilometer. Nach Westen über die B5 auf die A10, nach Süden in Richtung Leipzig/Magdeburg, Ausfahrt Leest, weiter in Richtung Bornim nach Grube. Fahrtzeit rund 55 Minuten.

Vom Wasser aus bietet die Sacrower Heilandskirche einen unvergesslichen Anblick. Wie ein festgetäutes Schiff ruht sie am Ufer, an das sich der Schlosspark des Sacrower Schlosses anschließt, den der Gartenbaumeister Peter Joseph Lenné (1789–1866) gestaltete. In den 1990er Jahren von Grund auf restauriert, gehören Heilandskirche, Schloss Sacrow und sein Park zur Potsdamer Havellandschaft, die seit 1990 zum Weltkulturerbe der UNESCO zählt.

Die Heilandskirche wurde als Kirche der Sacrower Kirchengemeinde erbaut, deren Dorfkirche von 1694 im Jahr 1822 abgebrochen wurde. König Friedrich Wilhelm IV. (1795–1861) beauftragte Ludwig Persius (1803–1845) mit dem Bau einer Kirche im italienischen Stil am „Port von Sacrow". Nach drei Jahren Bauzeit fand am 21. Juli 1844 die Einweihung statt. Sowohl die Kirche als auch der frei stehende Campanile haben verblendete Außenwände aus gelblichem Ziegelstein, die durch horizontale Streifen aus blau glasierten und gemusterten Fliesen gegliedert werden. Die Heilandskirche nimmt die Struktur einer dreischiffigen Basilika auf. Doch birgt die Kirche eine rechteckige Saalkirche mit runder Apsis im Osten. Seitenschiffe und Chorumlauf

werden von einer außen liegenden, lang gestreckten Arkadenhalle vorgetäuscht, die um die Kirche läuft. Ihre Rundbogenarkaden mit kannelierten Säulen erscheinen vom Wasser aus wie die überdachte Reling eines Flussdampfers. Beim schlendern unter den Arkaden mit an den Steinsockel plätschernden Wellen lässt Venedig grüßen. Am Haupteingang bildet der Arkadenweg eine Art offene Vorhalle mit einem dreibogigen Portal.

Den ersten Blick nimmt nach Betreten des Kirchensaals ein Freskogemälde im byzantinischen Stil in der Apsis gefangen. Umgeben von den vier Evangelisten wird vor goldenem Hintergrund der thronende Christus dargestellt. Am Scheitel der Apsis sieht man die Taube als Symbol des Heiligen Geistes. Das Gemälde stammt von Adolph Eybel (1806–1846), der es

Ganz nah am Wasser gebaut

nach einem Entwurf von Carl Joseph Begas (1794–1854) malte. Als Altartisch steht ein einfacher Tisch vor einem Kreuz. Eine Rekonstruktion des ursprünglichen Tisches war aufgrund fehlender Nachweise nicht mehr möglich. Zwischen den Obergadenfenstern stehen auf Wandkonsolen aus Holz geschnitzte Figuren der zwölf Apostel von Jakob Alberty (1811–1870). Das 1990 hinzugekommene Gestühl wurde dem Original von 1845 in Form und Anordnung nachgebaut. Die Kassettendecke mit sichtbaren Balken bildet einen sternenbestückten Himmel ab.

Der etwas über 20 Meter hohe Campanile steht frei auf einer Terrasse, die quer zur Kirchenachse liegt und einen Vorplatz vor dem Westeingang bildet. Der Glockenturm wurde 1897 von den Physikern Adolf Slaby (1849–1913) und Georg Graf von Arco (1869–1940) als Funkturm für

Kirchensaal mit bemalter Apsis

Versuche in der Funktechnik genutzt. Hier errichteten sie die erste deutsche Antennenanlage für drahtlose Telegrafie. Eine Gedenktafel erinnert daran.

Seit 1995 finden in der Heilandskirche wieder regelmäßig Gottesdienste statt, die auch als Konzertkirche bekannt ist. Die einmalig schön gelegene Sacrower Heilandskirche ist zudem besonders bei Brautpaaren beliebt.

Heilandskirche
Fährstraße, 14469 Potsdam/OT Sacrow

Ars Sacrow e.V./Förderverein
Weinmeisterweg 8, 14469 Potsdam/OT Sacrow
www.ars-sacrow.de

Anreise
🚌🚆 Vom Hbf Berlin mit dem RE bis nach Spandau, weiter mit dem Bus 135 bis Alt Kladow, Umsteigen in den Bus 697 in Richtung Sacrow bis Haltestelle Schloss Sacrow. Reisezeit rund 1 Stunde und 5 Minuten.
🚗 Vom Berliner Dom bis Sacrow sind es rund 31 Kilometer. Auf der B2 über Charlottenburg, Berlin Westend nach Spandau. Links abbiegen in Richtung Gatow, weiter über Kladow nach Sacrow. Fahrtzeit rund 50 Minuten.

Nahe der westlichen Grenze von Brandenburg liegt in Richtung Hannover die Ortschaft Ziesar, die aus einer slawischen Siedlung entstand. Der aus dem Slawischen herrührende Ortsname Ziesar bedeutet „Hinter dem See", was darauf verweist, dass die Gegend einstmals reich an Seen und Feuchtgebieten war. Ziesar wurde 948 erstmals urkundlich erwähnt. Vermutlich schon seit Ende des 14. Jahrhunderts besitzt Ziesar das Stadtrecht. Bekannt ist der Ort durch die Burg Ziesar, die auf einer leichten Anhöhe liegt. Von 1327 bis zur Reformationszeit 1571 war sie der Sitz der Bischöfe von Brandenburg. Zu sehen sind heute die Reste der schlossartigen Anlage, die einstmals für ihre sieben Türme bekannt war. Von den Türmen, die noch erhalten sind, fällt der mit einer Bischofskappe versehene Burgturm auf, dessen Ursprung auf ein Alter von über 1.000 Jahren geschätzt wird. In der Burganlage sind inzwischen das Tourismusbüro und das besuchenswerte Museum für brandenburgische Kirchen- und Kulturgeschichte des Mittelalters untergebracht.

Auffällig sind übermannsgroße Wächterfiguren aus Stein, von denen die eine am Eingang und die andere am bekannten Storchenturm steht, auf dem jedes Jahr Störche nisten. Diese Figuren stammen jedoch nicht aus dem

Mittelalter, sondern sind Skulpturen aus der Werkstatt von Alexander Calandrelli (1834–1903), der zur „Berliner Bildhauerschule" gehörte. Der Geheime Kriegsrat Paul Schneider (1863–1946) erwarb die Figuren in den 1920er Jahren und stellte sie in der Burganlage auf.

Eine Besonderheit stellt die gotische Burgkapelle dar, die zu den umschließenden Gebäuden des Burghofes zählt. Sie wurde 1470 von Bischof Dietrich von Stechow geweiht. Zum Burghof hin zeigt sie eine reich verzierte, gotische Backsteinfassade. Das beeindruckende Eingangsportal ist von Maßwerk umgeben. Die Fassade gilt als Besonderheit der Backsteinarchitektur in Brandenburg.

Im Inneren war die Kapelle, die eine gemauerte Nordempore besitzt, die auf drei Nischen ruht, anfänglich in einer ein-

Eingang der Burgkapelle

fachen Farbfassung gehalten. Die Gewöl-
berippen waren rot und mit orange- und
grünfarbigen Begleitstrichen versehen. In
den Scheidbögen der Emporen befanden
sich Rankenmalereien. Die östliche Nische wurde mit einer Mondsichelmadonna ausgestaltet, in der mittleren Nische
befindet sich eine Wurzel-Jesse-Darstel-
lung und in der westlichen Nische ist ein
Stammbaum, möglicherweise ein Mari-
enstammbaum, zu bewundern. Um 1500,
oder auch erst um 1530/40 wurde die Kapelle mit einer grünlichen Rankenmalerei

Burgkapelle

ausgemalt, die Gewölbe mit illusionistischem Maßwerk. Die drei Malereien
in den Nischen wurden in die neue Ausmalung integriert. Nach der Reformation nutzte man die Kapelle noch für Gottesdienste. Ende des 17. Jahrhunderts wurden die Malereien jedoch mit weißer Farbe übertüncht. Da die
Kapelle nach 1830 unter anderem als Lagerraum diente, hat letztendlich wohl
die Übertünchung die Malereien aus dem Mittelalter geschützt und erhalten.
So ist nach Freilegung und Restaurierung eine Kapelle mit nahezu vollständi-
ger Ausmalung aus dem Mittelalter zu bewundern, wobei das illusionistisch
gemalte Maßwerk besonders beeindruckt. Seit 1952 stellt die Stadt Ziesar der
katholischen Gemeinde die Kapelle als Gotteshaus zur Verfügung.

Burgkapelle
Burg Ziesar, 14793 Ziesar

Museum Burg Ziesar/
Touristinformation Burg Ziesar
Mühlentor 15A, 14793 Ziesar
Tel. 033830/127 35
www.ziesar.de

Anreise
🚌🚆 Vom Hbf Berlin fährt ein RE nach Wusterwitz, von dort mit dem Bus 560 zum stillgelegten Bahnhof Ziesar. Die Reisezeit beträgt rund
1 Stunde und 40 Minuten. Der Fußweg zum
Kloster beträgt circa 750 Meter.
🚗 Vom Berliner Dom sind es rund 103 Kilometer
bis Ziesar. Über die A100, A115, A10 in Richtung
Hannover/Magdeburg bis zur Ausfahrt Ziesar.
Weiter auf der L93 nach Ziesar. Fahrtzeit rund
1 Stunde und 10 Minuten.

A24

E55

B5

B273

Rathenow

68
Ribbeck

H a v e l l a n d

Bagow 70
Ketzür 66 67 Päwesin

Havel

Paretz 69
Natt

61 62
63 64 65
Brandenburg

54
Petz

B1

51
Kloster Lehnin

E30

Ziesar
52 60
A2

B102

A9

Dahnsdorf 47

E51

4
Barden

Brandenburg an der Havel

Prämonstratenserkloster (Domkapitel St. Peter und Paul)

Wie vielleicht erwartet, findet man den Brandenburger Dom nicht im historischen Altstadtkern, sondern gleichsam außerhalb auf einer Insel. Zugleich passt dies zu einer Stadt, die mit dem Slogan wirbt: „Brandenburg an der Havel – Die Stadt im Fluss". Gegliedert von mehreren Flussarmen, gelegen an Stadtseen, die sich ins Umland erweitern und Möglichkeiten für Segeln, Bootsfahrten und Kanuwanderungen bieten, bildet das Wasser ein wesentliches Element im Stadtbild Brandenburgs.

Im Mittelalter bestand Brandenburg aus dem Alten Brandenburg, dem Neuen Brandenburg und dem Dombezirk auf der Dominsel. Das Alte Brandenburg, die heutige Altstadt, entwickelte sich oberhalb des Flussufers als Siedlung Parduin um die St. Gotthardt-Kirche. Hier ließen sich 1147 Prämonstratenser nieder, die jedoch 1166 auf die Dominsel im Fluss übersiedelten. Dort war ein Jahr zuvor auf den Resten einer slawischen Burg der Grundstein des Doms gesetzt worden, sodass der Dombezirk entstehen konnte. Die Neustadt, eine Gründung Ende des 12. Jahrhunderts, liegt gegenüber der Altstadt auf der anderen Seite der Havel, mit der Pfarrkirche St. Katharinen als weithin sichtbares Zentrum. Der preußische König Friedrich Wilhelm I. vereinigte am 27. Mai 1715 die beiden ummauerten Städte zu einer Gemeinde. Die Dominsel kam erst 1929 dazu. Diese Entwicklung brachte eine bis heute spürbare Dreiteiligkeit Brandenburgs mit sich.

Wo heute der Dom steht, befand sich im 10. Jahrhundert die Burg der slawischen Heveller. König Heinrich I. eroberte sie 928/29. Wahrscheinlich gründete König Otto I. 948 an dieser Stelle das erste Missionsbistum östlich der Elbe. Doch während des Slawenaufstandes 983 zerstörten die Slawen den ersten Kapitelsitz und eroberten die Dominsel zurück. Um 1147 erlaubte der slawische Hevellerfürst Pribislaw-Heinrich, der dem Christentum nahestand, die Errichtung eines Prämonstratenserstifts bei der Kirche St. Gotthardt. Im Jahr 1161 zum Domkapitel von Brandenburg erhoben, wurde es 1165 auf die Dominsel verlegt und mit dem Bau des Doms begonnen.

Mittelschiff mit Blick auf den Hochaltar

Brücken führen hinüber zur Dominsel

Die Prämonstratenserregeln wurden 1507 außer Kraft gesetzt, als das Domstift in ein Stift von Säkularkanonikern ohne Ordensregel umgewandelt wurde. 1544 wurde im Dom die evangelische Kirchenordnung eingeführt. Um den Forderungen Napoleons nachkommen zu können, wurde 1809 das Brandenburger Domstift aufgehoben. 1822 richtete man es jedoch unter der Herrschaft des Königs wieder ein. Nach der Novemberrevolution 1918 fielen die Rechte an das preußische Staatsministerium. Im Jahr 1930 folgte die Umwandlung in eine Stiftung, doch schon 1935 wurde diese wieder zurückgenommen. Nach dem Zweiten Weltkrieg wurde das Domkapitel ein evangelisches Domstift als „Stiftung öffentlichen Rechts" unter Aufsicht der Evangelischen Kirche. Heute wird die Domkirche als Gottesdienststätte der evangelischen Brandenburger Domgemeinde genutzt. Regelmäßig finden Konzerte statt, die einen überregionalen Ruf genießen. In der Stiftsklausur befinden sich das Domstiftsarchiv und das Dommuseum.

Die dreischiffige, ursprünglich romanische Pfeilerbasilika mit Querhaus, Chor und Hauptapsis zeigt im Großen und Ganzen eine gotische Architektur. In seiner Baugeschichte erfuhr der Brandenburger Dom zahlreiche Veränderungen und Umbauten. Nach der Grundsteinlegung am 11. Oktober 1165 wurde bis 1200 ein dreischiffiges, flach gedecktes Langhaus errichtet, mit einer

Krypta unter Chor und Vierung, die um 1220 neu gewölbt wurde. Bis 1235 wurde die wegen ihrer farbigen Ausmalung so genannte „Bunte Kapelle" eingebaut. Um 1295 begann der gotische Ausbau der Hallenkirche. Im 14. Jahrhundert wurde der Hochchor durch Chorschranken abgetrennt und ein hochgotischer Lettner hinzugefügt. Nach der Reformation wurde der Lettner abgebrochen und 1648 eine Freitreppe zum Hochchor installiert. Anfang der 1960er Jahre musste sie wieder weichen. Dabei wurden die rundbogigen

Ritterakademie anstelle des Westflügels

Zugänge der Krypta freigelegt, was indes nicht dem ursprünglichen Bild entspricht, da die Öffnungen vorher nie sichtbar gewesen waren.

Weil ein Turm an der geplanten Doppelturmfassade fehlt, erscheint der Brandenburger Dom wie eine gotische Backsteinkathedrale, die nicht ganz fertig wurde. Im späten 14. Jahrhundert war eine repräsentative Doppelturmfassade geplant gewesen, doch der Südturm stürzte vermutlich noch im selben Jahrhundert ein und die schmucke Westfassade mit zwei Türmen blieb ein Traum. Auch für reichhaltige Ausschmückung fehlten die Mittel, dennoch sind Darstellungen aus Tierfabeln zu erkennen, wie die Gänsepredigt des Fuchses oder Vögel beim Schachspiel, sowie eine Baustellendarstellung. Wer den Eingang des Doms für die Bedeutung dieser Kirche als zu einfach empfindet, muss sich zwei Türme vorstellen, zwischen denen eine gotische Fassade zum Himmel ragt, in der ein geschmücktes Portal in die Kirche führt. Was wir heute sehen, lässt die vorgesehene Wirkung nur erahnen.

Im 15. Jahrhundert erhielt das Langhaus ein Kreuzrippengewölbe, die Seitenschiffe wurden erhöht und mit Gewölben versehen. Die Vorhalle erhielt einen Giebel und die Apsis ein gotisches Chorpolygon mit großen Fenstern. Der gotische Domausbau dauerte bis ins Jahr 1464. Da bei diesem Domausbau die Gründung nicht verstärkt wurde, entstand eine Serie von Bauschäden, die immer wieder Reparaturen notwendig machten. Nach umfangreichen Bauuntersuchungen 1827, die auf Karl Friedrich Schinkel (1781–1841) zurückgingen, kam es zu einer ersten grundlegenden Sanierung. Nach einem Entwurf Schinkels wurde dem Turm ein achtseitiger, pyramidenförmiger Helm aufgesetzt. Damals wurde der Brandenburger Dom als historisches Monument entdeckt.

Umgeben wird der Dom von Kurien und Wirtschaftsgebäuden aus dem 17. bis frühen 19. Jahrhundert. Auf der Nordseite schließt sich die Klausur an. Ost- und Nordflügel stammen aus dem Mittelalter während der Westflügel 1869/70 erbaut wurde.

Krypta

Der Dom war in seiner Geschichte mit zahlreichen Kunstwerken ausgestattet, von denen nur noch ein Teil vorhanden ist. Einige Altäre und Kunstobjekte sind im Dommuseum ausgestellt, wie das als Brandenburger Hungertuch bekannte Velum aus dem späten 13. Jahrhundert. Es handelt sich um eine Bildstickerei auf Weißleinen mit 29 Szenen aus dem Leben Christi und einer Darstellung des Weltgerichts. Der älteste erhaltene Altaraufsatz im Dom ist der um 1375 entstandene Hochaltar der Domkirche, der allerdings im südlichen Querhaus zu besichtigen ist. Der „Böhmische Altar" gilt als bedeutendes Beispiel für die Frühform des Altarretabels, das gleichzeitig als Reliquienschrein diente. Die ursprünglich farbigen Schnitzfiguren stellen neben anderen Motiven die Krönung Mariä und die Stiftsheiligen Petrus und Paulus dar. Die beiden Flügel zeigen je 14 Heiligenfiguren. Die auf den Predellenflügeln gemalten Szenen aus dem Leben der Heiligen Petrus und Paulus gelten als Hauptwerke der Malerei des 14. Jahrhunderts. Das Retabel des Hochaltars wurde 1723 durch den 1520 entstandenen, seit 1552 im Brandenburger Dom befindlichen Altar aus dem Kloster Lehnin ersetzt. Etwa zur selben Zeit entstand der Hauptaltar der Laienkirche, der sogenannte Heiligkreuzaltar. Das Triptychon des Altarretabels zeigt in der Mitte die Kreuzigungsgruppe sowie einen prämonstratensischen Stifter, auf den Flügeln Petrus und Paulus, auf der Rückseite die Heiligen Augustinus und Antonius.

Die Kanzel von 1691 ist ein Werk von Martin Caspar Schau aus Berlin. Im Hochchor steht der um 1375 entstandene Taufstein aus Sandstein, der die Form eines achteckigen Kelches hat, verziert mit einem Relieffries mit Szenen aus der Kindheit Jesu. Das zu Beginn des 16. Jahrhunderts angefertigte Taufbecken aus Messing zeigt die Verkündigung Mariä sowie zwei Jagdfriese. Das Chorgestühl auf dem Hochchor aus dem 14. Jahrhundert ist mit den Wappen der damaligen Domherren geschmückt. Über dem Choreingang kann man eine spätgotische Triumphkreuzgruppe von 1426 bewundern. Zur Ausstattung der Krypta gehört ein spätromanisches Kruzifix aus der Mitte des 13. Jahrhunderts. Die heutige Orgel entstand zwischen 1723 und 1725. Sie ist ein Werk von Joachim Wagner (1690–1749). Das beeindruckende Instrument ist eine der wenigen nahezu im Original erhaltenen Wagner-Orgeln. Die einzigartige Akustik des Doms macht Konzerte zu einem lohnenswerten Ereignis. Doch schon der Besuch des Domes insgesamt ist ein besonderes Erlebnis, nicht zuletzt, weil er als die „Wiege der Mark" und als „Mutter aller märkischen Kirchen" gilt.

Lehniner Altar auf dem Hochchor

Domstift Brandenburg
Burghof 10, 14776 Brandenburg an der Havel
Tel. 03381/211 22 23
www.dom-brandenburg.de

Dom-Museum
Burghof 10, 14776 Brandenburg an der Havel
Tel. 03381/211 22 21
museum@dom-brandenburg.de

Touristinformation
Neustädtischer Markt 3, 14776 Brandenburg an der Havel
Tel. 03381/20 87 69
www.stadt-brandenburg.de

Anreise
🚌🚆 Vom Hbf Berlin fährt ein RE direkt bis zum Hbf Brandenburg an der Havel. Reisezeit rund 1 Stunde.

🚗 Vom Berliner Dom bis Brandenburg an der Havel sind es circa 82 Kilometer. Über die A115, A10 und B102. Fahrtzeit rund 1 Stunde und 5 Minuten.

Lange Jahre stand in Brandenburg die Ruine des Dominikanerklosters St. Pauli. Bei seiner Zerstörung im Zweiten Weltkrieg gingen die wertvolle Innenausstattung aus mehreren Zeitepochen und die Barockorgel verloren. Wenige der Epitaphien blieben im Kreuzgang erhalten. Das verwüstete historische Viertel um das Kloster wurde mit zweckdienlichen Wohnhäusern der Nachkriegszeit wieder aufgebaut. Der Anblick der verwahrlosten Klosterruine wirkte stets wie eine nicht verheilte Wunde. Erst nach der Wende konnten Sanierung und Rekonstruktion in Angriff genommen werden. Neben Klausur, Bibliothek, Kapelle und Kreuzgang wurde die Klosterkirche als beeindruckender Raum für Veranstaltungen wieder aufgebaut. Seit 2008 beherbergt das Kloster das „Archäologische Landesmuseum Brandenburg im Paulikloster".

Die zwischen 1286 und 1497 erbaute Klosteranlage gilt als eine der am besten erhaltenen der Backsteingotik in Norddeutschland. Markgraf Otto V. schenkte den Dominikanern 1286 einen Hof an der Stadtmauer zum Aufbau eines Klosters. Die Bauarbeiten begannen mit dem einschiffigen Chor und dem Hochaltar der Kirche. Für die Gemeinde wurde eine dreischiffige Halle errichtet, der die Klostergebäude folgten. Ab 1306 entstanden auch Wohnhäuser, deren Miete die Mönche kassierten. Hinzu kamen die erbettelten Beiträge, das Geld von Stiftungen und Zuwendungen. Der Grundbesitz des Klosters blieb klein. Spätestes 1384 dürfte die große, dreischiffige, kreuzrippengewölbte Backsteinkirche vollendet gewesen sein, als der Brandenburger Bischof die Kirche und vier Altäre weihte. Lediglich gestufte Strebepfeiler und Spitzbogenfenster gliedern außen die Kirche. Auffällige Verzierungen oder architektonische Elemente hätten dem Bescheidenheitsgebot der Dominikaner widersprochen. Im Inneren blieb von den ursprünglichen Arkaden mit ihren achteckigen Pfeilern die nördliche Reihe erhalten. Der Bau einer neuen Bibliothek und der Rosenkranzkapelle erfolgte im Jahr 1497. In der zweiten Hälfte des 15. Jahrhunderts entstand der recht-

Restaurierte Ruine der Klosterkirche

eckige Glockenturm, seine barock geschweifte Haube mit Laterne wurde 1717
aufgesetzt. An die Klosterkirche schließt
sich die Klausur mit einem vierflügeligen,
doppelgeschossigen Kreuzgang mit Kreuzrippengewölbe an. Der Wirtschaftsbereich
befand sich südlich der Klausur, die Gärten lagen im Südwesten.

Es wird angenommen, dass der Konvent 1547/48 aufgelöst wurde. Nach der
Übernahme der Kirche durch die Stadt
erfolgte 1560 die Nutzung als zweite evangelische Pfarrkirche der Neustadt. Das

Ost- und Südflügel der Klausur

Gotteshaus erhielt 1565 einen Renaissance-Taufstein, 1714 einen barocken
Altaraufsatz, 1718 eine Kanzel und 1720/21 eine große Orgel. 1730/33 wurden das Innere neu getüncht und Emporen eingebaut. Nach der Auflösung
des Klosters richtete man in den Klausurgebäuden Armenwohnungen ein. In
den Ostflügel zog 1575 das St. Spiritus-Hospital. Noch im frühen 20. Jahrhundert dienten die Klostergebäude als Altenheim. Das westlich der Klausur gelegene Bibliotheksgebäude wurde 1775 zum Spritzenhaus der Feuerwehr umgebaut, heute beherbergt es das Museumscafé. Seit der Instandsetzung lohnt
sich der Weg zu dem geradezu aus Ruinen auferstandenen St. Pauli-Kloster
und den Ausstellungen des Archäologischen Landesmuseums.

**Archäologisches Landesmuseum
Brandenburg im Paulikloster**
Neustädtische Heidestr. 28, 14776 Brandenburg
an der Havel
Tel. 03381/410 41 12

Paulikloster-Kirche – Veranstaltungen
Tel. 03381/58 70 70
infobuero@paulikloster-kirche.de

Touristinformation
Neustädtischer Markt 3, 14776 Brandenburg an
der Havel
Tel. 03381/20 87 69
www.stadt-brandenburg.de

Anreise
🚌🚆 Vom Hbf Berlin fährt ein RE direkt bis
zum Hbf Brandenburg an der Havel. Reisezeit
rund 1 Stunde.
🚗 Vom Berliner Dom bis Brandenburg an der
Havel sind es circa 82 Kilometer. Über die A115,
A10 und B102. Fahrtzeit rund 1 Stunde und
5 Minuten.

Die Jahrtausendbrücke über die Havel bietet einen eindrucksvollen Blick auf die Ruine der Franziskanerkirche St. Johannis. Die Kirche war vom Franziskanerkloster übrig geblieben und im Zweiten Weltkrieg zerstört worden.

Ein 1237 von Ziesar in die Altstadt Brandenburg verlegter Franziskanerkonvent errichtete das Kloster trotz des schwierigen Baugrunds an der südöstlichen Stadtmauer an der Havel, was immer wieder Reparaturen nötig machte. Zuerst wurde um 1250/70 eine lang gestreckte, flach gedeckte Saalkirche aus Backstein mit schmalen Fensterschlitzen erbaut. Um 1310/30 wurden die Fenster mit Strebepfeilern zugemauert, die Kirchenmauern auf fast das Doppelte erhöht und hochgotische Veränderungen vorgenommen. Unter anderem kam zur Stadt hin ein aufwendiges Portal mit einem darüberliegenden, schmuckvollen Rosettenfenster hinzu. Zu Beginn des 15. Jahrhunderts wurde die Kirche zu einem sechsjochigen, kreuzrippengewölbten Langhaus umgeändert und ein Chorpolygon angefügt. Zwischen 1460 und 1469 errichtete man an der südlichen Seite des Chors den Glockenturm, der vom quadratischen in einen achteckigen Grundriss übergeht. Seine geschweifte Haube wurde 1653 aufgesetzt. An der Klosterstraße sind noch Kirchenanbauten aus dem 14. und 15. Jahrhundert erhalten, die in den 1950er Jahren erneuert wurden. Sie beherbergten die Sakristei, Kapellen und die Bibliothek. Bauschäden erforderten im 16. und 17. Jahrhundert eine Verstärkung der Strebepfeiler, im Zuge dessen wurde die Wölbung durch eine bemalte Holzdecke ersetzt. Während der Restaurierung 1849/50 installierte man abermals ein neues Holzgewölbe in neugotischen Formen. Im Jahr 1905 fasste man das Innere der Kirche neu.

An die Kirche schloss sich südlich die Klosteranlage mit einem lagebedingt trapezähnlichen Grundriss von Höfen und Kreuzgang an. Seit 1545 trennte eine Mauer das Kloster vom städtischen Johannis-Hospital, das in einige Klausurräume eingezogen war. 1638 verlegte man auch das Gertrauden-Hospital in die Gebäude. Die

Gesicherte offene Ruine der Klosterkirche

letzten Gebäude der Klosteranlage wurden 1865 zugunsten des Neubaus der Saldernschen Realschule abgerissen, die im Zweiten Weltkrieg zerstört wurde. Das nordöstlich der Kirche gelegene klösterliche Brauhaus, das seit 1652 als Salzumschlagplatz sowie Ende des 19. Jahrhunderts als Exerzierhaus der Garnison diente, wurde 1900 abgerissen. Berühmt war die Bibliothek des Klosters. Viele ihrer Bände befinden sich heute in der Jagiellonischen Bibliothek in Krakau.

Seit 1541 gilt das Kloster als profaniert. Bereits 1544 wurde die St. Johanniskirche zur Filialkirche von St. Gotthardt und ab 1561 für den evangelischen Gottesdienst genutzt. Die Aufhebung des Konvents er-

Klosterkirche von der Jahrtausendbrücke

folgte um 1562. Ab 1687 stand die Kirche der deutsch- und französisch-reformierten Gemeinde zur Verfügung. Ab 1850 bis zu ihrer Zerstörung war sie die Kirche der vereinigten reformierten Gemeinde.

Nachdem 1985 das Kirchendach, die Chorwölbung und Teile der Westwand eingestürzt waren, wurde die Ruine gesperrt und ihrem Verfall überlassen. Nach der Wende wurden die Reste der Kirche gesichert und überdacht. Ein Blick von der offenen Westseite in das leere Kirchenschiff offenbart immer noch die großartige Wirkung der Backsteingotik der St. Johanniskirche.

Klosterruine Franziskanerkloster St. Johannis
Johanniskirchplatz, 14770 Brandenburg an der Havel

Touristinformation
Neustädtischer Markt 3, 14776 Brandenburg an der Havel
Tel. 03381/20 87 69
www.stadt-brandenburg.de

Anreise
🚌🚆 Vom Hbf Berlin fährt ein RE direkt bis zum Hbf Brandenburg an der Havel. Reisezeit rund 1 Stunde.
🚗 Vom Berliner Dom bis Brandenburg an der Havel sind es circa 82 Kilometer. Über die A115, A10 und B102. Fahrtzeit rund 1 Stunde und 5 Minuten.

Abseits der breiten Straßen steht auf dem Gotthardt-Kirchplatz im Stadtteil Altstadt die St. Gotthardtkirche. Ein mächtiger Viereckturm aus Feldsteinen, der mit Ziegelmauerwerk erhöht wurde, weist den Weg. Auf ihm sitzt eine barocke Haube mit einer Laterne aus dem Jahr 1767. Als Vorgängerkirche dürfte hier ein kleines Gotteshaus für die Siedlung Parduin gestanden haben, die sich auf dieser Seite der Havel gebildet hatte. Bestrebt, das im Slawenaufstand 983 verloren gegangene Brandenburger Bistum wieder auferstehen zu lassen, verhandelte Bischof Wigger um 1147 mit dem slawischen Hevellerfürsten Pribislaw-Heinrich, der gegenüber dem Christentum offen war. Er gewährte die Errichtung eines kleinen Prämonstratenserstifts in der St. Gotthardtkirche. Im Jahr 1161 erhob Bischof Wilmar den Konvent in Parduin zum Domkapitel von Brandenburg. Am 8. September 1165 zogen die Kanoniker in einer feierlichen Prozession auf die Burg Brandenburg, wo am 11. Oktober 1165 – auf den Resten der slawischen Burg – der Grundstein des Brandenburger Doms gelegt wurde. Wenn der Brandenburger Dom St. Peter und Paul als die „Mutterkirche aller märkischen Kirchen" bezeichnet wird, so bildete die St. Gotthardtkirche so etwas wie den Brückenkopf der christlichen Mission in Brandenburg. Nach der Umsiedlung des Stifts ging die St. Gotthardtkirche in den Besitz des Domstifts Brandenburg über. Seit der Reformation wird die St. Gotthardtkirche als evangelische Pfarrkirche der Altstadt Brandenburg genutzt.

Da die Prämonstratenser sich über einen Zeitraum von 18 Jahren hinweg eher „auf dem Sprung" zur Dominsel befanden, entwickelten sie an der St. Gotthardtkirche keine nennenswerten Bautätigkeiten. Baureste oder Spuren eines Klausurgebäudes wurden bisher nicht nachgewiesen.

Gegen Ende des 13. Jahrhunderts wurden auf den westlichen Feldsteinquerbau einer Vorgängerkirche ein Turm aufgesetzt und seitliche Giebel und Dächer angebaut. Zwischen 1450 und 1475 wurden Chor und Schiff als gotische Backsteinkirche neu errichtet. Es entstand eine drei-

Kirchturm mit barocker Haube und Laterne

Kanzel mit Figur *Mittelschiff mit Kreuzrippengewölbe*

schiffige, kreuzrippengewölbte Stufenhalle mit Umgangschor. Zwar gibt sich die St. Gotthardtkirche nicht als ehemalige Konventskirche zu erkennen, doch als Gemeindekirche erhielt sie eine reiche Ausstattung. Zahlreiche kunstvolle Epitaphien aus verschiedenen Epochen sind erhalten. Bedeutend ist das bronzene Taufbecken mit spätromanischer Verzierung. Über ihm schwebt ein reich mit plastischen Figuren und geschnitzten Säulchen geschmückter Baldachin aus dem Jahr 1623. Ein langer Wandteppich aus dem Jahr 1463 mit der Darstellung einer Einhornjagd ist zu sehen. Die Sandsteinkanzel von 1623 stammt von Georg Zimmermann. Der Kanzelkorb ruht auf dem Kopf eines kunstvoll herausgearbeiteten, bärtigen Mannes der in einem aufgeschlagenen Buch liest und sich auf einen Stab stützt. Das Altarretabel aus dem Jahr 1561 von Wilhelm Gulden aus Leipzig zeigt Szenen aus dem Leben Christi. In einer Nische ist das große Zifferblatt einer Kirchenuhr ohne Zeiger an die Wand gelehnt. Kein Wunder also, dass in der St. Gotthardtkirche die Zeit stillzustehen scheint.

Evangelisches Pfarramt St. Gotthardt
Gotthardtkirchplatz 8, 14770 Brandenburg an der Havel
Tel. 03381/52 20 62
buero@gotthardtkirche.de

Anreise
🚌🚃 Vom Hbf Berlin fährt ein RE direkt bis zum Hbf Brandenburg an der Havel. Reisezeit rund 1 Stunde.
🚗 Vom Berliner Dom bis Brandenburg sind es circa 82 Kilometer. Über die A115, A10 und B102. Fahrtzeit rund 1 Stunde und 5 Minuten.

Weithin sichtbar steht die St. Katharinenkirche auf der Anhöhe des Stadtteils Neustadt in Brandenburg an der Havel. Sie ist die evangelische Pfarrkirche und gilt als ein herausragendes Werk der norddeutschen Backsteingotik. Die der heiligen Katharina und der heiligen Amalberga geweihte Kirche steht an der Stelle einer um 1200 erbauten Feldsteinkirche, die 1395 abgerissen wurde. Von ihr könnten die Feldsteine stammen, die beim Turmbau Verwendung fanden. St. Katharinen, die größte Kirche der Stadt, wurde bis 1401 durch den Stettiner Baumeister Heinrich Brunsberg errichtet. Ihre mächtige Wirkung erlangt St. Katharinen nicht nur dank ihres erhabenen Standorts, sondern auch durch ihre Kubatur. Der Dachfirst erreicht eine Höhe von 38 Metern und der Turm ist 72,5 Meter hoch. Die Außenwände sind reich geschmückt. Maßwerkrosetten und figürlicher Schmuck sind in teilweise überbordender Fülle vorhanden. Besonders beeindruckt die sogenannte Schöppenkapelle an der Südseite.

Auch bei der Katharinenkirche kam es zu einem Turmeinsturz: 1582 fiel der Turm des Westgiebels in sich zusammen. Drei Lehrjungen, die in der Turmstube übernachteten, blieben wie durch ein Wunder unverletzt. Der Neuaufbau des Turmes, der eine achteckige Haube mit durchbrochener Laterne erhielt, dauerte zehn Jahre.

Ansicht vom Kirchplatz

Die dreischiffige Kirche mit Umgangschor ist reich an Innenausstattung und Kunstwerken. Sehenswert ist der große Flügelaltar von 1474 mit der Madonna zwischen Heiligenfiguren, Szenen aus der Kindheit Jesu und Darstellungen aus den Lebensgeschichten der beiden Schutzheiligen. Der Hedwigs-Altar in der Schöppenkapelle zeigt die Figur von Hedwig zwischen Rochus und Georg. Der achteckige Bronzetaufkessel von 1440 ist mit plastischen Figuren verziert. Im Stabwerk des Deckels als Baldachin ist die Madonna zu erkennen. Die Kanzel ist von 1668. Der goldverzierte barocke Orgelprospekt türmt sich mächtig auf. Im Chor ist außergewöhnliche, florale Gewölbemalerei aus der Zeit um 1430 zu bewundern.

Mittelschiff mit florarer Deckenmalerei

Nur einen Steinwurf entfernt von Hauptstraßen, Straßenbahnhaltestellen, Cafés und Einkaufszentren bildet der Kirchplatz der St. Katharinenkirche eine kleine Oase altstädtischen Charakters in der Neustadt von Brandenburg an der Havel, vor allem wenn darauf ein Wochenmarkt stattfindet. Man könnte sich für einen Markt keinen schöneren Ort vorstellen als vor der prächtigen St. Katharinenkirche mit ihrer hoch aufragenden Gotik.

St. Katharinen

Katharinenkirchplatz 2, 14776 Brandenburg an der Havel

Tel. 03381/58 58 58

st.katharinen@evang-kirche-brb.de

Anreise

🚌🚆 Vom Hbf Berlin fährt ein RE direkt bis zum Hbf Brandenburg an der Havel. Reisezeit rund 1 Stunde.

🚗 Vom Berliner Dom bis Brandenburg an der Havel sind es circa 82 Kilometer. Über die A115, A10 und B102. Fahrtzeit rund 1 Stunde und 5 Minuten.

Evangelische Dorfkirche

Am Teil des Beetzsees, der zum Naturpark Westhavelland gehört, liegt die Ortschaft Ketzür. Von einer Straßenkreuzung in der Ortsmitte, an der zwischen Bäumen die Kirche steht, führt ein Weg zu einer Bockwindmühle, die sich auf dem freien Feld dreht. Ein Förderverein kümmert sich um die schätzungsweise 160 Jahre alte Mühle. Die Dorfkirche von Ketzür ist eine der eigenartigsten und schönsten Dorfkirchen in Brandenburg. Schon die Kubatur verwundert: An einen siebeneckigen Backsteinbau aus dem 13. Jahrhundert, der im 15. Jahrhundert erhöht und durch einen behelmten Turm ergänzt wurde, schließt sich ein rechteckiges Schiff aus dem Jahr 1599 an. Zwei eigenwillige, kleine Anbauten dienten der Patronatsfamilie des Heino von Broesigke (gest. 1609), die gegenüber der Kirche ihr Gutshaus besaß, als Zugänge. Der eine war für die Familie des Edelmannes, der andere für die Schwiegerfamilie bestimmt. Sie führen im Inneren der Kirche zu zwei bemalten Patronatslogen, die sich über dem Gestühl erheben. Heino von Broesigke war es auch, der die siebeneckige Kirche durch den rechteckigen Anbau erweitern ließ. In dem mittelalterlichen, siebeneckigen Bau kamen bei Restaurierungsarbeiten Wandmalereien zum Vorschein, die Christus und die Apostel zeigen. Besonders der rechteckige Teil der Dorfkirche gibt Anlass zum Staunen. Die Holzdecke ist mit einer Art gestischem Pinselmuster bemalt. Die erhaltene Ausstattung – ein mit Malereien verzierter Altarretabel von 1600, eine prächtige Kanzel von 1605, ein Taufbecken von 1613, Sakristeischrank, Kruzifix, Emporen, Patronatslogen, Wand- und Deckenmalerei – zeigt Meisterwerke der Spätrenaissance.

Doch das Erstaunlichste innerhalb des Wundervollen ist das Epitaph der Patronatsfamilie von Broesigke. Heino von Broesigke erkor die Dorfkirche als Grablege der Familie, die aber für Besucher unzugänglich ist. Als Epitaph ließ er 1611/13 vom Magdeburger Bildhauer Christoph Dehne (1580–1640) aus Sandstein, Marmor und schwarzem Alabaster ein Hauptwerk des Manierismus der Mark schaffen. Es gilt als eine der schönsten manieristischen Grabmalplastiken weit und breit. Das Epitaph ist reich geschmückt mit Säu-

Schweifgiebel an der Ostseite

Epitaph der Patronatsfamilie von Broesigke   *Prächtige Ausmalung einer Dorfkirche*

len, Figuren und den Wappen der Familie. Adam und Eva tragen als kniende Atlanten ein Podest, auf dem sieben lebensgroß dargestellte Mitglieder der Familie von Broesigke vor dem gekreuzigten Christus knien. Die Figuren sind lebensecht und bis ins Detail ausgearbeitet. Auf der einen Seite knien die männlichen, auf der anderen die weiblichen Familienangehörigen. Heino von Broesigke und seine Gattin Elisabeth knien sich in der Mitte gegenüber. Dieses bildhauerische Werk in einer einfachen Dorfkirche zu entdecken, ist ein Erlebnis. Mit viel Engagement bemühen sich die Menschen von Ketzür fürsorglich um ihre Kirche, wohl wissend, dass sie ein Kleinod besitzen.

Evangelisches Pfarramt
Kirchplatz 2, 14778 Päwesin
Tel. 033838/402 26

Amt Beetzsee
Chausseestr. 33 b, 14778 Beetzsee/OT Brielow
Tel. 03381/799 90
www.amt-beetzsee.de

Anreise
🚌🚆 Vom Hbf Berlin geht es mit dem RE bis Brandenburg an der Havel. Weiter mit dem Bus 569 bis Ketzür Dorf. Reisedauer circa 1 Stunde und 30 Minuten.
🚗 Vom Berliner Dom bis Ketzür sind es circa 67 Kilometer. Über Berlin-Westend auf der B2/B5 über Wustermark nach Nauen. Über die Brandenburger Straße weiter in südwestlicher Richtung über Päwesin nach Ketzür. Fahrtzeit rund 1 Stunde und 20 Minuten.

Päwesin
Evangelische Dorfkirche

Der Storchenwanderweg um den Beetzsee führt auch durch das ungefähr 15 Kilometer nordöstlich der Stadt Brandenburg liegende Dorf Päwesin. Umgeben von Feldern liegt es an dem Streng, der schmalen Verbindung zwischen Beetzsee und Riewendsee. Für Wasserwanderer ist der sich über mehrere Kilometer durch die schöne Landschaft schlängelnde Beetzsee mit seinen Verengungen und Aufweitungen ein kleines Paradies. Aber auch Angler kommen in dem klaren Gewässer auf ihre Kosten.

In Päwesin, das auf eine über 800 Jahre alte Geschichte zurückblicken kann, stehen bis heute alte Vierseitenhöfe, und weil es in der Umgebung Ziegeleien gab, sind zahlreiche Tonlöcher zu finden, die zu Teichen wurden. Störche, die ihre Nester in den Dörfern haben und auf Nahrungssuche durch die Wiesen stolzieren, sind am Beetzsee im Sommer ein gewohnter Anblick.

In der Mitte von Päwesin steht am Kirchplatz eine einfache, schöne Barockkirche zwischen alten Bäumen. Die Putzkirche ist ein einschiffiger, vierachsig strukturierter Rechteckbau mit dreiseitigem Chorschluss. Der Grundstein wurde am 12. April 1728 gelegt, die Weihung fand schon ein Jahr später, im Frühjahr 1729, statt, und zwar am 1. Sonntag nach Trinitas. Die Außenwände sind durch Putzpilaster gegliedert. Zwischen ihnen befinden sich hohe Stichbogenfenster mit Putztaschen und Schlusssteinen. Der quadratische Turm sitzt in der westlichen Achse auf dem Dach. Er ist durch Ecklisene und Pilaster gefasst. Seine Stockwerke werden durch Gesimse akzentuiert. Den Turmabschluss bildet eine schön geschweifte Haube mit Messingkugel und Wetterfahne. Die Innenausstattung ist noch aus der Bauzeit erhalten. Eine stattliche barocke Altarwand mit Kanzel und Schalldeckel steht hinter dem Altartisch und bestimmt den Raum. Die Unterseiten der seitlichen Emporen zeigen den gleichen zurückhaltenden Stuck wie die flache Saaldecke. Emporen und Altarwand sind aus unbemaltem, natürlich wirkendem Holz. Für barocke Prächtigkeit war in dem kleinen Bauerndorf

Barocke Dorfkirche zwischen alten Bäumen

wohl kein Geld vorhanden. So hat man in der Kirche von Päwesin die Gelegenheit, den einfachen und gediegenen Barock einer Landkirche zu bewundern, der seine Formensprache in einfacher, fast schnörkelloser Weise dem Besucher darbietet. Auf der Orgelempore wird mit dem Instrument dann aber wiederum die gewohnte Wahrnehmung befriedigt. Die Orgel von 1813 schmücken vergoldete barocke Formen und zwei Engel mit Posaunen. Sie wurde vom Orgelbauer Johann Turley (1773–1829) aus Treuenbrietzen erneuert. Dieser hatte sich vom Bäckermeister autodidaktisch zu einem bedeutenden Orgelbauer geschult und es auch auf diesem Gebiet zur Meisterschaft gebracht. Auffallend in der Kirche sind zudem der Taufstein und farbige Fenster aus neuerer Zeit.

Einfache Barockausstattung

Die Schlichtheit des Barocks in der Kirche in Päwesin lässt Raum für Phantasie, etwa wie sich in vergangener Zeit die Bänke und die Empore mit gläubigen Bauern und Handwerkern aus der Umgebung füllte, Menschen mit wettergegerbten Gesichtern und groben Händen, die für den Kirchenbesuch oft lange Wege auf sich genommen hatten.

Dorfkirche in Päwesin
Kirchplatz, 14778 Päwesin

Evangelisches Pfarramt
Kirchplatz 2, 14778 Päwesin
Tel. 033838/402 26
Besuche über das Pfarramt oder Familie Fleischer
(Tel. 033838/403 53).

Anreise
🚌🚊 Vom Hbf Berlin fährt ein RE direkt bis zum Hbf Brandenburg an der Havel. Dort umsteigen in den Bus 558 nach Päwesin. Reisezeit rund 1 Stunde und 20 Minuten.
🚗 Vom Berliner Dom bis Päwesin sind es circa 59 Kilometer. Über Berlin-Westend auf die B2/B5 über Wustermark nach Nauen. Über die Brandenburger Straße weiter in südwestlicher Richtung nach Päwesin. Fahrtzeit rund 1 Stunde und 10 Minuten.

Zwischen dem Schloss und der Alten Schule erstreckt sich im Dorfkern von Ribbeck im Havelland ein mit alten Bäumen bewachsener Anger, an dessen Ende die Dorfkirche steht. Einer der zahlreichen Bäume ist deutschlandweit berühmt. Es war der Birnbaum von „Herr von Ribbeck auf Ribbeck im Havelland", der laut dem bekannten Gedicht von Theodor Fontane „in seinem Garten stand" und von dem er gern und freigiebig Früchte an die Kinder des Dorfes verschenkte. Als er seinem Wunsch gemäß mit einer Birne beerdigt wurde, wuchs auf seinem Grab ein Birnbaum, der viele Früchte trug und so weiterhin den Kindern Freude spendete. Fontane hat diese Sage aufgegriffen und in seinem Gedicht verewigt.

Seit 1237 sind Mitglieder der Familie von Ribbeck urkundlich überliefert, die ihren Rittersitz in Ribbeck hatten. Die Ritter und späteren Gutsherren hatten bis 1850 die Verwaltung, die Polizeigewalt und die Gerichtsbarkeit in Ribbeck inne und sie blieben bis 1944/45 die Patronatsherren der Ribbecker Kirche. Deswegen befindet sich noch heute ihre Familiengruft in der Kirche. Nachdem die Familie 1945 enteignet worden war, gingen sie aus Ribbeck fort. Seit einigen Jahren aber wohnt wieder ein Nachfahre des „Herrn von Ribbeck auf Ribbeck" im Ort, wenngleich nicht im Schloss. Das beherbergt heute ein besuchenswertes Museum sowie ein Restaurant. Im Obergeschoss des Schlosses finden zahlreiche Kulturveranstaltungen statt.

Die Kirche wurde im 14. Jahrhundert als einschiffige Saalkirche errichtet. Sie erfuhr mehrere Umbauten. Die heutige Außengestalt erhielt das Gotteshaus durch eine Verlängerung des Kirchenschiffs und den Anbau einer Apsis Ende des 19. Jahrhunderts. Schon im Jahr 1722 wurde die Kirche barock umgestaltet. Der Innenraum jedoch ist klassizistisch ausgemalt nach dem Vorbild Schinkelscher Kirchen. Im Inneren ist zudem der Stamm des alten, im Gedicht erwähnten Birnbaums zu sehen, der 1911 einem Sturm zum Opfer fiel. An gleicher Stelle wurde 2005 ein

Kirche mit Birnbaumgeschichte

Schloss Ribbeck   *Klassizistische Kirchengestaltung im Inneren*

neuer Birnbaum gepflanzt. Auch im Park des Rittergutes mit renoviertem Herrenhaus wurden Birnbäume verschiedener Sorten angepflanzt. Sie bilden einen „Deutschen Birnengarten", da alle 16 Bundesländer einen eigenen Birnbaum beisteuerten.

Um den Dorfanger, auf dem die Kirche steht, gibt es gemütliche Einkehrmöglichkeiten, etwa die Alte Schule oder das Alte Waschhaus, wo man – wie sollte es anders sein – einen guten Birnenkuchen kosten kann. Und seitdem die Familie Ribbeck die Alte Brennerei zu neuem Leben erweckt hat, gibt es auch wieder Birnenbrände aus Ribbeck.

Kirche in Ribbeck
14641 Nauen/OT Ribbeck
Tel. 033237/885 04
www.kircheribbeck.de

Evangelische Kirchengemeinde Ribbeck
Am Birnbaum 2, 14641 Nauen/OT Ribbeck
Tel.: 033235-13 04

Schloss Ribbeck
Theodor-Fontane-Str. 10
14641 Nauen/OT Ribbeck, Tel. 033237/85 90-0
www.schlossribbeck.de

Anreise
🚍🚆 Vom Hbf Berlin fährt ein RE nach Friesack (Mark), dort umsteigen in den Bus 661 nach Ribbeck. Reisezeit circa 1 Stunde und 30 Minuten.

🚗 Vom Berliner Dom bis Ribbeck sind es circa 50 Kilometer. Auf der B2/B5 über Berlin-Westend und Nauen nach Ribbeck. Fahrtzeit rund 1 Stunde.

Paretz
Evangelische Dorfkirche

Seine frühklassizistische Dorfplanung aus dem frühen 19. Jahrhundert mit Schloss, Schlosspark, Kirche, Straßen und Bauernhäusern konnte Paretz im Kern bewahren. Bis circa 1350 gehörte das Dorf der Kirche von Ketzin. Danach wechselten seine Besitzer, bis der spätere König von Preußen Friedrich Wilhelm III. (1770–1840) das Gut 1797 erwarb. Er ließ das Gutshaus von 1798 bis 1805 durch David Gilly (1748–1808) frühklassizistisch umbauen und den Garten in englischem Stil anlegen. Für Friedrich Wilhelm III. und besonders seine sehr beliebte Gemahlin Luise (1776–1810) wurde es zur bevorzugten Sommerresidenz. Seit 2002 ist das renovierte Schloss Paretz ein Museum.

Paretz wurde am 28. Mai 1197 in Zusammenhang mit einer Pfarrstelle zum ersten Mal urkundlich erwähnt. Eine mittelalterliche Kirche wurde 1797/98 vermutlich ebenfalls von David Gilly neugotisch umgebaut. Auf das Domkapitel Brandenburg weist die Darstellung des Petrus mit Schlüssel an der Orgelempore hin, denn die Kirche war nie Schlosskirche. Die neugotische Fassade und die Illusionsmalerei im Inneren werden Hofmarschall Valentin von Massow (1752–1817) und Martin Friedrich Rabe (1775–1856) zugeschrieben. Während der Umgestaltung erhielt die Kirche das heute noch vorhandene Balkenbinderdach und ein großes spitzbogiges Fenster im Chor. Der Saal bekam eine Decke in Form eines umgedrehten Schiffskiels. An der Nordseite wurde eine Königsloge angefügt, auf der Südseite eine Leichenhalle von 1725 als Loge für höher gestellte Bedienstete des Gutes – als sogenannte Guts- und Offizi- antenloge – umgebaut. Der in Sichtachse zum Schloss befindliche Ostgiebel wurde kunstvoll gestaltet.

Bei Umbauten nach Plänen Friedrich August Stülers (1800–1865) wurde 1856/ 57 der Kanzelaltar entfernt und der Kirchenraum mittels zweier neuer Fenster und einer Anhebung des Bodens aufgehellt. Außen entfernte man das Maßwerk an Blendfenstern. Die Gutsloge wurde zur

Dorfkirche mit Königsloge

Sakristei, als Ersatzloge diente die Königsloge, weil diese kaum mehr genutzt wurde.

1910 erhielt das Innere der Kirche eine Fassung, die vom ursprünglichen Vorbild abwich. Nach dem Zweiten Weltkrieg war der Außenputz abgeschlagen und der Zustand allgemein schlecht. Ein Altarbrand zerstörte 1958 mehrere Kunstwerke. In der zweiten Hälfte des 20. Jahrhunderts erfolgten Renovierungsmaßnahmen im Inneren und am Äußeren. Die Orgel der Potsdamer Firma Gesell von 1864, die ein Orgelpositiv ersetzte, das noch Königin Luise gestiftet hatte, wurde von der Firma Schuke aus Potsdam 1966–68 überholt und abermals 1993 erneuert. Freigelegte Wandmalereien, vermutlich aus dem 14. Jahrhundert, zeigen die „Verkündigung Mariä", die „Geburt Christi" und wahrscheinlich „Christus als Weltenrichter".

Kirchenschiff mit Spitztonnengewölbe

Weitere Sanierungsarbeiten wurden vor dem 200. Todestag von Königin Luise im Jahr 2010, dem sogenannten „Luisenjahr", abgeschlossen. Die heutige Form der Kirche folgt im Wesentlichen wieder dem Zustand von 1798.

Künstlerisch von Bedeutung ist ein Tonrelief von Johann Gottfried Schadow (1764–1850) von 1811, das in der Königsloge an der Seitenwand hängt: „Die Apotheose der Königin Luise". Sie wurde von allen vergöttert.

Dorkirche in Paretz
Parkring, 14669 Ketzin/OT Paretz
Anmeldung zu Führungen bei Herrn Keil (Tel. 033233/804 27).

Schloss Paretz
Parkring 1, 14669 Ketzin/OT Paretz
Tel. 033233/736 11
www.paretz.net

Verein Historisches Paretz e.V.
Parkring 1, 14669 Ketzin/OT Paretz
Tel. 033233/807 47
www.paretz-verein.de

Anreise
Vom Hbf Berlin fahren ein RE oder eine S-Bahn nach Potsdam Hbf, dort umsteigen in den Bus 614 und weiter bis Paretz. Reisezeit rund 1 Stunde und 25 Minuten.
Vom Berliner Dom bis Paretz sind es rund 45 Kilometer. Über Spandau auf der B5 bis zur A10, weiter auf der Autobahn in Richtung Leipzig/Magdeburg, Ausfahrt Potsdam Nord und weiter auf der B273, links abbiegen und über Uetz-Paaren nach Paretz. Fahrtzeit rund 55 Minuten.

Bagow
Evangelische Dorfkirche

Die kleine Ortschaft Bagow liegt am Beetzsee, der sich von Brandenburg an der Havel in einem langen Bogen in nordöstliche Richtung streckt. Bagow, das heute einen Ortsteil des nahe gelegenen Päwesin bildet, war einstmals bekannt für seine Ziegeleien. So können noch Reste einer Ribbeckschen Ziegelei besichtigt werden, wobei im ehemaligen Meisterhaus, das neuklassizistische Elemente aufweist, jetzt eine Gaststätte untergebracht ist. Die Ziegelei liegt etwas außerhalb von Bagow am Riewendsee bei einer Ferienanlage. Von einer mit Ziegeln gepflasterten Straße zur Ziegelei sind noch Reste erhalten. Der Naturlehrpfad um das „Bagower Bruch" bietet sich zum Wandern an und über Radwege oder Kanuwandern ist Bagow ebenfalls gut zu erreichen.

In einer Biegung der Ortsdurchfahrt fällt die rötlich verputzte Kirche von Bagow ins Auge, die etwas erhöht in einer kleinen Grünanlage steht. Gerade bei Hochzeitspaaren ist die Jugendstilkirche von Bagow seit ihrer Renovierung sehr beliebt. Die im Heimatstil mit Jugendstilelementen errichtete Kirche zeigt einen Fachwerkvorbau vor der Eingangsfassade, die einen geschweiften Giebel vorweist. Auf dem quadratischen Bretterturm sitzt eine spitze Haube.

Als Vorgängerbau der heutigen Jugendstilkirche wurde 1697/98 eine Barockkirche errichtet. Diese stand bis zum 29. Juli 1906, als ein Blitz die Kirche in Brand setzte und sie innerhalb kurzer Zeit niederbrannte. Für den Bau einer neuen Kirche fand am 1. Juli 1907 die Grundsteinlegung statt. Gebaut wurde nach dem Bauplan des königlichen Baurats Büttner aus Steglitz. Feierliche Einweihung war bereits am 19. Dezember desselben Jahres.

Die Kirche wurde in der DDR jedoch sehr vernachlässigt. Erst in den 1990er Jahren konnte der Verfall aufgehalten werden. Der Einweihungsgottesdienst nach Renovierung, Herrichtung und neuer Eindeckung fand am 23. Juli 1995 statt. Zum Dank errichtete die Gemeinde ein großes, goldenes Kreuz auf der Turmspitze.

Jugendstilkirche am Straßenrand

Empore

Blick von der Orgelempore

Beim Brand 1906 konnte einiges von der alten Barockausstattung gerettet und nachträglich wieder in die neue Kirche gebracht werden. Im Altarraum steht der barocke Altar von 1698, er zeigt Gemälde von „Golgatha" und dem „Abendmahl". Die Kanzel ist ebenfalls von 1698. Sie besitzt glatte Säulen an den Ecken, in den Füllungen zeigt sie Christus und drei Evangelisten, die im Hochrelief geschnitzt sind. Die Kanzel ruht auf einer gewundenen Säule mit Weinlaub, am Schalldeckel befindet sich das Wappen derer von Hacke. Die Taufschüssel stammt aus dem Jahr 1697. Zwei Standleuchter, einfach profiliert aus Messing, konnten ebenfalls erhalten werden. Eine kleine Glocke mit 74 Zentimetern Durchmesser, die 1419 gegossen wurde, hängt heute wieder im Turm. Trotz unterschiedlicher Stile bietet die kleine Kirche mit eingebauter Empore den Eindruck einer freundlichen Barockkirche. Dass sich hier gerne Paare trauen lassen, ist mehr als verständlich.

Kirche Bagow
Dorfstraße, 14778 Päwesin/OT Bagow
Für Besichtigung der Kirche im Haus gegenüber fragen.

Evangelisches Pfarramt
Kirchplatz 2, 14778 Päwesin/OT Bagow
Tel. 033838/402 26

Anreise
🚌🚆 Vom Hbf Berlin fährt ein RE direkt bis zum Hbf Brandenburg an der Havel. Weiter mit dem Bus 569 bis Bagow, Reisezeit circa 1 Stunde und 40 Minuten.
🚗 Vom Berliner Dom bis Bagow sind es circa 60 Kilometer. Über Berlin-Westend auf der B2/B5 über Wustermark nach Nauen. Über die Brandenburger Straße geht es dann weiter in südwestlicher Richtung durch Päwesin nach Bagow. Fahrtzeit rund 1 Stunde und 10 Minuten.

Kloster Neuruppin & Umgebung

6 Fürstenberg
1 Himmelpfort

Havel

B96

Dannenwalde 5

Altlüdersdorf 4

2 7
Gransee

3

72 73
Lindow (Mark)

71 75
Neuruppin

Ruppiner
See

74
Herzberg
(Mark)

B167

B167

B96

A24

E26

Oranienburg

E55

B5

B273

A10

68
Ribbeck

Falkensee

land

Bagow 70
Ketzür 66 67 Päwesin

E55

B5

Nach dem verheerenden Stadtbrand am 26. August 1787, dem das schon im Dreißigjährigen Krieg arg gebeutelte, mittelalterliche Neuruppin zum Opfer fiel, wurde der Wiederaufbau von 1788 bis 1803 nach einem Gesamtplan realisiert. In der außergewöhnlichen Stadtanlage prägen noch heute Häuser im frühklassizistischen Stil das Straßenbild. Von 1688 bis zum Abzug der Sowjetischen Armee im Jahr 1993 war Neuruppin Garnisonsstadt.

Graf Gebhard I. von Arnstein, der Begründer des Hauses Lindow-Ruppin, stiftete 1246 das Dominikanerkloster im Südosten der mittelalterlichen Stadt, wo am abfallenden Ufer des Ruppiner Sees die Stadtmauer entlangging. Bedingt durch die Lage auf einem Seegrundstück, zeigt der Chor nicht wie üblich nach Osten, sondern nach Nordosten. Erhalten ist nur die Kirche St. Trinitas, die allerdings mehrere Veränderungen erfuhr.

Erster Prior beim Bau des Klosters war Graf Gebhards jüngerer Bruder Wichmann (circa 1185–1270), der als Mystiker und Wundertäter galt. Nach der Sage ist er unter der 700-jährigen Wichmannlinde begraben, die bei der Klosterkirche am Ufer steht, wo eine Treppe zur Hafenpromenade hinabführt. Mit dem Aussterben der Grafen von Lindow 1524 kam das Kloster unter die Herrschaft von Kurfürst Joachim II. Seinem Wechsel zum evangelischen Glauben folgte die Auflösung des Klosters im Juli 1541. Erst am 18. Dezember 1564 übereignete der Kurfürst die Klostergebäude der Stadt für Armenwohnungen. Die verfallenen östlichen und südlichen Teile wurden 1716 als Steinbruch für den Neubau des Rathauses verwendet, der als Küsterei und für Wohnungen genutzte Westflügel wurde 1816 abgebrochen. Die seit der Aufhebung des Klosters verfallende Kirche wurde 1564 wiederhergestellt und unter dem Namen St. Trinitatis als evangelische Kirche geweiht. Napoleonische Truppen nutzten die Kirche ab 1806 als Gefangenenlager und später als Magazin, nach der Befreiung von Napoleon wurden in ihr dann gefangene Franzosen untergebracht. Ihre Zweckentfremdung bedingte auch ihren

Chor mit Sandsteinretabel um 1400

Angesetzte neugotische Türme

Verfall. Erst 1836–41 konnte sie restauriert und am 16. Mai 1846 wieder feierlich eingeweiht werden.

Die Klosterkirche ist eine dreischiffige, fünfjochige, kreuzrippengewölbte Backsteinhalle. Der einschiffige Chor von vier Jochen hat einem polygonen Abschluss. Alle aus Holz errichteten Dachreiter in den Baustilen ihrer jeweiligen Zeit verbrannten, wurden baufällig oder der Sturm blies sie vom Dach. Dazwischen lagen immer wieder Jahre, in denen die Kirche „nur ein Dach" hatte. Die links und rechts des Chors stehenden neugotischen Türme von 1904–07 stammen von Ludwig Dihm. Die für einen Bettelorden typische, turmlose Kirche sollte nach der damaligen Auffassung eine mittelalterliche Erscheinung erhalten.

Für die mittelalterliche Kirche wird als Entstehungszeit das letzte Drittel des 13. Jahrhunderts angenommen. Als ältester Teil gilt der gestreckte Chor, er war vermutlich ursprünglich ein Saalbau. Später wurde er zum Chor der dreischiffigen, gewölbten Hallenkirche. Das große Hauptportal besitzt ein aufwendiges, mehrfach zurückspringendes Gewände aus Birn- und Rundstäben und einen Wimperg. Die Fensterrose wurde Mitte des 19. Jahrhunderts nach Entwürfen Schinkels in ein Kreisfenster eingefügt. Die Klausuranlage war im Ost- und Westflügel zweigeschossig aufgeführt, verbunden durch Kreuzgänge an

Mittelschiff mit Ostempore

Klostermauer an der Uferböschung zum See

Süd- und Nordflügel. Im Ostflügel befand sich ein kreuzgratgewölbter Kreuzgang. Der Ostflügel beherbergte Sakristei, Kapitelsaal und Parlatorium. Im Obergeschoss war das Dormitorium mit Zugang auf die ehemalige Kirchenempore. Eine externe Sakristei schloss sich nach Osten an. Der Westflügel enthielt den gewölbten Küchen- und Refektoriumsbereich.

Auf dem Altar steht ein Sandsteinretabel aus der Zeit um 1400 mit Reliefszenen aus dem Leben Christi. Aus der Zeit der Schinkelschen Restaurierung 1836/41 stammt die neuromanische Rahmung. Oben ist die Krönung Mariä zwischen der Darbringung im Tempel und der Auferstehung zu sehen, unten zwischen der Geburt und der Anbetung der Könige die Kreuzigung. Die hölzerne Kanzel, wohl nach Entwürfen Schinkels, wurde von Wilhelm Fritzsche angefertigt. Auch das gusseiserne Taufbecken ist nach einem Entwurf Schinkels ausgeführt. Gleichfalls aus dieser Zeit stammt das Gestühl. Im Chor befinden sich verschiedene Objekte aus früherer Zeit, wie die Statue eines Dominikaners in der sogenannten Priesternische an der Südseite. Zu sehen sind u.a. die geschnitzten Figuren der Triumphkreuzgruppe, Maria und Johannes, aus der Mitte des 15. Jahrhunderts. Bis 1840 befand sich der Triumphbalken noch über dem Altar. Die große Kruzifixfigur an der Seitenwand ist von 1500 und stammt aus der Lazaruskapelle in Neuruppin. Urkundliche Erwähnung fanden schon 1550 zwei Orgeln. Im Jahr darauf wurden sie als Material für ein neues Instrument verwendet, das nicht mehr vorhanden ist. Eine Orgel mit neugotischem Prospekt wurde 1974 beim Einbau einer raumhohen Glaswand beseitigt. Die heutige Orgel wurde 1984 von der Firma Sauer in Frankfurt (Oder) gefertigt. Die ursprüngliche Verglasung der Fenster wurde beim Brand 1465 zerstört. Die gegenwärtig vorhandenen farbigen Fenster stammen aus dem 19. und 20. Jahrhundert.

Sandsteinretabel aus der Zeit um 1400

In der Kirche sind zahlreiche Gemälde ausgestellt. Christian Bernhard Rode schuf 1754 das Bild mit der Darstellung des Gleichnisses vom verlorenen Sohn, Wilhelm Gentz 1853 das große Ölbild mit der Darstellung des Gastmahls im Hause des Pharisäers Simon und der Fußwaschung Christi. 1699 stiftete Valentin Schnackenburg die Porträts von Martin Luther und Philipp Melanchthon. Die Einweihung der Kirchtürme 1908 mit der Schlüsselübergabe an den Kronprinzen zeigt ein Gemälde in der Sakristei von 1910 des Künstlers Ismael Gentz.

Wirken die beiden seitlich an der Nahtstelle von Chor und Langhaus angebauten Türme für eine Dominikanerkirche auch wie Fremdkörper, so haben sie das Ziel ihrer Erbauer, der Kirche eine erhabenes Bild am Seeufer zu geben, erreicht. Aus allen Richtungen sind sie schon von Weitem zu sehen.

Klosterkirche Neuruppin St. Trinitatis
Niemöllerplatz, 16816 Neuruppin
Tel. 03391/39 72 60

Förderverein Klosterkirche St. Trinitatis Neuruppin
Vereinsvorsitzende: Rosswieta Funk
(Tel. 03391/55 30)
www.klosterkirche-neuruppin.de

Anreise
🚌🚆 Vom Hbf Berlin gibt es eine Verbindung mit der S-Bahn S75 nach Spandau, dort umsteigen in den RE nach Neuruppin. Reisezeit circa 1 Stunde und 55 Minuten.
🚗 Vom Berliner Dom nach Neuruppin sind es circa 83 Kilometer. Über die A114, A10 auf die A24 nach Hamburg. Bei Ausfahrt Neuruppin auf die B167 nach Neuruppin. Fahrtzeit rund 1 Stunde.

Lindow (Mark) liegt auf einer Landzunge zwischen dem Wutz- und dem Gudelacksee. Von Süden schiebt sich der Vielitzsee heran. Auf seinen Reisen kehrte Theodor Fontane (1819–1898) auch in dem ehemaligen Kloster Lindow am Wutzsee ein, das zum Vorbild für das „Kloster Wutz" in seinem Roman „Der Stechlin" wurde.

Als Stifter des 1230 gegründeten, vermutlich von Zisterzienserinnen geführten Klosters wird Graf Gebhard I. von Arnstein (1180–1256) angenommen. In der Reformationszeit trafen 1541 die Visitatoren im Kloster Lindow ein. Im Zuge der Säkularisation wurde es dann in ein evangelisches Fräuleinstift umgewandelt. Nachdem 1542 der letzte Propst gestorben war, wurde die Propstei mitsamt den Klostergütern verpfändet. Im Dreißigjährigen Krieg steckten am 19. Oktober 1638 das Kloster kaiserliche Truppen in Brand. In der Folgezeit dienten die Ruinen zur Entnahme von Baumaterial. Im 19. Jahrhundert wurden für die noch etwa fünf Stiftsdamen neue Häuser errichtet.

Heute befindet sich auf dem Gelände der Klosteranlage, von der im Wesentlichen nur noch die Ruine des Ostflügels erhalten ist, ein evangelisches Altenpflegeheim.

Überwucherte Südfassade des Ostflügels

Das Kloster Lindow bestand aus einer dreiflügeligen Klausur, die südlich der Kirche um einen quadratischen Kreuzgang lag. Der Ende des 13. Jahrhunderts an die Kirche angefügte, große Ostflügel dürfte zunächst alle wesentlichen Konventsräume aufgenommen haben, bis die Klausur um Kreuzgang, Süd- und Westflügel ergänzt wurde. Es stehen noch Reste der Längsmauern, vor allem aber die nördliche und südliche Giebelseite, die als überwachsene Ruine die heutige Schaufassade der Klosterruine darstellt. In den mittleren Teil der Ruine wurden Häuser gebaut. Der Kreuzgang, vermutlich aus dem 14. Jahrhundert, bestand aus Backsteinmauerwerk und hatte vier kreuzrippengewölbte, in je zwölf Arkaden zum Innenhof geöffnete Arme. Im Winkel zwischen Kirche und Westflügel dürfte sich die Pforte befunden haben.

Bei der Klosterkirche handelte es sich um einen 37 Meter langen und 11,5 Meter breiten, turmlosen Rechtecksaal aus Feldsteinquadermauerwerk mit einem Ostgiebel aus Backstein. Auf der Nordseite befand sich ein Gewändeportal. Der in der zweiten Hälfte des 13. Jahrhunderts errichtete Bau wurde vermutlich im späten Mittelalter erneuert. Noch im 18. Jahrhundert stand die Kirche als Ruine, jedoch stürzte der zuletzt erhaltene Ostgiebel nach 1803 ein.

Bei der überwucherten Giebelwand des Ostflügels steht ein zweigeschossiger spät-

Ostflügel und Gräber von Stiftsdamen

gotischer Bau. Er wird als Klosterschule oder Gästehaus gedeutet. Später diente er als Armen-, Beginen-, Pförtner- und Wohnhaus. Das anschließende Konventualinnenhaus von 1800/01 wurde 1935/36 erweitert. Anstelle des Äbtissinnenhauses entstand 1752 das Dominat, das Anfang des 19. Jahrhunderts seine jetzige Gestalt erhielt.

Einige Stiftsdamen wurden in der Grundfläche der ehemaligen Klosterkirche bestattet. Dahinter liegt der sich selbst überlassene Friedhof mit bemoosten Sarkophagen und geschmiedeten, windschiefen Kreuzen. Zwischen hohen, rauschenden Bäumen wird das schwermütige Gefühl der Romantik wachgerufen.

Kloster Lindow
Kloster 1, 16835 Lindow (Mark)

Touristinformation der Stadt Lindow (Mark)
Am Markt 1, 16835 Lindow (Mark)
Tel. 033933/702 97

Anreise
🚌🚆 Vom Hbf Berlin mit der S-Bahn S 75 bis Berlin-Spandau, weiter mit dem RE nach Rheinsberger Tor Bhf in Neuruppin. Von hier geht es weiter mit dem Bus 764 in Richtung Schloss Rheinsberg bis zum Marktplatz in Lindow (Mark).

Reisedauer circa 2 Stunden und 20 Minuten.
Weiter per Fuß zur Klosterruine, wobei neben Gassen und Straßen auch ein Uferweg am Wutzsee zum Kloster führt.
🚗 Vom Berliner Dom bis Lindow (Mark) sind es rund 80 Kilometer. Über die A114, A10 Richtung Hamburg, Kreuz Oranienburg abbiegen auf die B96 Richtung Stralsund/Oranienburg. Auf der B96 bis Löwenberger Land, links abbiegen in Richtung Neuruppin auf der B167, nach Herzberg (Mark) rechts abbiegen auf die L19 nach Lindow (Mark). Fahrtzeit rund 1 Stunde und 15 Minuten.

Evangelische Stadtkirche

An der Hauptstraße Lindows steht die evangelische Stadtkirche, eine einfache, aber sehr schöne Barockkirche. Ihr Turm befindet sich in Tuchfühlung mit dem Gehsteig. Der Kirchplatz liegt überraschend hinter der Kirche. Im neuen Teil der Stadt wurde 1457 eine Kirche zusätzlich zur Klosterkirche des Klosters Lindow errichtet. Es war eine Feldsteinkirche mit einem Holzturm, der schon damals an der Straße stand. Zwei Brände 1744 und 1746 zerstörten die Kirche in der Neustadt sowie zahlreiche Bürgerhäuser. Die heutige Stadtkirche wurde 1751–55 nach Plänen des königlichen Landbaumeisters Georg Christian Berger an der Stelle des zerstörten Vorgängerbaus als verputzter Bau in barockem Stil errichtet. Pfingsten 1755 wurde die Kirche eingeweiht. Berger setzte den 36 Meter hohen, quadratischen Turm mit Zwiebelhaube wieder an die Hauptstraße, der als Besonderheit im Osten steht. Der Altar befindet sich an der Südseite. Die Kirche wurde als rechteckige, flach gedeckte Saalkirche mit geradem Abschluss errichtet. Zwei Flügelanbauten wurden mittig an der Nord- und Südseite angesetzt. Das nördliche Portal wird heute als Haupteingang genutzt. Früher war es der Eingang der Stiftsdamen, denn die adeligen Damen wollten sich beim Kirchgang nicht unter die anderen Gläubigen mischen. Über dem Eingang ist eine Emporenloge, welche die Stiftsdamen gleich nach Betreten der Kirche erreichen konnten. Die Loge war exklusiv für sie reserviert. Der Eingang der Bevölkerung war auf der Westseite.

Auf der Brüstung der barocken Kanzel lässt sich eine Besonderheit der Lindower Kirche bewundern: eine 240 Jahre alte Sanduhr mit vier Gläsern, die gemeinsam umgedreht wurden. Die Uhr sollte den Pfarrer erinnern, seine Predigt nicht zu lange zu dehnen, sondern sie nach knapp einer Stunde zu beenden.

Die Kirche ist an Ost-, Nord- und Westseite mit einer eindrucksvollen Empore ausgestattet, die mit runden Säulen abgestützt wird. Auf der Orgelempore im Osten steht ein Instrument des Orgelbaumeisters Sauer aus Frankfurt (Oder) von 1900. Die Orgelempore wurde 1960 verbreitert und um zwei neue Stützen ergänzt, um Platz für einen Kirchenchor zu schaffen. Ansonsten sind Gestühl und

Ansicht von Nordwest mit dem Turm im Osten

Kanzelaltar mit „verrutschtem" Tuch   *Barocke Doppelempore*

Emporen aus der Zeit erhalten. Im Jahre 1898 wurden vom „Dr. Wilhelm Richterschen Ehepaar" zwei Buntglasfenster gestiftet, die auf beiden Seiten des Altars in die Wand eingesetzt wurden. Eine gotische Taufschale, die in der Kirche steht, hat alle Brände überstanden.

Die Kirche strahlt eine einfache Würde aus, die sich mit der Heiterkeit des Barocks paart. Witz zeigt nicht nur die Sanduhr, um die Predigtdauer in Zaum zu halten, sondern auch die beiden großen, weinroten Tücher mit goldener Borde, die Orgel und Kanzel bedecken. Das Tuch über dem Schalldeckel der Kanzel ist etwas verrutscht. Es soll schon vorgekommen sein, dass ein neuer Pfarrer darum bat, das Tuch wieder ordentlich auszurichten, weil er nicht bemerkt hatte, dass es aus Holz ist und – absichtsvoll – schon immer schief hängt.

Evangelische Kirche Lindow
Straße des Friedens 77, 16835 Lindow (Mark)

Evangelisches Pfarramt Lindow
Straße des Friedens 62, 16835 Lindow (Mark)
Tel. 033933/702 96
www.kirchengemeinde-lindow.de

Anreise
🚌🚉 Vom Hbf Berlin mit der S-Bahn S 75 bis Berlin-Spandau, weiter mit dem RE nach Rheinsberger Tor Bhf in Neuruppin. Von hier geht es weiter mit dem Bus 764 in Richtung Schloss Rheinsberg bis zum Marktplatz in Lindow (Mark). Reisedauer circa 2 Stunden und 20 Minuten.
🚗 Vom Berliner Dom bis Lindow (Mark) sind es rund 80 Kilometer. Über die A114, A10 Richtung Hamburg, Kreuz Oranienburg abbiegen auf die B96 Richtung Stralsund/Oranienburg. Auf der B96 bis Löwenberger Land, links abbiegen in Richtung Neuruppin auf der B167, nach Herzberg (Mark) rechts abbiegen auf die L19 nach Lindow (Mark). Fahrtzeit rund 1 Stunde und 15 Minuten.

Herzberg (Mark)
Evangelische Dorfkirche

Ein aus Backsteinen gemauertes Portal in der Friedhofsmauer aus Feldsteinen führt über den Friedhof zur Dorfkirche Herzberg (Mark). Die aus dem 13. Jahrhundert stammende Kirche ist ebenfalls mit Feldsteinen errichtet. Wie der Teil einer Festung wirkt der mächtige, vorgelagerte Querwestturm aus dem Mittelalter. Verstärkt wird der Eindruck durch zwei backsteingemauerte Staffelgiebel, die auf den Feldsteinturm aufgesetzt wurden. Zu Pfeiler verlängerte Kanten erinnern an die Zinnen einer Burg, Blendöffnungen mit gerundeten Bögen gliedern die Giebel. Über ein spitzbogiges Turmportal gelangt man in die Kirche. Die mit Holz flach gedeckte Saalkirche hat einen geraden Ostschluss und eine angebaute Sakristei an der Nordseite. Die barocke, hölzerne Altarwand mit Kanzel und Schalldeckel stammt aus dem 18. Jahrhundert. Zwei ausdrucksstarke Engel aus der Barockzeit hängen von der Decke, der eine als Taufengel und der andere vor der linken Wand im Bereich des Gestühls. Besonders auffällig ist jedoch die farbige Deckenmalerei auf der flachen Holzdecke zwischen den quer liegenden Deckenbalken. Ornamentale Motive überziehen die Decke fast vollständig, unterbrochen von Malerei mit biblischen Motiven. Auf den ersten Blick wähnt man sich eher in Lateinamerika als in Brandenburg. An den Wänden sind Reste mittelalterlicher Malerei erhalten geblieben, die bei der Renovierung 1927–29 freigelegt wurden. Neben figürlichen Darstellungen, wie die Kreuzabnahme, sind auch Malereien aus geometrischen Formen darunter, wie aneinandergereihte Würfelmotive, die einen optischen Kippeffekt hervorrufen, sowie ein Weihekreuz. Auf der westlichen, von runden Säulen getragenen Orgelempore steht eine Orgel, die 1899/1900 von Albert Hollenbach erbaut wurde.

Eine Ahnung davon, wie die Kirche in der Mitte des dörflichen Lebens platziert war, vermittelt auf der gegenüberliegenden Straßenseite ein altes Vorlaubenhaus. Ein Schild weist es als Dorfkrug aus. Man kann sich gut Gäste vorstellen, die sich nach dem Kirchgang unter dem Laubenvorbau trafen, um bei einem Frühschoppen die Vorkommnisse im Dorf zu debattieren.

Deckenmalerei im Inneren

Wehrturm mit Stufengiebel

Dorfkirche Herzberg (Mark)

Ruppiner Straße, 16835 Lindow/OT Herzberg (Mark)

Evangelisches Pfarramt Herzberg (Mark)

Ruppiner Str. 49, 16835 Lindow/OT Herzberg (Mark)
Tel. 033926/703 53
www.pfarramt-herzberg.de

Touristinformation der Stadt Lindow (Mark)

Am Markt 1, 16835 Lindow/OT Herzberg (Mark)
Tel. 033933/702 97
tourist-info.lindow@t-online.de

Anreise

Vom Hbf Berlin gibt es eine Verbindung mit der S-Bahn S75 nach Spandau, dort umsteigen in den RE nach Neuruppin. Von Neuruppin fährt der Bus 778 nach Herzberg (Mark). Bei verstärktem Ausflugsverkehr fährt auch eine Regionalbahn von Neuruppin nach Rheinsberg über Herzberg (Mark). Reisezeit rund 2 Stunden und 20 Minuten.

Vom Berliner Dom sind es circa 72 Kilometer bis Herzberg (Mark). Über die A114, A10 auf die A24 in Richtung Hamburg. Bei Ausfahrt Kreuz Oranienburg auf die B96 nach Norden in Richtung Stralsund/Oranienburg. Bei Löwenberger Land links abbiegen auf die B167, und weiter bis Herzberg (Mark). Eine andere Strecke führt über Neuruppin und dann auf der B167 bis nach Herzberg (Mark). Fahrtzeit rund 2 Stunden.

Wo sich die ehemalige Klosterkirche über der Hafenpromenade Neuruppins erhebt, blieb in den anliegenden Gassen teilweise die Gestalt des alten Neuruppin erhalten, weil der große Stadtbrand von 1787 sie verschont hatte. Dazu zählt auch die schmale Siechenstraße, die ihren Gassencharakter zu bewahren vermochte. Nicht weit vom ehemaligen Kloster steht in der Siechenstraße – angebaut an das Hotel „Zum alten Siechenhospital" – die Siechenhauskapelle. Ein barocker Dachreiter schmückt das kleine Gebetshaus. Wo heute das Hotel seine Gäste empfängt, war früher das Siechenhospital untergebracht. Mit der Kapelle nebenan konnten die Kranken auf kurzem Wege eine Kirche besuchen. Das Siechenhospital und das „Up Hus", ein Fachwerkhaus mit Hof hinter der Kapelle, waren zu jener Zeit Domizil für verarmte, alte Frauen und die sogenannten „Freiheitsbewohner", wie in Armut geratene Familien hießen. Für das Pflegepersonal war die klösterliche Lebensweise nach der dritten Regel des heiligen Franziskus vorgeschrieben.

Ehemaliges Siechenhaus mit Kapelle

Für die Gäste des Hotels „Zum alten Siechenhospital" besteht die Möglichkeit eines schnellen Kirchenbesuchs, denn von einem Flur besteht eine direkte Durchgangsmöglichkeit zum Kapellenraum. Heute wird die Kapelle für kulturelle Veranstaltungen wie Konzerte oder Vorträge genutzt, aber auch bei Brautpaaren ist sie beliebt.

Die 1491 geweihte Siechenhauskapelle St. Laurentius wurde als eine Stiftung des Schwertfegers Klaus Schmidt aus Neuruppin errichtet. Die Kapelle ist ein Backsteinbau, der außen mit flachen und innen mit tiefen Wandvorlagen besetzt ist. Sie bildet einen in drei Seiten des Achtecks geschlossenen Bau. Ein farbig gefasstes Netzgewölbe überspannt den zweijochigen Kirchenraum. Mitte des 16. Jahrhunderts wurden Hospital und Kirche der Stadt übereignet und von einem Archediakon Neuruppins verwaltet, der zumeist auch die Gottesdienste durchführte. Im

Zuge der Erneuerung der Siechenhauskapelle im Jahr 1715 wurde der barocke Kanzelaltar eingebaut. Er hat einen dreigeschossigen Aufbau mit vergoldeten Säulen, die das Altarbild, den Kanzelkorb und den Aufbau flankieren. Auf dem Altarbild ist die Abendmahlszene dargestellt. Den Kanzelkorb schmücken Ornamentfelder in Kreuzform. Auf der Orgelempore steht seit 1904 eine Orgel mit neugotischem Prospekt des Neuruppiner Orgelbaumeisters Albert Hollenbach (1850–1904).

Hinter der Kapelle steht das Up Hus, das eines der ältesten Hofgebäude der Stadt im Fachwerkbau mit Laubengang ist. Auf dem Hof, mit der Kapelle als altstädtischer Kulisse, befindet sich ein gemütliches Gartenrestaurant.

Das ganze Gebäudeensemble mit Kapelle, Hotel und Restaurant ist seit 1998 in privatem Besitz. Schon vor Jahren wurde

Kapellenraum mit Netzgewölbe

ein Förderverein gegründet, um die Renovierung der verfallenden Kapelle und den anderen Gebäuden vornehmen zu können, die 2006 abgeschlossen wurde. Seit der Restaurierung gilt das Ensemble als herausragendes Baudenkmal in Neuruppin.

Siechenhauskapelle/Förderverein Siechenhauskapelle e.V.
Siechenstr. 4, 16816 Neuruppin
Tel. 03391/39 88 44

Up-Hus-Idyll (Gabriele Lettow)
Siechenstr. 4, 16816 Neuruppin
Tel. 03391/39 88 44
www.up-hus.de

Anreise
🚌🚆 Vom Hbf Berlin gibt es eine Verbindung mit der S-Bahn S75 nach Spandau, dort umsteigen in den RE nach Neuruppin. Reisezeit circa 1 Stunde und 55 Minuten.

🚗 Vom Berliner Dom nach Neuruppin sind es circa 83 Kilometer. Über die A114, A10 auf die A24 nach Hamburg. Bei Ausfahrt Neuruppin auf die B167 nach Neuruppin. Fahrtzeit rund 1 Stunde.

Kloster Heiligengrabe & Umgebung

77 Stepenitz

A24

E26

A19

E55

Alt Krüssow **79**

82

Pritzwalk

76

Heiligengrabe

Prignitz

Perleberg

B189

B5

80 Bad Wilsnack

78 **81** Kyritz

B1

Elbe

B102

Um die erhaltene Klausur des Klosters Heiligengrabe scharen sich die Gebäude des heutigen evangelischen Stifts, das von mehreren Stiftsdamen bewirtschaftet wird. In den ehemals landwirtschaftlich genutzten Bauten werden Seminare der Jugendbauhütte Brandenburg-Berlin veranstaltet, ein Klostermuseum zeigt interessante Ausstellungen über Kirchenkunst, aber auch zu interkonfessionellen Themen.

Heiligengrabe gilt als die am besten erhaltene Klosteranlage in Brandenburg. Seit dem 13. Jahrhundert ist sie fast lückenlos besetzt. Der seit 1317 belegte Name Heiligengrabe geht auf ein Scheingrab in einem Vorgängerbau der heutigen Heiliggrabkapelle zurück. Sie steht gegenüber der Klosterkirche und war eine bedeutende Wallfahrtskapelle.

Die Gründung als Zisterzienserinnenkloster erfolgte um 1287 durch Markgraf Otto V. Nach einer Gründungslegende soll 1287 am Freitag vor Pfingsten ein Jude aus der Dorfkirche von Techow Hostien gestohlen haben. Als die Hostien zu bluten begannen, vergrub er sie in der Nähe des Dorfes. Der Dieb wurde aufgegriffen, durch seine blutigen Hände überführt und hingerichtet. Die Hostien verursachten fortan Wunder. Der Markgraf errichtete deshalb bei ihrer Fundstelle ein Zisterzienserinnenkloster. Über der Fundstelle erbaute man eine Kapelle, die bald zum Wallfahrtsziel wurde. Soweit die Legende, deren Wahrheitsgehalt heute fraglich erscheinen muss, offenbart sie doch legendentypische Erzählmuster aus der Zeit.

Aber die Geschichte wurde von Beginn an „gepflegt“: So gab die Äbtissin Anna von Rohr 1532 15 Eichenholztafeln mit Abbildungen der Legende in Auftrag. Sie wurden sozusagen als Werbetafeln für einen Wallfahrtsort im Kloster aufgehängt. Zwei der sieben noch existierenden Tafeln sind nur in Fragmenten erhalten, dennoch bilden sie die einzigen Überbleibsel von der ursprünglichen Ausstattung des Klosters. Alles andere fiel Bränden und Plünderungen anheim. So mussten die Nonnen während des Dreißigjährigen Krieges sogar eine Zeit lang nach Wittstock fliehen, während das Kloster von marodierenden Soldaten heimgesucht wurde.

Ziergiebel der Heiliggrabkapelle

Innenhof mit Kaiserturm

Kloster und Kapelle entwickelten sich zu einem bedeutenden Wallfahrts-ort für Pilgerfahrten zu dem Heiligen Grab. Üblicherweise handelte es sich dabei um ein Scheingrab, oft mit einer bildnerischen Darstellung des Leich-nam Christi, in dem zu bestimmten Anlässen Hostien als Symbol für den Leib Christi hineingelegt und als Auferstehungssymbolik wieder herausgeholt wurden. Eine kleine Gruft in der Kapelle wird als das eigentliche Heilige Grab gedeutet. Es wurde restauriert und ist offen einsehbar. Im frühen 16. Jahrhun-dert begann ein repräsentativer spätgotischer Neubau der Kapelle als Saalbau mit eingezogenen Strebepfeilern. An der östlichen und westlichen Stirnwand entstanden zwei aufwendig gestaltete Giebel, wobei der repräsentativere West-giebel zum bekanntesten Architekturdetail der Klosteranlage wurde. Im Jahr 1840 veranlasste König Friedrich Wilhelm IV. die Renovierung der Heilig-grabkapelle, die seit der Reformation als Kornspeicher genutzt worden war. Die heutige Ausstattung und Ausmalung der Kapelle von 1903/04 veranlasste Kaiser Wilhelm II. Dabei bekam die – der Ordenskonzeption der Zisterzien-ser folgend – unausgeschmückte Kirche eine neugotische Ausmalung der damaligen Zeit. Der Kaiser stiftete ein künstlerisches Kirchenfenster, das so-genannte Kaiser-Fenster, welches den Kaiser bei der Übergabe des Äbtissin-nenstabes an die Äbtissin Adolphe von Rohr zeigt.

Geht man nach Besuch der ausgemalten Heiliggrabkapelle in die Klosterkirche, begegnet man einer komplett gegenteiligen Anmutung. Die Wände sind hell getüncht und ohne Bemalung. Nach Auffassung der Zisterzienser sollte weder eine kostbare Ausstattung noch eine Ausschmückung der Kirche von der Liturgie ablenken. Das vergoldete, mittelalterliche Altarretabel von 1520, das sich in der Kirche befindet, ist eine Leihgabe aus dem Franziskanerkloster in Berlin, das im Krieg zerstört wurde. Es zeigt eine Strahlenkranzmadonna zwischen Petrus und Andreas, zwei weitere Figuren, die sich

Westlicher Kreuzgang

seitlich der Madonna befanden, fehlen leider. Auffällig ist die barocke Orgel auf der Empore von David Baumann.

Die Klosterkirche wurde um 1300 in einer Feldstein-Backstein-Mischbauweise errichtet. Sie erhielt eine Wölbung und eine über fünf Joche reichende Nonnenempore. Sie fiel zusammen mit den Altären 1719 einem Brand zum Opfer. Die Auflager für die Nonnenempore sind an den Seitenwänden noch erkennbar. Von dem Obergeschoss des Südflügels gelangten die Nonnen über einen Durchgang auf die Empore. Heute führt der Weg zur Orgelempore.

Noch während der Chor der Kirche vor 1300 errichtet wurde, schloss man den Ostflügel der Klausur an, der alle notwendigen Räume eines Klosters enthielt. Kirche und Südflügel entlang der Kirche der quadratisch angelegten Klausur wurden in der ersten Hälfte des 14. Jahrhunderts fertiggestellt und der Nordflügel begonnen. Mit der Errichtung des Westflügels dürfte Mitte des 14. Jahrhunderts die Klausur fertiggestellt gewesen sein.

Mit dem Neubau der Heiliggrabkapelle 1510 und ihrer steigenden Bedeutung als Wallfahrtskapelle wurde die gesamte Klausur zweigeschossig ausgebaut. Dem Südflügel wurden ein turmartiger Anbau, der Bibliothek und Archiv aufnahm, sowie ein zusätzliches Treppenhaus angefügt. Der Kreuzgang wurde eingewölbt und mit aufwendigen, teilweise farbigen Rippenprofilen versehen. Auch der lange Saal im westlichen Klausurflügel erhielt ein Gewölbe. Repräsentative Räume wurden vom Ostflügel in den Westflügel – und damit näher zur 1520 vollendeten Heiliggrabkapelle – verlagert. Im Nordflügel wurden fürstliche Unterkunftsmöglichkeiten geschaffen. Ersten frühbarocken Veränderungen folgten nach dem großen Brand von 1719 weitere barocke Umbauten, die mittelalterliche Formen verdrängten. Neue Dächer und Anbauten mit Sichtfachwerk veränderten das Aussehen der Klausur. Der

Heiliggrabkapelle mit neugotischer Ausmalung

Stiftsplatz, der sogenannte Damenplatz, wurde in Fachwerkbauweise umgebaut.

Im Hof der Klausur steht in einer Ecke ein etwas überdimensionierter Turmanbau mit einer spitzen Haube, der sogenannte Kaiserturm. Auch er geht auf die von Kaiser Wilhelm II. angeregten Renovierungsmaßnahmen zurück. Allerdings wird die Haube des Turms weniger mit architekturhistorischen Vorbildern assoziiert, sondern in ironischer Weise mit einer preußischen Pickelhaube.

Der Aufhebung des Klosters während der Reformation konnten sich die Nonnen zunächst widersetzen. Unter der Leitung von Äbtissin Anna von Quitzow zogen sie nach Wittstock, um mit Kurfürst Joachim II. zu verhandeln. Zu dieser Zeit dürften im Kloster Heiligengrabe etwa 70 Nonnen gelebt haben, überwiegend adliger Herkunft. Lange vermochten die Nonnen die Anordnungen des Kurfürsten zu unterlaufen, der das Kloster am 21. Januar 1543 an den Landeshauptmann Curt von Rohr verpfändete. Der Versuch, am 2. Mai desselben Jahres Claus von Dase als Vogt einzusetzen, scheiterte an den streitbaren Nonnen, die ihn mit Stöcken und Steinwürfen vertrieben. Schließlich wurde das Kloster Heiligengrabe 1549 in ein evangelisches Stift für unverheiratete Töchter des Adels umgewandelt. Die formale Anerkennung als evangelisches, adeliges Damenstift erfolgte 1742 durch König Friedrich II. 1843 wurde das Stift dem Evangelischen Oberkirchenrat unterstellt.

Nachdem das Kloster 1945 ein Jahr lang von sowjetischen Truppen besetzt und teilweise verwüstet worden war, versorgten die Stiftsdamen bis 1947 Flüchtlinge der Nachkriegszeit. 1946 siedelten sich die aus Oberschlesien vertriebenen Diakonissen der Friedenshort-Schwesternschaft aus Miechowice hier an, die bis 1998 auf dem Klostergelände blieben. 1950 begann in gewissem Sinn der Neuanfang des Stifts

Orgelempore der Klosterkirche

nach dem Zweiten Weltkrieg. Seit einer Neuorganisation im Jahr 1996 wird Heiligengrabe als evangelisches Stift von einer Äbtissin und Stiftsdamen weitergeführt. Regelmäßig finden Konzerte, Veranstaltungen, interkonfessionelle Ausstellungen und Tagungen statt. Für die Stiftsdamen wird eine mittelalterliche Abgeschlossenheit allerdings nicht mehr verlangt. Jede Stiftsfrau hat ihren Privatbereich und übernimmt Aufgaben und Zuständigkeiten wie Bausanierung, Veranstaltungen, Öffentlichkeitsarbeit oder Mitarbeit in Wissenschaft und Forschung. So kann die fachkundig und lebendig erzählende Fremdenführerin in Windjacke und bequemen Turnschuhen sich am Ende einer Klosterführung überraschend als Stiftsfrau vorstellen.

Kloster Stift zum Heiligengrabe

Stiftgelände, 16909 Heiligengrabe
Tel. 033962/80 80
www.klosterstift-heiligengrabe.de

Gemeinde Heiligengrabe

Am Birkenwäldchen 1a, 16909 Heiligengrabe
Tel. 033962/670
www.heiligengrabe.de

Museum des Dreißigjährigen Krieges „Alte Bischofsburg"

Amtshof 1–4, 16909 Wittstock
Tel. 03394/43 37 25
www.mdk-wittstock.de

Anreise

🚌 🚆 Vom Hbf Berlin geht es mit der S-Bahn nach Spandau, dort umsteigen in den RE, dann bis Bahnhof Heiligengrabe. Reisedauer rund 2 Stunden und 30 Minuten. Vom Bahnhof Heiligengrabe, der außerhalb der Ortschaft liegt, sind es noch circa 1,7 Kilometer bis zum Kloster Stift zum Heiligengrabe.

🚗 Vom Berliner Dom bis zum Kloster sind es rund 120 Kilometer. Über die A114, A10, A24 in Richtung Rostock/Hamburg. Beim Dreieck Wittstock/Dosse weiter auf der A24 in Richtung Hamburg/Schwerin. Bei Ausfahrt Pritzwalk auf der B189 in Richtung Heiligengrabe. Fahrtzeit rund 1 Stunde und 15 Minuten.

In der Dorfmitte von Stepenitz, einem Ortsteil der Gemeinde Marienfließ, gelangt man durch ein Tor in einen Park, in dem eine Allee zur ehemaligen Klosterkirche des Klosters Marienfließ führt, das in Nähe des Flusses Stepenitz errichtet worden war. In dem Park stehen heute die Gebäude des Evangelischen Stifts Marienfließ.

Im Jahre 1231 gründete Ritter Johann Gans zu Putlitz das Kloster Marienfließ als Familienkloster. Nach einer Legende aus dem 13. Jahrhundert übergab der Gründer den Nonnen eine Heilig-Blut-Reliquie, die Kaiser Otto IV. von einer Pilgerreise ins Heilige Land mitgebracht hatte. Die Nonnen stellten das kostbare Souvenir im Chorraum der Klosterkirche aus. Eine andere Legende erzählt von einem wundertätigen Marienbild, das auf der Stepenitz angetrieben wurde. Vermutet wird, dass das Kloster Marienfließ in gewissem Sinn in Konkurrenz zum benachbarten Kloster Heiligengrabe stand, das mit seiner Heiliggrab-Anlage erfolgreich Pilger anlockte. Eine Heilig-Blut-Reliquie und ein notwendendes Marienbild sollten Pilgerströme ins Kloster Marienfließ umlenken. Doch die PR-Kampagne verfehlte ihr Ziel und Marienfließ blieb ein Wallfahrtsort mit regionalem Einzugsgebiet. Nach dem Übertritt von Kurfürst Joachim II. zum evangelischen Glauben 1539 wurde das Kloster säkularisiert und in ein evangelisches Damenstift umgewandelt.

Südseite der Klosterkirche

Die Stiftsgüter wurden an die Edlen Herren zu Putlitz verpfändet, in deren Besitz sie blieben. Im Dreißigjährigen Krieg wurde fast die ganze Klosteranlage zerstört und die Kirche brannte aus. Im Jahr 1655 begann der Neuaufbau von Wohnhäusern für die Stiftsdamen. Seit dem 18. Jahrhundert lag beim Kloster ein Hof mit einer Mühle, Wohn- und Wirtschaftsgebäuden. Das östlich der Kirche liegende Klostergut brannte 1880 ab.

Vom mittelalterlichen Kloster blieb die gotische Klosterkirche aus Backstein aus der zweiten Hälfte des 13. Jahrhunderts erhalten. Von den nördlich angebauten Klausurgebäuden sind noch Spuren an der Kirchennordwand sichtbar. Die Südseite wurde als Schaufront ausgebildet.

Die Kirche ist ein flach gedeckter Saalbau mit einem eingezogenen, kreuzrippengewölbten, polygonalen Chor. Bei ihrem Wiederaufbau nach dem Dreißigjährigen Krieg war die Flachdecke eingezogen worden. Im Inneren deutet ein Mauerrücksprung an, dass sich die Nonnenempore über das ganze Schiff erstreckte. Ein spitzbogiger Triumphbogen trennt Schiff und Chor. Der hölzerne, westliche Dachturm entstand 1829. Auch Dach, Hauptgesims und die heutige Decke des Schiffes stammen aus dem 19. Jahrhundert. Auf eine Kirchenerneuerung von 1900/01 gehen

Neugotische Ausgestaltung der Klosterkirche

die neugotische Ausstattung, Glasmalereien sowie die Ausmalung mit Wappen zurück. Vom 1900 entfernten Barockaltar blieben die Abendmahlsdarstellung und das Kreuzigungsbild erhalten. 1868 wurde anstelle der Orgel von 1730 eine Orgel von Wilhelm Heerwegen aus Klosterhäseler in Thüringen eingebaut. Von der mittelalterlichen Ausstattung ist nichts mehr vorhanden. In Marienfließ gehen mittelalterliche Architektur und neugotische Auffassung eine Gleichzeitigkeit ein, die einen Besuch lohnenswert macht.

Evangelisches Stift „Marienfließ" Stepenitz
Stift Marienfließ 10, 16945 Marienfließ/
OT Stepenitz
Tel. 033969/41 40
www.marienfliess.de

Förderkreis des evangelischen Stifts Marienfließ e.V.
Dr. Julian Frhr. zu Putlitz
Stift 4, 16945 Marienfließ/OT Stepenitz
Tel. 033969/41 40
www.marienfliess.de

Anreise
🚌🚆 Vom Hbf Berlin fährt ein RE nach Neustadt (Dosse), dort umsteigen auf die PEG-Prignitzer Eisenbahngesellschaft, und weiter nach Pritzwalk Bahnhof. Weiter mit dem Bus 908 bis Marienfließ-Stift. Am Wochenende besteht ein Rufbus-Service. Die Reisezeit beträgt circa 3 Stunden und 25 Minuten.
🚗 Vom Berliner Dom bis Stepenitz sind es circa 147 Kilometer. Über die A114, A10 auf die A24 in Richtung Hamburg. Bei Ausfahrt Putlitz auf der L13 nach Telschow und weiter auf einer kleinen Landstraße Stepenitzer Weg nach Marienfließ-Stepenitz. Fahrtzeit rund 1 Stunde und 35 Minuten.

Franziskanerkloster

Östlich von Kyritz, das einen historischen Stadtkern und seit 1237 das Stadt-recht besitzt, bietet eine Seenkette Erholungsmöglichkeiten. Kyritz wurde als „Kyritz an der Knatter" bekannt, was nahelegt, es läge an einem Fluss namens „Knatter". Tatsächlich brachte aber das „Knattern" vieler Mühlen an der Jäg-litz dem Hansestädtchen den Beinamen ein. Daneben war Kyritz wegen des Bieres „Mord und Totschlag" bekannt. Um Mord und Totschlag ging es auch bei der Festnahme und Verurteilung des Raubritters von Bassewitz im Jahr 1411, der auf dem Marktplatz von Kyritz mit dem Schwert hingerichtet wurde. Zur Erinnerung findet alle zwei Jahre das historisch angelegte Basse-witzfest statt, bei dem der Klostergarten mit Kirchenruine des ehemaligen Franziskanerklosters „St. Johannis Evangelist" einbezogen wird. In den Som-mermonaten finden dort Konzerte und Theateraufführungen statt.

Vermutet wird eine Gründung des Klosters durch die askanischen Mark-grafen in der zweiten Hälfte des 13. Jahrhunderts. Als Förderer des Klosters können die Herren von Plotho angenommen werden, die der Siedlung Kyritz das Stadtrecht verliehen und deren Lilie im Stadtwappen zu sehen ist. Der Konvent schien sich auch des Wohlwollens der brandenburgischen Mark-grafen Friedrich II. und Friedrich d.J. zu erfreuen, die an die Stelle derer von Plotho traten. Doch bereits 1443 wurde das Kloster als baufällig bezeichnet,

Anbauspuren der Kirche an den Ostflügel

was auf einen wirtschaftlichen Rückgang schließen lässt. Die Aufhebung erfolgte wahrscheinlich noch vor der kurfürst-lichen Visitation 1541, denn schon 1539 beschwerten sich die Mönche gegen die Einziehung ihrer Kleinodien. Kurfürst Joa-chim II. von Brandenburg übertrug 1552 seinem Hofmarschall das Kloster, der ei-nen Teil der Gebäude der Stadt übergab. Diese richtete darin ein Armenhaus ein. Der erhaltene Ostflügel wechselte mehr-mals seine Besitzer, die ihn umbauten und auch als Wohnhaus nutzten. Bis auf die Kirche war das Kloster schon Anfang des 18. Jahrhunderts weitgehend verfallen.

Die einschiffige, turmlose Klosterkir-che wurde noch bis Mitte des 18. Jahrhun-derts als Kirche der Armen- und Krankenanstalt, Pfarrkirche und seit 1715 auch als Garnisonskirche genutzt. 1789 wurde sie zum Abbruch an einen Kyritzer Gastwirt verkauft. Nördlich der Kirche lag die geschlossene Klausur mit Kreuzgang. Erhalten haben sich Teile der nördlichen Langhauswand mit Resten des südlichen Kreuzgangflügels, die als Theaterkulisse dienen, und Anbauspuren an den Ostflügel. Im zweigeschossigen Ostflügel lagen wahrscheinlich das Refektorium, der Kapitelsaal und das Dormitorium mit Durchgangsmöglichkeit zur Kirche. Der

Ostflügel

in Feldstein ausgeführte erste Bau des Ostflügels wurde vor 1300 in Ziegelstein erweitert. In der zweiten Hälfte des 14. Jahrhunderts wurden Kirche und Klausurgebäude aufgestockt und die Kirche gewölbt. Von der Ausstattung ist wenig überliefert und nichts mehr erhalten. Auch Archiv und Bibliothek des Franziskanerklosters sind nicht mehr vorhanden.

Wo früher Gottesdienstgesänge erschallten, sind im Sommer dramatische Szenen aus der Geschichte Kyritz zu vernehmen, welche die Theatergruppe „Knattermimen" auf den Brettern, die bekanntlich die Welt bedeuten, unter freiem Himmel darbieten.

Franziskanerkloster
Klosterstraße, 16866 Kyritz

Tourismusverein Kyritz, Wusterhausen, Neustadt (Dosse) e.V.
Maxim-Gorki-Str. 32, 16866 Kyritz
Tel. 033971/523 31
www.knatter-dosseland.de

Kyritzer Knattermimen e.V.
Johann-Sebastian-Bach-Str. 4, 16866 Kyritz
Tel. 033971/737 28
www.kyritzer-knattermimen.de

Anreise
🚆🚌 Vom Hbf Berlin fährt ein RE nach Neustadt (Dosse), von dort weiter mit einem Zug der PEG-Prignitzer Eisenbahn bis Kyritz. Die Reisezeit beträgt rund 1 Stunde und 10 Minuten.
🚗 Vom Berliner Dom sind es circa 108 Kilometer bis Kyritz. Über die A114, A10 auf die A24 nach Hamburg. Bei Ausfahrt Neuruppin auf die B167 in Richtung Neustadt (Dosse). Vor Neustadt (Dosse) rechts abbiegen auf die B5 und weiter bis Kyritz. Fahrtzeit rund 1 Stunde und 20 Minuten.

Wallfahrtskirche St. Annen

Sein Ursprung als wendisches Runddorf ist in Alt Krüssow sehr gut zu erkennen. Die Häuser orientieren sich an einer Stichstraße, die ins Dorf hinein- und in einer Schleife wieder herausführt. In ihrer Mitte steht, leicht erhöht, die Kirche, die für ein kleines Dorf erstaunlich groß und architektonisch aufwendig ausfällt. Bei der Kirche St. Annen handelt sich um die ehemalige Wallfahrtskirche von Alt Krüssow, die den kleinen Ort für kurze Zeit zu einem bedeutenden Wallfahrtsort machte.

St. Annen war eine Kirche der Verehrung der Mutter Marias, der Annenverehrung, die Ende des 15. Jahrhunderts aufkam. Zu dieser Zeit soll sich ein wundertätiges Annenbild auch hier in der Kirche befunden haben. Vermutlich handelte es sich um eine geschnitzte Figur als Anna selbdritt, also Maria mit dem Jesuskind und ihrer Mutter Anna. Im Klostermuseum Heiligengrabe befindet sich eine Anna selbdritt (um 1515), die der Wallfahrtskirche in Alt Krüssow zugeschrieben wird. Es könnte sich um das wundertätige Bild handeln – das jedoch im Museum seine Wirkung eingestellt hat. Eine Legende erzählt sogar vom Rock der heiligen Anna, der in Alt Krüssow aufbewahrt worden sein soll. Noch im 18. Jahrhundert befanden sich Krücken von Geheilten in der Wallfahrtskirche St. Annen.

Staffelziergiebel an der Ostseite

Da die Kirche wegen Renovierungsarbeiten für allgemeinen Besucherverkehr gesperrt ist, befindet sich ihr spätgotischer, geschnitzter und farbig gehaltener Annen-Flügelaltar (um 1520) in der Pfarrkirche des nahe gelegenen Pritzwalk. Ein zweiter Annen-Altar verblieb in Alt Krüssow. Als zentrale Figur ist die heilige Anna zu sehen, die als Anna selbdritt dargestellt ist. An ihren Seiten stehen die Heiligen Christophorus und Albanus von Mainz sowie Georg Mauritius. In Nischen in den Flügeln sind weitere Heilige zu sehen. Der Altar zeigt Spuren einer ehemaligen Bemalung.

Die Kirche wurde vom Havelberger Bischof Johann von Schlabrendorff (1501–1520) gestiftet und 1520 geweiht. Sie gilt als bedeutender Bau in der Mark auf dem

Feldsteinsockel der Ostfassade   *Wallfahrtskirche zur Annenverehrung*

Lande aus vorreformatischer Zeit. Die Reformation hielt 1543 in Alt Krüssow Einzug, 1568 verließ der letzte katholische Pfarrer die Pfarrstelle.

Die Kirche wurde als rechteckiger Saalbau aus Feld- und Backsteinen mit einer Kapelle an der Nordseite errichtet. Der Turm an der Westseite wurde 1879/80 im neugotischen Stil erbaut. Ein Turmportal aus Formziegeln bildet den Eingang im Westen, ein weiterer Eingang befindet sich in der Südwand. Die Ostwand schmückt ein stufenförmiger Giebel mit Blendfenstern, der an den Giebel der Heiliggrabkapelle vom Kloster Heiligengrabe erinnert. Im Mittelschiff ist ein Sterngewölbe, im westlichen Teil und in der Seitenkapelle sind Kreuzgewölbe vorhanden. Eine mittelalterliche, vergitterte Segmentbogennische wird als Nische für Reliquien oder sogar als Heiliggrab-Anlage gedeutet. Eine Annendarstellung befindet sich im oberen Bereich eines Nordfensters der Kirche. Weitere Figuren und Ausstattungselemente von Alt Krüssow sind heute in Museen in Berlin und Heiligengrabe zu sehen.

Evangelische Kirche/Wallfahrtskirche
Dorfstraße, 16928 Alt Krüssow

Förderverein Wallfahrtskirche Alt Krüssow e.V.
Am Wilmersdorfer Weg 1, 16928 Alt Krüssow
Tel. 03395/70 08 02
www. wallfahrtskirche-kruessow.de

Anreise
Vom Hbf Berlin mit dem RE bis Wittstock/ Dosse. Weiter mit der PEG-Prignitzer Eisenbahngesellschaft nach Pritzwalk. Mit dem Bus 903 bis Hainholzmühle, umsteigen in den Bus 915 und weiter bis Alt Krüssow. Fahrtzeit rund 2 Stunden und 45 Minuten.

Vom Berliner Dom sind es bis Alt Krüssow circa 130 Kilometer. Über A111, A10, A24 in Richtung Hamburg bis zur Ausfahrt Pritzwalk/Heiligengrabe. Auf der B189 in Richtung Pritzwalk. Nach rechts abbiegen und weiter bis Alt Krüssow. Fahrtzeit rund 1 Stunde und 30 Minuten.

„Wunderblutkirche" St. Nikolai

Kurhaus, Thermal-Sole-Quelle und heilkräftige Moorerde locken zahlreiche Gäste nach Bad Wilsnack. Im Mittelalter dagegen pilgerten die Menschen zu einem Bluthostienwunder in die Wilsnacker Wunderblutkirche, dem damals bekanntesten Wallfahrtsort in Nordeuropa.

Nachdem Ritter Heinrich von Bülow am 15. August 1383 Wilsnack in Schutt und Asche gelegt hatte, fand der Pfarrer in der Kirchenruine drei unversehrte, rot gefärbte Hostien. Der Havelberger Bischof bestätigte den Fund als ein Heiliges-Blut-Wunder. Daraufhin verwandelte sich Wilsnack zu einem blühenden Wallfahrtsort. Der erste evangelische Pfarrer verbrannte 1552 die Wunderhostien und widerlegte damit ihre Unversehrtheit. Nachdem auf den frevlerischen Pfarrer nicht sofort der Blitz herniedergefahren war, versiegte die Wallfahrt – und auch die wirtschaftliche Blüte Wilsnacks verwelkte.

Bald nach der bischöflichen Wunderbestätigung war mit dem Bau der ersten Wallfahrtskirche begonnen worden. Und schon um 1446 wurde eine Vergrößerung zu einer dreischiffigen Hallenkirche mit polygonalem Chor in Angriff genommen. Ein Querschiff mit östlich anliegenden Kapellen wurde eingefügt. Die Kapellen verband ein außen liegender, gewölbter Chorumgang, der unter den Chorstützpfeilern, die Durchgänge hatten, durchführte.

Einst Wallfahrtskirche mit Heiligblutwunder

Die Wunderblutkapelle befindet sich neben dem Pilgereingang im Süden, der von Christus und Maria als Sandsteinskulpturen geschmückt wird. Der erhaltene, im 15. Jahrhundert bemalte Wunderblutschrein barg die Monstranz mit den drei Bluthostien. Nach der Reformation diente die Wunderblutkapelle als Grablege der Patronatsfamilie von Saldern.

Das unvollendete, kreuzrippengewölbte Langhaus mit nur drei Jochen schließt den Turmstumpf des Vorgängerbaues ein. Da die bedeutende Wallfahrtskirche lediglich einen Dachreiter aufweist, wird von zwei geplanten Türmen ausgegangen. Der repräsentative Renaissancegiebel der Westfassade wurde 1591 vollendet. Eine Besonderheit sind die Fenster mit spätmittelalterlicher Glasmalerei.

Der Hochaltar wurde aus drei über-
einanderliegenden Retabeln unterschiedlicher gotischer Altäre zusammengesetzt.
Der obere Teil ist ein Dreifigurenschrein
mit Maria und den 14 Nothelfern, auf dem
mittleren Retabel steht eine Mondsichelmadonna mit den zwölf Aposteln. Im unteren Teil wurden verschiedene Figuren
eher dekorativ zusammengestellt. Die steinerne Kanzel mit hölzernem Schalldeckel
aus dem späten 17. Jahrhundert wurde
von Jakob Friedrich von Saldern nach
dem Tod seiner Gattin gestiftet. Vor der
Kanzel steht eine kelchförmige Taufe, die
um 1400 datiert wird. Beidseitig der Orgelempore sind Epitaphe der Familie von
Saldern angebracht.

Wunderblutschrein in der Wunderblutkapelle

An der Nordseite der Kirche stellte ein
brückenartiger Gang die Verbindung zum
Prälatenhaus, einer Nebenresidenz der
Havelberger Bischöfe, her. Ab 1560 hatte
darin die Patronatsfamilie von Saldern ihren Sitz, die es 1780 zu einem Schloss
erweiterte, das 1976 abbrannte. Französische Truppen nutzten 1806 die Wunderblutkirche als Lazarett. Wieder floss Blut, aber Wunder gab es keine.

Evangelisches Pfarramt
Große Str. 50, 19336 Bad Wilsnack
Tel. 038791/27 21
www.wunderblutkirche.de

Förderverein „Wunderblut"-Kirche St.
Nikolai Bad Wilsnack e.V.
Große Str. 25, 19336 Bad Wilsnack
verein@wunderblutkirche.de

Anreise
🚌🚆 Vom Hbf Berlin geht es mit dem RE direkt
bis Bad Wilsnack. Reisezeit rund 1 Stunde und
10 Minuten.

🚗 Vom Berliner Dom bis Bad Wilsnack sind es
circa 143 Kilometer. Über die A111, A10, A24
in Richtung Hamburg bis zur Ausfahrt Neuruppin. Auf der B167 in Richtung Neustadt (Dosse),
weiter auf der B5 über Kyritz in Richtung Perleberg und auf der Höhe von Kletzke links abbiegen
nach Bad Wilsnack. Fahrtzeit rund 1 Stunde und
55 Minuten.

Kyritz
Evangelische St. Marienkirche

Nachdem Kyritz 1237 durch die Herren von Plotho zur Stadt erhoben und ihr 1259 die Mühlengerechtigkeit sowie die freie Schifffahrt auf der Jäglitz und Dosse bis zur Elbe gewährt wurde, entwickelte es sich bald zur Hansestadt. Hinzu kam der Getreideanbau mit mehreren Mühlen. Heute zeigt sich Kyritz mit einer Rekonstruktion des historischen Stadtkerns und dem nahe gelegenen Erholungsgebiet „Kyritzer Seenkette" als ansehnliche Stadt in der Prignitz. Gleich hinter dem Marktplatz mit dem beeindruckenden Rathaus und einigen schönen Häusern überragen die zwei spitzen Kirchtürme der evangelischen Kirche St. Marien die Häuser.

Die dreischiffige Hallenkirche St. Marien, ursprünglich dem heiligen Nikolaus geweiht, dem Schutzpatron der Seefahrer und Kaufleute, wurde mehrfach umgebaut und überformt. Errichtet wurde die Marienkirche im 12. Jahrhundert, zum Teil im romanischen und frühgotischen Stil als einschiffige Hallenkirche. Aus ihrer frühen Zeit besitzt sie einen Feldsteinsockel. Um 1400 erfolgte der Umbau in eine dreischiffige, kreuzgewölbte gotische Hallenkirche mit eingezogenem Chor und einem breiten Turm an der Westseite. Auffällig sind die in zwei Reihen angeordneten Chorfenster. Um 1539 kam die Reformation nach Kyritz und die Kirche wurde evangelisch.

Glockengiebel mit Glocken in den Türmen

Die Kirche wurde mehrmals zerstört, so 1567 durch Brand, 1598 durch Blitzschlag und 1622 wieder durch eine Feuersbrunst. Dabei brannten Kirche und Turm völlig ab, sodass rund 100 Jahre lang der Gottesdienst in der Klosterkirche des Kyritzer Klosters stattfand, die damals noch erhalten war. Beim Wiederaufbau 1708–14 erhielt die Kirche schließlich ihre heutige Form mit dem barocken Anbau auf der Nordseite. Es erfolgten der Einbau von Emporen, ovalen Fenstern und einer Kanzel mit Schalldeckel und Schnitzfiguren, auf der Spitze ein vergoldeter Engel mit Fanfare. Bis 1780 lag noch ein Friedhof um die Kirche.

Zur spärlich erhaltenen spätmittelalterlichen Innenausstattung gehören zwei spätgotische Schnitzfiguren. Es handelt sich um eine Marienfigur mit Jesuskind aus dem 15. Jahrhundert und eine Figur Anna selbdritt aus der Zeit um 1500. Ein Taufstein, angeblich aus dem 13. Jahrhundert, ist ebenfalls erhalten. Er besteht aus einem Sockel aus Sandstein und einem achteckigen Kessel aus Granit mit den Darstellungen der Verkündigung der Geburt Jesu, der Taufe durch Johannes und den vier Evangelisten: Matthäus, Markus, Lukas, Johannes.

Nordseite mit barockem Anbau

Ein Brand zerstörte 1820 den Kirchturm. Nachdem er baufällig geworden war, wurde er 1848 abgetragen und durch ein flaches Portal mit einer Doppelturmfront ersetzt. Die Errichtung der neugotischen Turmfassade wurde nach einem Entwurf von Oberhofbaurat Friedrich August Stüler (1800–1865) ausgeführt. Die zwei Glocken, die ursprünglich im Giebel hingen, wurden 1888 in den Türmen aufgehängt. Bei der letzten größeren Renovierung des Innenraums wurden 1904/05 der verputzte Backstein freigelegt und die Kanzel von der Süd- an die Nordseite umgesetzt. Der Chorraum erhielt Buntfenster, 1926 folgten die Fenster in den Seitenschiffen.

Die im Jahre 1873 erbaute Orgel stammt aus der Orgelbauwerkstatt von Adolf Reubke in Hausneindorf im Harz. Die Orgel ist die einzige in ihrer Größe noch erhaltene Reubke-Orgel und gleichzeitig die größte romantische Orgel des 19. Jahrhunderts im Land Brandenburg.

Gemeindehaus/
Superintendentur Joachim Harder
Johann-Sebastian-Bach-Str. 51, 16866 Kyritz
Tel. 033971/723 73

Pfarramt
Maxim-Gorki-Straße 37, 16866 Kyritz
Tel. 033971/525 71
www.kirchengemeinde-kyritz.de

Anreise
🚄🚋 Vom Hbf Berlin fährt ein RE nach Neustadt (Dosse), von dort weiter mit einem Zug der PEG-Prignitzer Eisenbahn bis Kyritz. Die Reisezeit beträgt rund 1 Stunde und 10 Minuten.
🚗 Vom Berliner Dom sind es circa 108 Kilometer bis Kyritz. Über die A114, A10 auf die A24 nach Hamburg. Bei Ausfahrt Neuruppin auf die B167 in Richtung Neustadt (Dosse). Vor Neustadt (Dosse) rechts abbiegen auf die B5 und weiter bis Kyritz. Fahrtzeit rund 1 Stunde und 20 Minuten.

Evangelische St. Nikolaikirche

Die mittelalterliche Stadtbefestigung von Pritzwalk ist längst einer Grünanlage gewichen. Von der Stadtmauer blieben nur Mauerfragmente und ein Turm übrig.

Im Jahr 1256 bekam Pritzwalk von den Askaniern das Stadtrecht verliehen. Die Handelsbeziehungen der günstig an Handelsstraßen gelegenen Stadt reichten bald bis nach Hamburg. Im 14. Jahrhundert folgte die Mitgliedschaft in der Hanse. Pritzwalk entwickelte sich zu einem wohlhabenden Städtchen. Doch danach kamen Pest, Plünderungen und Feuersbrünste. Erst ab dem 17. Jahrhundert erholte sich die Stadt als Garnisonsstadt und im 18. Jahrhundert als Tuchmacherstadt wieder. Der letzte Stadtbrand, bei dem auch die Nikolaikirche beschädigt wurde, verwüstete am 1. November 1821 Pritzwalk.

Der Baubeginn der Vorgängerkirche wird um das Jahr 1230 angenommen. Sie war eine frühgotische Basilika mit querrechteckigem Westturm. Ihr Mauerwerk bestand aus regelmäßig geschichteten Feldsteinen, wie der untere Teil des Turms zeigt. Im 15. Jahrhundert entstand ein Backsteinbau mit Kreuzrippengewölbe. Die heutige Form der Kirche als Hallenkirche mit drei gleich hohen Schiffen geht auf einen Bau von 1501 zurück, der wahrscheinlich nach einer Feuersbrunst ausgeführt wurde. Die Reformation erreichte Pritzwalk im Jahr 1539.

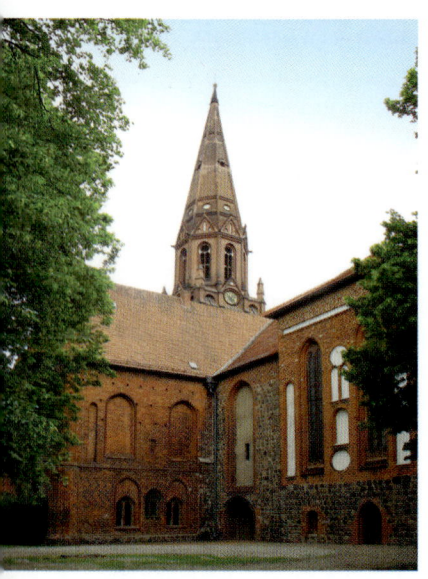

Ansicht von Südost

Ein Stadtbrand zerstörte 1821 zahlreiche Gebäude, darunter auch die Kirche. Ihr Wiederaufbau erfolgte bis 1828, allerdings ohne Turm. Erst von 1880 bis 1882 wurde der etwa 70 Meter hohe Turm nach Plänen von Friedrich Adler (1827–1908) in neugotischem Stil aus Backstein erbaut. Nachdem die alten Glocken während des Zweiten Weltkriegs eingeschmolzen worden waren, wurde 1954 ein neues Geläut eingehängt. Eine sanierungsbedingte Rekonstruktion des Turmes fand von 1999 bis 2000 statt. Der Orgelneubau wurde 1956/58 von der Firma Schuke gefertigt. Die Orgel steht groß und erhaben auf der Orgelempore.

Eine Besonderheit der Ausstattung ist der aus der nahe gelegenen Alt Krüsso-

Annenaltar

Gotische Halle mit Annenaltar

wer Wallfahrtskirche St. Anna stammende spätgotische Flügelaltar von 1520, der seit 1976 in der Pritzwalker Kirche aufgestellt ist. Es handelt sich um einen Altar der einstigen Annenverehrung mit Darstellungen aus dem Leben Annas, der Mutter Marias. Die Schnitzfiguren sind hervorragend ausgearbeitet, die vergoldete und farbige Fassung vermittelt eine große Lebendigkeit und Vielfalt. Auf dem linken Flügel ist eine Anna selbviert dargestellt. Anna, die ein Buch in der Hand hält und die gekrönte Maria sitzen auf einer Bank, zwischen ihnen steht mit ausgebreiteten Armen das Jesuskind. Die alte, große Frau hinter dieser Figurengruppe wird als Emerantiana, die Mutter der Anna, gedeutet. Weiter sind die Verlobung Marias mit Joseph, die Marienkrönung und die Heilige Sippe zu sehen, ein figurenreiches Motiv, bei dem die heilige Anna mit ihren Vor- und Nachfahren gezeigt wird. Auf dem rechten oberen Flügel ist schließlich der Tod der heiligen Anna dargestellt.

Dieser aus Alt Krüssow stammende Altar ist unter den vielen Annen-Altären in märkischen Dorfkirchen wohl derjenige, der am reichsten ausgeschmückt ist. Er allein lohnt schon den Besuch.

St. Nikolaikirche
Kirchstraße, 16928 Pritzwalk

Tourismusverein Pritzwalk & Umgebung e.V.
Meyenburger Tor 3, 16928 Pritzwalk
Tel. 03395/70 07 03
www.pritzwalk-info.de

Anreise
🚌🚆 Vom Hbf Berlin mit dem RE bis Wittstock/Dosse. Weiter mit der PEG-Prignitzer Eisenbahngesellschaft nach Pritzwalk. Fahrtzeit rund 2 Stunden und 5 Minuten.
🚗 Vom Berliner Dom bis Pritzwalk sind es circa 130 Kilometer. Über die A111, A10, A24 in Richtung Hamburg bis zur Ausfahrt Pritzwalk/Heiligengrabe. Auf der B189 in Richtung Pritzwalk. Fahrtzeit rund 1 Stunde und 30 Minuten.

Alphabetische Liste
der Klöster und Kirchen

Klöster

Altfriedland – Zisterzienserinnen (23) S. 72
Angermünde – Franziskaner (17) S. 56
Boitzenburg – Zisterzienserinnen (9) S. 36
Brandenburg an der Havel – Dominikaner (St. Pauli) (62) S. 170
Brandenburg an der Havel – Franziskaner (63) S. 172
Brandenburg an der Havel – Prämonstratenser (Domkapitel St. Peter und Paul) (61) S. 165
Brandenburg an der Havel – Prämonstratenser (St. Gotthardt) (64) S. 174
Chorin – Zisterzienser (16) S. 51
Cottbus – Franziskaner (30) S. 90
Dahme/Mark – Karmeliter (38) S. 110
Dahnsdorf – Kommende des Deutschen Ordens (47) S. 132
Doberlug – Zisterzienser (37) S. 105
Frankfurt (Oder) – Franziskaner (24) S. 74
Fürstenwalde/Spree – Domkapitel des Bistums Lebus (25) S. 76
Gramzow – Prämonstratenser (10) S. 38
Gransee – Franziskaner (2) S. 18
Heiligengrabe – Zisterzienserinnen (76) S. 203
Himmelpfort – Zisterzienser (1) S. 13
Jüterbog – Franziskaner (48) S. 134
Kyritz – Franziskaner (78) S. 210
Lehnin – Zisterzienser (51) S. 141
Lietzen – Komturei der Tempelritter (22) S. 67
Lindow (Mark) – Zisterzienserinnen (72) S. 194
Luckau – Dominikaner (39) S. 112
Mühlberg (Elbe) – Zisterzienserinnen (40) S. 114
Neuruppin – Dominikaner (71) S. 189
Neuzelle – Zisterzienser (29) S. 85
Prenzlau – Dominikaner(8) S. 31
Prenzlau – Franziskaner (11) S. 40
Prenzlau –Magdalenerinnen/Benediktinerinnen (12) S. 42
Stepenitz – Zisterzienserinnen (77) S. 208
Zehdenick – Zisterzienserinnen (3) S. 20
Ziesar – Zisterzienserinnen (52) S. 146
Zinna – Zisterzienser (46) S. 127

Kirchen

Alt Krüssow – Wallfahrtskirche St. Annen (79) S. 212
Altlüdersdorf – Evangelische Dorfkirche (4) S. 22
Angermünde – Evangelische St. Marienkirche (19) S. 60
Angermünde – Heilig-Geist-Kapelle (18) S. 58
Bad Wilsnack – „Wunderblutkirche" St. Nikolai (80) S. 214
Bagow – Evangelische Dorfkirche (70) S. 186

Bardenitz – Evangelische Dorfkirche (49) S. 136
Boitzenburg – Evangelische Kirche „St. Marien auf dem Berge" (13) S. 44
Brandenburg an der Havel – Evangelische St. Katharinenkirche (65) S. 176
Cottbus – Evangelische Oberkirche St. Nikolai (31) S. 92
Dahme/Mark – Evangelische St. Marienkirche (41) S. 116
Dannenwalde – Ehemalige Gutskirche/Rad-Wander-Kirche (5) S. 24
Frankfurt (Oder) –St. Marienkirche (26) S. 78
Fürstenberg/Havel – Evangelische Stadtpfarrkirche (6) S. 26
Gransee – Evangelische St. Marienkirche (7) S. 28
Großbeeren – Evangelische Kirche („Schinkelkirche") (53) S. 148
Herzberg (Mark) – Evangelische Dorfkirche (74) S. 198
Joachimsthal (Barnim) – Evangelische Stadtkirche („Schinkelkirche") (20) S. 62
Ketzür – Evangelische Dorfkirche (66) S. 178
Kunersdorf – Evangelische Kirche und Erbbegräbnis (28) S. 82
Kyritz – Evangelische St. Marienkirche (81) S. 216
Lindow (Mark) – Evangelische Stadtkirche (73) S. 196
Luckau – Evangelische St. Nikolaikirche (42) S. 118
Luckau – Georgenkapelle (43) S. 120
Mühlberg (Elbe) – Evangelische Frauenkirche St. Marien (44) S. 122
Neuhardenberg – Evangelische Kirche („Schinkelkirche") (27) S. 80
Neuruppin – Siechenhauskapelle (75) S. 200
Neuzelle – Evangelische Kirche zum Heiligen Kreuz (32) S. 94
Oderberg – Evangelische St. Nikolaikirche (21) S. 64
Paretz – Evangelische Dorfkirche (69) S. 184
Päwesin – Evangelische Dorfkirche (67) S. 180
Pechüle – Evangelische Dorfkirche St. Marien (50) S. 138
Petzow – Dorfkirche („Schinkelkirche") (54) S. 150
Potsdam – Evangelische St. Nikolaikirche (56) S. 154
Potsdam – Französische Kirche (55) S. 152
Potsdam – Katholische Kirche St. Peter und Paul (57) S. 156
Potsdam/Nattwerder – Dorfkirche (58) S. 158
Potsdam/Sacrow – Heilandskirche (59) S. 160
Prenzlau – Alte St. Nikolaikirche (Ruine) (14) S. 46
Prenzlau – Evangelische St. Marienkirche (15) S. 48
Pritzwalk – Evangelische St. Nikolaikirche (82) S. 218
Reuden – Gutskapelle Reuden (33) S. 96
Ribbeck – Evangelische Dorfkirche (68) S. 182
Straupitz (Spreewald) – Evangelische Kirche („Schinkelkirche") (34) S. 98
Vetschau (Spreewald) – Wendisch-Deutsche Doppelkirche (35) S. 100
Walddrehna – Evangelische Dorfkirche (45) S. 124
Zaue – Evangelische Dorfkirche (36) S. 102
Ziesar – Burgkapelle St. Peter und Paul (60) S. 162

ALPHABETISCHE LISTE DER KLÖSTER UND KIRCHEN

■ Zum Weiterlesen

Literatur

Arbeitsgemeinschaft „Städte mit historischen Stadtkernen" des Landes Brandenburg (Hrsg.): Im Kern einzigartig – 31 historische Stadtkerne im Land Brandenburg, Potsdam 2010.

Martin Bauch, Agnes Baumert, Tobias Büloff: Gottes Häuser – Potsdamer Ge(h)schichte, Berlin 2007.

Clemens Bergstedt, Heinz-Dieter Heimann, Hartmut Krohm, Wilfried Sitte (Hrsg.): Die Bischofsresidenz Burg Ziesar und ihre Kapelle – Dokumentation der Wandmalereien in der Bischofsresidenz Burg Ziesar im Kontext der spätmittlelalterlichen Kunst- und Kulturgeschichte der Mark Brandenburg und angrenzender Regionen, Berlin 2009.

Sigrid Busse: Lindow (Mark) – Impressionen aus der Drei-Seen-Stadt, Karwe 2007.

Wolfgang Erdmann: Zisterzienser-Abtei Chorin, Ebenhausen 1994.

Jürgen Feuerstake, Oliver H. Schmidt (Hrsg.), Peter Oehlmann (Fotograf): Die Zisterzienser und ihre Klöster in Brandenburg, Berlin 2005.

Angelika Fischer: Kloster Zinna – Ort der Gegensätze, Berlin 2001.

Angelika Fischer, Bernd E. Fischer: Lehnin, mit Pflug und Kreuz, Berlin 1998.

Heinz-Dieter Heimann, Klaus Neitmann, Winfried Schich (Hrsg.) unter Mitarbeit von Martin Bauch, Ellen Franke, Christian Gahlbeck, Christian Popp, Peter Riedel: Brandenburgisches Klosterbuch – Handbuch der Klöster, Stifte und Kommenden bis zur Mitte des 16. Jahrhunderts, Berlin 2007.

Kara Huber (Hrsg.): Brandenburgische Dorfkirchen und ihre Hüter, München 2008.

Andreas Kitschke: Kirchen des Havellandes, Berlin 2011.

Lina Lisa Kolbitz, Laura Murzik: Auf dem Jakobsweg durch Brandenburg, Berlin 2008.

Rolf Schneider: 20x Brandenburg – Menschen, Orte, Geschichten, Berlin 2010.

Claus-Dieter Steyer: Neuhardenberg – Preußens Perle im Oderbruch, Berlin 2011.

Claus-Dieter Steyer: Ribbeck im Havelland – Auf Fontanes Spuren, Berlin 2010.

Stephan Warnatsch: Zisterzienser-Abtei Lehnin, Ebenhausen 2006.

Stephan Warnatsch: Zisterzienser-Abtei Neuzelle, Ebenhausen 2010.

Christel Wollmann-Fiedler: Fontanes Lieblingskirchen in der Mark, Berlin 2003.

Internetquellen

Förderkreis Alte Kirchen Berlin-Brandenburg e.V., unter: www.altekirchen.de (jährlich erscheinendes Heft „Offene Kirchen" online bestellbar).

Dorfkirchen Sommer in Brandenburg: Konzerte, Lesungen, Sommerfeste, Gottesdienste, unter: www.dorfkirchensommer.ekbo.de.

Orgellandschaft Brandenburg, unter: www.orgellandschaftbrandenburg.de.

MiK – Musik in Kirchen, unter: www.musikinkirchen.de.

■ Der Autor

Gerhard Drexel, geboren 1948, aufgewachsen bei Stuttgart, lebt seit 1995 in Berlin und bereist von dort aus das Land Brandenburg. Er hat bereits zahlreiche Stadt- und Reiseführer veröffentlicht, darunter »Das Ländle in Berlin. Badisches und Schwäbisches in der Hauptstadt«.

■ Abbildungsnachweis

Alle Fotografien stammen von Gerhard Drexel, ausgenommen S. 150, 183 li. (Uwe Friedrich) und S. 75, 106, 108, 128, 130, 131, 143, 145, 159, 167, 168 (Matthias Zimmermann).

■ Hinweis

Für Richtigkeit und Vollständigkeit von Fahrverbindungen und Reisezeiten wird keine Gewähr übernommen.

Ein einzigartiges Lese-Wander-Buch

Martin Mosch
Brandenburg, landeinwärts
Besondere Wanderungen in der Mark
ca. 160 Seiten, ca. 200 farbige Abb.
Preis 14,00 €
ISBN 978-3-86124-664-0

Leuchtende Rapsfelder, versteckte Waldseen, endloser Himmel, Zeugnisse von Geschichte und Kultur: Das Berliner Umland lockt die Großstädter – wen wundert's, bei der landschaftlichen Vielfalt, die Brandenburg zu bieten hat. Martin Mosch stellt in diesem Buch 15 außergewöhnliche Wanderrouten abseits der ausgetretenen Pfade vor. Über 150 Farbfotos und atmosphärisch geschriebene Texte lassen schon die Lektüre zu einem Ausflugserlebnis werden.

www.bebraverlag.de